Ausgewählte Themen der Sportmotorik für das weiterführende Studium (Band 2)

Kerstin Witte

Ausgewählte Themen der Sportmotorik für das weiterführende Studium (Band 2)

Kerstin Witte
Institut III – Philologie, Philosophie,
Sportwissenschaft, Otto-von-Guericke-
Universität Magdeburg
Magdeburg, Deutschland

ISBN 978-3-662-57875-9   ISBN 978-3-662-57876-6 (eBook)
https://doi.org/10.1007/978-3-662-57876-6

Die Deutsche Nationalbibliothek verzeichnet diese Publikation in der Deutschen Nationalbibliografie; detaillierte bibliografische Daten sind im Internet über http://dnb.d-nb.de abrufbar.

Springer Spektrum
© Springer-Verlag GmbH Deutschland, ein Teil von Springer Nature 2018
Das Werk einschließlich aller seiner Teile ist urheberrechtlich geschützt. Jede Verwertung, die nicht ausdrücklich vom Urheberrechtsgesetz zugelassen ist, bedarf der vorherigen Zustimmung des Verlags. Das gilt insbesondere für Vervielfältigungen, Bearbeitungen, Übersetzungen, Mikroverfilmungen und die Einspeicherung und Verarbeitung in elektronischen Systemen.
Die Wiedergabe von Gebrauchsnamen, Handelsnamen, Warenbezeichnungen usw. in diesem Werk berechtigt auch ohne besondere Kennzeichnung nicht zu der Annahme, dass solche Namen im Sinne der Warenzeichen- und Markenschutz-Gesetzgebung als frei zu betrachten wären und daher von jedermann benutzt werden dürften.
Der Verlag, die Autoren und die Herausgeber gehen davon aus, dass die Angaben und Informationen in diesem Werk zum Zeitpunkt der Veröffentlichung vollständig und korrekt sind. Weder der Verlag noch die Autoren oder die Herausgeber übernehmen, ausdrücklich oder implizit, Gewähr für den Inhalt des Werkes, etwaige Fehler oder Äußerungen. Der Verlag bleibt im Hinblick auf geografische Zuordnungen und Gebietsbezeichnungen in veröffentlichten Karten und Institutionsadressen neutral.

Verantwortlich im Verlag: Marion Krämer

Springer Spektrum ist ein Imprint der eingetragenen Gesellschaft Springer-Verlag GmbH, DE und ist ein Teil von Springer Nature
Die Anschrift der Gesellschaft ist: Heidelberger Platz 3, 14197 Berlin, Germany

Vorwort

Der vorliegende zweite Band der Lehrbuchreihe zur Sportmotorik stellt entsprechend seines Titels ausgewählte Themen der Sportmotorik für das weiterführende sportwissenschaftliche Studium vor. Dieses Buch ist insbesondere für Master- und PhD-Studiengänge, aber auch für Weiterbildungen von Trainern und Übungsleitern gedacht. Genauso sollen sich alle Interessenten angesprochen fühlen, die sich mit aktuellen bewegungswissenschaftlichen Themen im Sport beschäftigen möchten.

Aufbauend auf den Grundlagen der Sportmotorik (siehe Band 1 dieser Reihe) werden verschiedene Schwerpunkte besprochen, die den Leser motivieren sollen, sich mit speziellen Gebieten und Problemstellungen der Sportmotorik gezielt auseinanderzusetzen. Auf der Basis der eigenen Forschungstätigkeit und der jahrelangen Lehrerfahrung in der Bewegungswissenschaft wurden dabei folgende Inhalte von mir ausgewählt: Gleichgewichtsfähigkeit, Motorik des Gehens, Stabilität und Variabilität sportlicher Bewegungen, Anwendungen nichtlinearer Systemtheorien im Sport, Motorik im Alter, Anwendung virtueller Realität im Sport, Antizipation und kognitive Robotik. Insbesondere möchte ich mich bei meinen Kolleginnen Frau Katharina Petri und Frau Dr. Nicole Bandow für die Bearbeitung der beiden Themen zur virtuellen Realität und Antizipation (Kap. 6 und 7) recht herzlich bedanken.

Den Studierenden wird empfohlen, sich mit allen oder ausgewählten Themen praxis- und wissenschaftsorientiert zu beschäftigen. Deshalb wurde in diesem Band versucht, die theoretischen Konzepte mit Beispielen aus der Praxis zu unterlegen bzw. Problemstellungen aus der Praxis unter bewegungswissenschaftlichem Aspekt zu erläutern. Ein weiteres Anliegen der Autorin ist es, dass der Leser auch den forschungsmethodischen Zugang zur Sportmotorik besser versteht und nachempfinden kann. Unter diesen Gesichtspunkten sind die einzelnen Kapitel so gegliedert, dass zuerst wesentliche theoretische Inhalte beschrieben werden, die den aktuellen Stand der Forschung zusammenfassen. Zum besseren Verständnis dienen die Zusammenfassungen für jeden Teilabschnitt in den Randspalten. Weiterhin gibt es Zusatzinformationen und viele praktische Beispiele. Anschließend sind mögliche Problem- und Fragestellungen für Referate und eigene Untersuchungen formuliert, wobei spezielle Hinweise für die selbstständige Bearbeitung und methodische Vorgehensweise gegeben werden. Ein Großteil dieser Aufgaben wurde von meinen Studierenden und mir in den letzten Jahren selbst durchgeführt.

An dieser Stelle möchte ich Frau Elise Reichert, die momentan Masterstudentin im Studiengang Sport und Technik ist, für die Hilfe bei der Erstellung des Bildmaterials danken. Dieses ist aus meiner Sicht für das bessere Verständnis der vielen oft komplexen Zusammenhänge eine wertvolle Hilfe.

Auf Grund der besseren Lesbarkeit wurde auf die weibliche Form verzichtet.

Ich hoffe, dass ich mit diesem Buch einen Beitrag dazu leisten konnte, Studierenden im weiterführenden Studium der Sportwissenschaft interessante Aspekte der Sportmotorik und der menschlichen Bewegung allgemein näherzubringen.

Kerstin Witte
Magdeburg
im März 2018

Inhaltsverzeichnis

1	**Gleichgewichtsfähigkeit**	1
1.1	Begriffsbestimmung	2
1.2	Physiologische Aspekte des Gleichgewichts	3
1.3	Besondere Aspekte des Gleichgewichts im Sport	3
1.4	Methoden zur Bestimmung der Gleichgewichtsfähigkeit und ausgewählte Untersuchungen	5
1.5	Somatosensorisches Training	8
1.6	Empirische Untersuchungen und Themen für Referate	8
	Literatur	13
2	**Motorik des Gehens**	17
2.1	Einführung	18
2.2	Phaseneinteilung des Gehens	19
2.3	Beobachtungskriterien in der Therapie	20
2.4	Instrumentierte Ganganalyse	21
2.4.1	Gangparameter	21
2.4.2	Untersuchungsverfahren	23
2.4.3	Möglichkeiten von Inertialsensoren	25
2.4.4	Dual-Task-Fähigkeit	26
2.5	Der pathologische Gang	27
2.6	Einfluss von Schuhkonzepten auf das Gangbild	30
2.7	Empirische Untersuchungen und Themen für Referate	30
	Literatur	34
3	**Stabilität und Variabilität sportlicher Bewegungen**	37
3.1	Einführung und Problemstellung	38
3.2	Die Variabilitäts-Stabilitäts-Problematik bei Loosch	39
3.3	„Das Ganze ist stabiler als seine Teile"	41
3.4	Motorische Theorieansätze und ihre Interpretation der Begriffe Stabilität und Variabilität	42
3.5	Systemtheoretische Ansätze	43
3.6	Anwendungen der nichtlinearen Zeitreihenanalyse in der Bewegungsforschung allgemein	47
3.7	Differenzielles Lernen	49
3.8	Empirische Untersuchungen und Themen für Referate	49
	Literatur	51
4	**Anwendungen nichtlinearer Systemtheorien im Sport**	55
4.1	Problemstellung	56
4.2	Nichtlineare Dynamik	57
4.2.1	Grundlagen der Chaostheorie	58
4.2.2	Grundlagen der Selbstorganisation	64
4.2.3	Möglichkeit der Anwendung in der Bewegungswissenschaft	65

4.3	Synergetik	67
4.3.1	Grundlagen der Synergetik	67
4.3.2	Anwendung des synergetischen Konzepts auf menschliche Bewegungen	68
4.4	Anwendung der Principal Component Analysis (PCA) im Sport	71
4.5	Empirische Untersuchungen und Themen für Referate	74
	Literatur	77

5	**Motorik im Alter**	**81**
5.1	Einführung	82
5.2	Körperlicher Aktivität im Alter	83
5.3	Physiologische Veränderungen	84
5.4	Veränderungen in der Motorik	86
5.5	Motorisches Lernen im Alter	87
5.6	Kognition und körperliche Aktivität	90
5.7	Bedeutung und Inhalt der Sturzprophylaxe	92
5.8	Themen für Referate	95
	Literatur	96

6	**Anwendung virtueller Realität im Sport**	**99**
	Katharina Petri und Kerstin Witte	
6.1	Einführung	100
6.2	Aspekte der Wahrnehmung	102
6.3	Technologische Grundlagen	104
6.4	Einsatzmöglichkeiten der VR im Sport	108
6.5	Vorgehensweise für die Erstellung einer virtuellen Umgebung für den Sport	110
6.6	Anforderungen an VR-Systeme	111
6.7	Offene Fragen und Problemstellungen für zukünftige Forschungen	116
6.8	Themen für Referate	118
6.9	Anhang: Übersicht über weiterführende Studien und Übersichtsliteratur zur Anwendung von VR im Sport	120
	Literatur	122

7	**Antizipation**	**131**
	Nicole Bandow und Kerstin Witte	
7.1	Einführung und Begriffsbestimmung	132
7.2	Untersuchungsmethoden	135
7.2.1	Okklusionsmethoden	135
7.2.2	Erfassung der Reaktionen auf Okklusionen und Auswertungsmöglichkeiten	138
7.2.3	Erfassung des Blickverhaltens	140
7.2.4	Art der Stimuluspräsentation	143
7.3	Unterschiede in der Antizipationsfähigkeit von Freizeit- und Leistungssportlern	145
7.4	Training der Antizipation	146
7.5	Themen für Referate	149
	Literatur	150

8	**Kognitive Robotik**	153
8.1	**Einführung**	154
8.2	**Kognitive Architektur**	155
8.3	**Kognitive Robotik**	156
8.3.1	Exoskelett	156
8.3.2	Humanoide Roboter	158
8.3.3	Neurorobotik	159
8.3.4	Sportrobotik	160
8.4	**Themen für Referate**	161
	Literatur	162

Serviceteil
Sachverzeichnis 166

Gleichgewichtsfähigkeit

1.1 Begriffsbestimmung – 2

1.2 Physiologische Aspekte des Gleichgewichts – 3

1.3 Besondere Aspekte des Gleichgewichts im Sport – 3

1.4 Methoden zur Bestimmung der Gleichgewichtsfähigkeit und ausgewählte Untersuchungen – 5

1.5 Somatosensorisches Training – 8

1.6 Empirische Untersuchungen und Themen für Referate – 8

Literatur – 13

© Springer-Verlag GmbH Deutschland, ein Teil von Springer Nature 2018
K. Witte, *Ausgewählte Themen der Sportmotorik für das weiterführende Studium (Band 2)*,
https://doi.org/10.1007/978-3-662-57876-6_1

Die Gleichgewichtsfähigkeit ist eine fundamentale Voraussetzung für jede menschliche Bewegung. Nach Erkrankungen oder Verletzungen muss sie besonders trainiert werden. In diesem Kapitel geht es besonders um Verfahren, die Gleichgewichtsfähigkeit unter verschiedenen Gesichtspunkten und Problemstellungen zu bestimmen.

1.1 Begriffsbestimmung

Es wird zwischen statischer, dynamischer und objektbezogener Gleichgewichtsfähigkeit unterschieden. Gleichgewichtsfähigkeit ist nicht nur in vielen Sportarten grundlegend, sondern auch in der Alltagsmotorik.

Die Gleichgewichtsfähigkeit gehört zu den koordinativen Fähigkeiten nach Hirtz (2007). Unter Gleichgewichtsfähigkeit wird

» … die Fähigkeit verstanden, den gesamten Körper im Gleichgewicht zu halten oder während und nach umfangreichen Körperverlagerungen diesen Zustand beizubehalten beziehungsweise wiederherzustellen (Meinel und Schnabel 2007, S. 225).

Im Sport unterscheidet man zwischen statischer, dynamischer und objektbezogener Gleichgewichtsfähigkeit. Die statische Gleichgewichtsfähigkeit wird auch oft als Lageempfinden bezeichnet. Sie ist eine wesentliche Voraussetzung für die meisten Bewegungen, unabhängig davon, in welcher Position der Körper sich befindet (aufrecht, liegend, sitzend, …). Die dynamische Gleichgewichtsfähigkeit bezieht sich auf großräumige Lageveränderungen oder Drehungen. Sie ist für die Sportarten wichtig, bei denen große und schnelle Positionsveränderungen auftreten, wie z. B. bei Sprüngen, Salti, verschiedenen Elementen des Gerätturnens, beim Radfahren oder Eiskunstlaufen. Die objektbezogene Gleichgewichtsfähigkeit bezieht sich auf die Fähigkeit, Objekte zu balancieren (das Halten einer Stange auf der Hand oder eines Balls auf dem Fuß) und ist im Sport eher von untergeordneter Bedeutung.

Neben dem oben genannten fähigkeitsorientierten Ansatz zur Begriffsdefinition schlagen Olivier et al. (2013) folgende mechanisch-orientierte Begriffserfassung vor:

» Der menschliche Körper ist dann im motorischen Gleichgewicht, wenn die Resultierende aller wirkenden Kräfte und die Summe aller Drehmomente bestimmte Werte nicht überschreiten. Diese Werte variieren in Abhängigkeit von der gestellten Aufgabe sowie individuellen und äußeren Voraussetzungen (Olivier et al. 2013, S. 118).

Da der Mensch aber kein starrer Körper ist, müssen bereits kleinste Störungen (wie bspw. Atmung, Herzschlag) und erst recht äußere Stimuli durch Muskelaktionen (posturale Synergien) ausgeglichen werden.

Nicht nur im Sport ist die Gleichgewichtsfähigkeit fundamental, sondern auch in vielen Rehabilitationsmaßnahmen und zur Sturzprophylaxe. So gibt es einen starken Zusammenhang zwischen Gleichgewichtsfähigkeit und Sturzrisiko (Pierobon und Funk 2007).

1.2 Physiologische Aspekte des Gleichgewichts

Die wesentlichen physiologischen Grundlagen der Gelichgewichtsfähigkeit wurden bereits im Band 1 beschrieben (▶ Kap. 2: Physiologische Grundlagen).

Posturale Muskelreaktionen auf innere und äußere Störungen können je nach Perturbationsreiz als einzelne oder kontinuierliche Feedbackreaktionen verstanden werden (Taube et al. 2009). Entsprechend der Art und der Größe des Perturbationsreizes werden die einzelnen Sensorsysteme (visuell, vestibulär, taktil, somatosensorisch) unterschiedlich beansprucht. So können bspw. Störreize in schnelle und langsame Auslenkungen der Unterstützungsfläche (Untergrund, auf dem die Person bspw. steht) unterteilt werden. Aber auch eine Unterscheidung der Auslenkung in translatorisch und rotatorisch scheint sinnvoll. Weiterhin beeinflusst die Oberflächenbeschaffenheit und die Flächengröße der Unterstützungsfläche die posturale Kompensationsreaktion. So werden die Ausgleichsbewegungen bei einem ebenen Untergrund durch die sogenannte „Fußgelenksstrategie" und bei verkleinerten Unterstützungsflächen durch die „Hüftgelenksstrategie" realisiert (Taube et al. 2009).

Nachfolgend in der ◘ Tab. 1.1 sind die Funktionen der einzelnen Teilsysteme für die Reizaufnahme und -verarbeitung beim Aufrechterhalten des Gleichgewichts zusammengefasst.

> Die posturale Kontrolle ist ein sehr komplexer Prozess, bei dem entsprechend des Störreizes die verschiedenen Mechanismen auf neuronaler Ebene einzeln und zusammen agieren.

1.3 Besondere Aspekte des Gleichgewichts im Sport

In den wenigsten sportlichen Situationen ist es ausreichend, das Gleichgewicht aus mechanischer Sicht zu betrachten. Sicher kann die Einteilung in stabiles Gleichgewicht (Körperschwerpunkt befindet sich unterhalb des Mittelpunktes der gewölbten Unterstützungsfläche) und labiles Gleichgewicht (Körperschwerpunkt befindet sich oberhalb des Mittelpunktes der gewölbten Unterstützungsfläche) der biomechanischen Charakteristik der Gleichgewichtssituation dienen. Trotzdem muss immer berücksichtigt werden, dass der Mensch sich auf Grund der natürlichen Schwankungen und der posturalen Muskelaktionen anders verhält als ein starrer Körper. Weiterhin kommt das

> Aspekte der Gleichgewichtsfähigkeit im Sport sind bei der Konzipierung des Messplatztrainings, während der Bewegungsausführung und bei sehr schnellen Sportarten von besonderer Bedeutung.

Tab. 1.1 Funktionen und Bedeutung einzelner Teilsystem für die posturale Kontrolle. (Nach Taube et al. 2009)

Rückenmark	– Schnellste und einfachste Verarbeitung afferenter Signale – Reflexe (z. B.: Reaktion auf rutschigen Untergrund) – Spinale Reflexe können durch Motorkortex, Basalganglien und Kleinhirn kontextspezifisch moduliert werden
Hirnstamm	– Integration und Verarbeitung von sensorischen Informationen (aus Vestibularapparat, propriozeptivem und visuellem System) zu motorischen Kommandos
Kleinhirn	– Spezifische Anpassung der posturalen Kontrolle an die Störsituation – Lernen von Bewegungsfehlern
Basalganglien	– Posturale Flexibilität (Anpassung an wechselnde Umweltbedingungen) – Kontrolle der sensomotorischen Integration
Motorkortex	– Kortikale Mitwirkung bei Gleichgewichtsreaktionen – Kortikale Reaktionszeiten sind größer als subkortikale Reaktionszeiten

Gleichgewichtshalten während der Bewegung hinzu: Sprünge auf einem Trampolin, Ausgleich von Schwungbewegungen, Schwimmen und Tauchen (Jendrusch und Brach 2003). Dieser Aspekt ist auch beim sogenannten Messplatztraining (Jendrusch und Brach 2003) zu beachten. So wird für die Messplatzkonzipierung empfohlen, auch die entsprechende Gleichgewichtssituation unter realen Bedingungen zu beachten (Rudern im Wasser vs. Ergometer).

Die Gleichgewichtsregulation ist auch bei relativ schnellen Sportarten äußerst relevant. Hier muss der Athlet besonders schnell auf Störungen bei gleichzeitiger Bewegungsausführung reagieren, wie bspw. beim Auftreten und Kompensieren von Bodenunebenheiten im Radsport oder im alpinen Skisport.

Entsprechend der Art der Störung des Gleichgewichts werden unterschiedliche posturale Synergien (Sprunggelenks- und Hüftgelenksstrategie als Muskelaktivitäten bzgl. dieser Gelenke sowie Schutzschritte beziehungsweise Stützreaktion) realisiert (Olivier et al. 2013). Wichtig sind auch die antizipatorischen posturalen Synergien (Olivier et al. 2013). Durch diese soll bspw. bei sehr ausladenden Bewegungen der Verlust des Gleichgewichts vorbereitend vermieden werden.

1.4 Methoden zur Bestimmung der Gleichgewichtsfähigkeit und ausgewählte Untersuchungen

Da der Mensch kein starrer Körper ist, müssen auch im ungestörten beidbeinigen Stand ständig Muskelkräfte erzeugt werden, die entgegen der Schwerkraft wirken, den Körper aufrecht halten und kleinere (innere) Schwankungen kompensieren (Olivier et al. 2013). Diese Bodenreaktionskräfte lassen sich mit einer Kraftmessplatte registriert (◘ Abb. 1.1). Außerdem können mit einer Kraftmessplatte die Trajektorien des Center of Pressure (COP, deutsch: Druckmittelpunkt) aufgezeichnet und analysiert bzw. ein Stabilogramm (Darstellung der Komponenten des COP zueinander) erstellt werden (◘ Abb. 1.2).

Diese Methode wird in der Praxis sehr oft verwendet. So bestimmten Lin et al. (2008) verschiedene auf den COP-Trajektorien basierende Parameter, wie bspw. Geschwindigkeit, Frequenzparameter, Root Mean Square (mittlere quadratische Abweichung), und konnten einen Einfluss des Alters auf die Gleichgewichtsfähigkeit belegen. Die entsprechenden Zeitreihen wurden über 75 s aufgenommen, wobei eine Eingewöhnung und das Absteigen von der Plattform berücksichtigt wurden. Ähnliche Resultate erhielten auch Qiu und Xiong (2015). Sie versuchten außerdem herauszufinden, ob man mit diesem Verfahren bereits gestürzte Personen von nichtgestürzten Personen unterscheiden kann. Dies war aber nicht möglich.

> Zur objektiven Analyse der Gleichgewichtsfähigkeit wird oft eine Kraftmessplatte genutzt. Auf der Basis der Komponenten des Center of Pressure können verschiedene Parameter abgeleitet werden.

> Oft wird der Center of Pressure (COP) mit dem Center of Mass (COM, deutsch: Massenzentrum) oder Center of Gravity (COG, deutsch: Körperschwerpunkt KSP) verwechselt. Unter dem COM oder COG wird der Körperschwerpunkt verstanden. Der COP ist dagegen der vertikale Bodenreaktionskraft-Vektor (Winter 1995). Dieser Punkt repräsentiert den gewichteten Durchschnitt aller Reaktionskräfte auf dem Untergrund. Beim beidbeinigen Stand liegt der COP zwischen den Füßen, genau in der Mitte, wenn die Gewichtsverteilung 50:50 beträgt.

Als grundsätzlicher Kritikpunkt dieser Verfahren wird oft genannt, dass sich aus diesen COP-Parametern nicht die Leistungsfähigkeit der einzelnen posturalen Subsysteme ableiten lässt (Schwesig et al. 2006). Es wurde deshalb auf der Grundlage der Studie von Oppenheim et al. (1999) eine Fourieranalyse der vertikalen Bodenreaktionskraft-Zeit-Kennlinie vorgenommen und den einzelnen Frequenzbereichen die einzelnen Systeme der posturalen Kontrolle zugeordnet: visuelles System: 0,03–0,1 Hz, peripher-vestibuläres System: 0,1–0,05 Hz, somatosensorisches

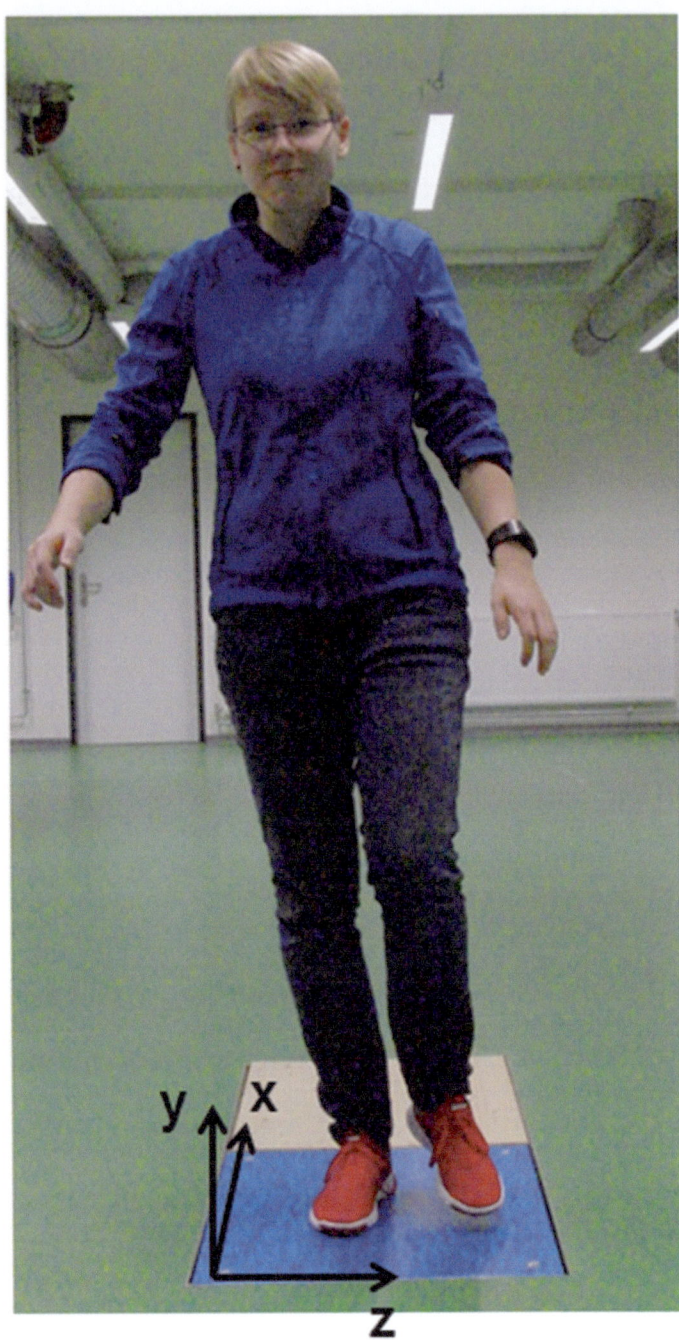

Abb. 1.1 Probandin bei einer Gleichgewichtsuntersuchung auf einer Kraftmessplatte

1.4 · Methoden zur Bestimmung der Gleichgewichtsfähigkeit ...

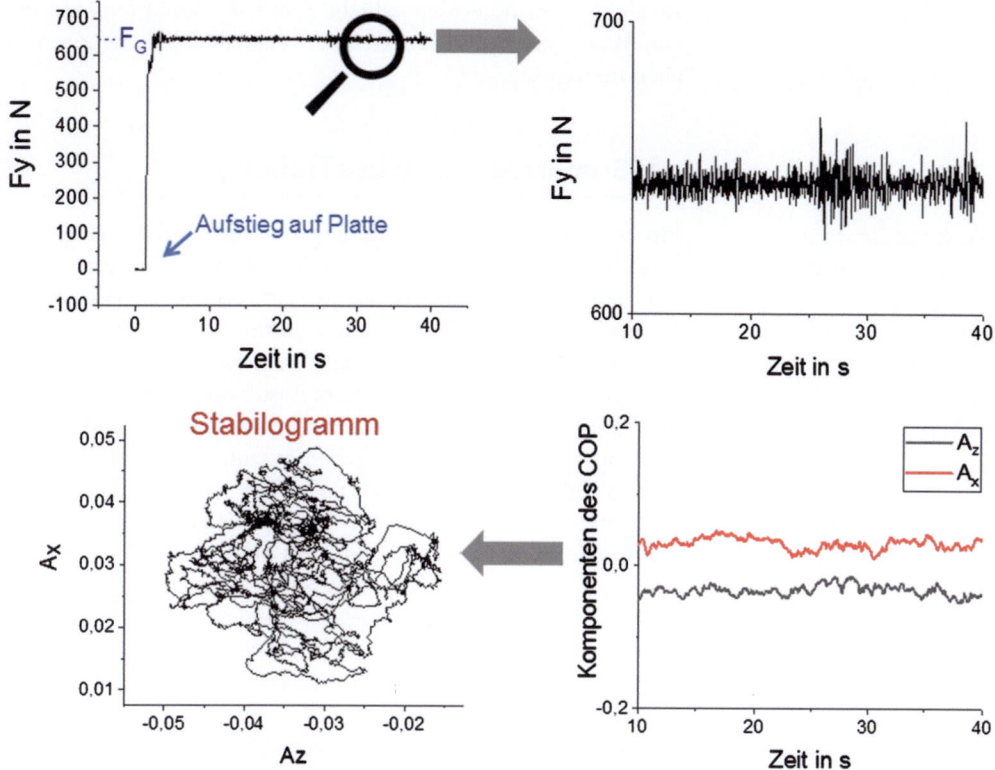

Abb. 1.2 Registrierte vertikale Bodenreaktionskraft in Abhängigkeit von der Zeit (oben links) und Vergrößerung (oben rechts), zeitliche Verläufe der Komponenten des Center of Pressure (COP) A_x und A_z (unten rechts) und Stabilogramm (unten links) während eines einbeinigen Standes

System: 0,05–1,0 Hz, zentrales zerebelläres System: < 1,0 Hz (Schwesig et al. 2006; Oppenheim et al. 1999).

Ein weit verbreitetes Gerät zur Diagnostik und zur Therapie der Gleichgewichtsfähigkeit ist das Bioswing Posturomed®. Dieses Gerät besteht aus einer gedämpft pendelnden, instabilen Fläche, die an einem Schwingwerk aufgehängt ist. So können Schwingamplituden modifiziert und mit Zusatzmodulen ergänzt werden.

Generell kann man davon ausgehen, dass es eine Vielzahl von Methoden zur Erfassung des statischen und dynamischen Gleichgewichts gibt (Voelcker-Rehage und Lippens 2009), die sich oft an der jeweiligen Anwendung orientieren. Da in der Sportpraxis eher die dynamische Gleichgewichtsfähigkeit von Bedeutung ist, wurde zu ihrer objektiven Bestimmbarkeit ein Messkreisel entwickelt (Wagner et al. 2003). Dieser Sportkreisel besteht aus einer festen Halbkugel, die mit einer kreisförmigen Standfläche verschraubt ist, auf welcher der Proband versucht zu stehen. Die im Innern befindliche Sensorik erlaubt die Messung von Winkelgeschwindigkeiten und Winkelbeschleunigungen in allen Richtungen.

1.5 Somatosensorisches Training

Das somatosensorische Training ist besonders effektiv nach Sportverletzungen einsetzbar.

Ein somatosensorisches Training bezieht insbesondere die somatosensorischen und die taktilen Wahrnehmungen durch die Haut, Muskeln und Gelenke mit ein. Visuelle und akustische Wahrnehmungen werden vernachlässigt. Somatosensorisches Training wird eingesetzt, um Gleichgewicht, Körperhaltung und Bewegungsverläufe zu verbessern. Insbesondere wird dadurch die Verarbeitung sensomotorischer Reize optimiert, um andere Haltungs- und Bewegungsaufgaben auszuführen. Somit werden Tiefensensibilität, Körperwahrnehmung, posturale Kontrolle sowie statische und dynamische Gleichgewichtsfähigkeit, Reflexe, automatisierte Bewegungsabläufe und inter- und intramuskuläre Koordination trainiert. Sensomotorisches Training sollte nicht nur im Therapiebereich eingesetzt werden, sondern auch im Leistungs- und Freizeitsport, um muskulären Dysbalancen vorzubeugen, die Tiefenmuskulatur zu trainieren und die Gleichgewichtsfähigkeit zu verbessern.

Zech et al. (2009) untersuchen in ihrem systematischen Review (Literaturübersicht) insbesondere das neuromuskuläre Training in der Rehabilitation nach Sportverletzungen von Sprung-, Knie- und Schultergelenk. Aus der Analyse von 15 Studien wurde geschlussfolgert, dass durch propriozeptive und neuromuskuläre Interventionen die Prävention erneuter Verletzungen sowie die Gelenkfunktionalität verbessert werden. Auf der Basis eines weiteren systematischen Reviews von Zech et al. (2010) kann festgestellt werden, dass ein Balanciertraining die posturalen und neuromuskulären Kontrollprozesse verbessert.

1.6 Empirische Untersuchungen und Themen für Referate

Mit Hilfe der folgenden empirischen Aufgaben sollen Sie sich mit verschiedenen Methoden der Bestimmung der Gleichgewichtsfähigkeit intensiv beschäftigen.

- **Untersuchung 1: Bestimmung der Gleichgewichtsfähigkeit mit einer Kraftmessplatte**

Ziel
Kennenlernen der Methode der quantitativen Bestimmung der Gleichgewichtsfähigkeit mittels Kraftmessplatte und Vergleich der eigenen empirischen Daten mit Daten aus der Literatur.

1.6 · Empirische Untersuchungen und Themen für Referate

Aufgabe
Bestimmen Sie die statische Gleichgewichtsfähigkeit unter folgenden Bedingungen: beidbeinig (mit geöffneten und mit geschlossenen Augen), einbeinig und auf einem Gleichgewichtspad mit Hilfe einer Kraftmessplatte!

Theoretische Grundlagen
- Aufbau und Funktionsweise der von Ihnen speziell verwendeten Kraftmessplatte
- Erklärung der Begriffe: Stabilogramm, Center of Pressure (COP) und seine Komponenten
- Bestimmung von posturalen Parametern
- Inhalt und Bedeutung des Rombergtests (Masuhr und Neumann 1998)
- Ergebnisse dieser posturalen Untersuchungen für verschiedene Untersuchungsdesigns. Mögliche Studien: Pomarino et al. (2013), Diener et al. (1984), Lin et al. (2008), Burini (2008), Qiu und Xiong (2015).

Hinweise zur Durchführung
- Legen Sie das Untersuchungsdesign fest: Anzahl der Probanden, Untersuchungsbedingungen, Anzahl der Wiederholungen, Pausengestaltung, zeitliche Länge für eine Untersuchung (Empfehlung: ca. 30 s, Berücksichtigung des „Einpendelns" und des Verlassens der Plattform)

Auswertung
- Stellen Sie auszugsweise die Stabilogramme grafisch dar! Beschreiben Sie diese und begründen Sie!
- Entscheiden Sie sich für die zu analysierenden posturalen Parameter!
- Bestimmen Sie diese für jeden Versuch bzw. für jede Experimentalbedingung!
- Unterscheiden Sie die Parameter in anterior-posterior und medialer-lateraler Richtung!
- Vergleichen Sie die Parameter zwischen zwei Versuchen eines Probanden unter gleicher Bedingung! Was sagen die Unterschiede aus?
- Bestimmen Sie den Romberg-Quotienten!

Diskussion
- Diskutieren Sie die Unterschiede zwischen den einzelnen Experimentalvarianten! Gehen Sie dabei auf den Einfluss der unterschiedlichen sensorischen Inputs ein!
- Wie lassen sich Ihre Ergebnisse mit denen aus der Literatur interpretieren? Belegen Ihre Ergebnisse die Erkenntnisse aus der Literatur?
- Welche Fehler traten bei Ihren Untersuchungen auf?

- **Untersuchung 2: Dual Task mit Gleichgewichtsaufgabe**

Ziel
Bestimmung der Dual-Task-Leistungsfähigkeit bei einer Gleichgewichtsaufgabe in Kombination mit einer kognitiven Aufgabe.

Theoretische Grundlagen
Werten Sie die Literatur hinsichtlich folgender Schwerpunkte aus:
— Bedeutung von Dual-Task-Untersuchungen
— Auswertungen von Dual-Task-Untersuchungen
— Dual-Task-Leistungsfähigkeit im Alter und bei verschiedenen Krankheitsbildern

Literaturempfehlungen: Wollesen und Voelcker-Rehage (2014), Silsupadol et al. (2009), Li et al. (2010), Granacher et al. (2010), Fernandes et al. (2015). Auf die Dual-Task-Fähigkeit wird im nächsten Kapitel (▶ Abschn. 2.4.4) näher eingegangen.

Hinweise zur Methodik
— Führen Sie einen Gleichgewichtstest unter unterschiedlichen Bedingungen durch! Nutzen Sie dabei ein objektives Messinstrumentarium, wie bspw. eine Kraftmessplatte und eine Testdauer von 30 s.
— Wiederholen Sie den Test mit einer zusätzlichen kognitiven Aufgabe, bspw. indem der Proband laut von 1000 jeweils die Zahl Sieben subtrahiert. Protokollieren Sie Fehler und die Anzahl der durchgeführten Subtraktionen.
— Lassen Sie vom Probanden eine vom Schwierigkeitsgrad ähnliche Subtraktionsaufgabe ohne Gleichgewichtstest durchführen (gleichfalls 30 s). Protokollieren Sie Fehler und die Anzahl der durchgeführten Subtraktionen.

Auswertung
— Bestimmen Sie die Gleichgewichtsfähigkeit unter den verschiedenen Bedingungen!
— Konnten Sie einen Einfluss der kognitiven Aufgabe auf die Gleichgewichtsfähigkeit unter den verschiedenen Bedingungen feststellen?
— Gibt es einen Unterschied zwischen der kognitiven Leistung mit und ohne Gleichgewichtsanforderung? Nutzen Sie zur Erfassung der kognitiven Leistung die Anzahl der durchgeführten Rechenoperationen und die Fehlerrate.
— Diskutieren Sie Ihre Ergebnisse im Vergleich zu den Ergebnissen aus der Literatur!

Untersuchung 3: Bestimmung der Gleichgewichtsfähigkeit mit Hilfe des GGT nach Wydra (1993)

Ziel
Kennenlernen einer motorischen Testbatterie zur Bestimmung der Gleichgewichtsfähigkeit, die vorzugsweise in der Rehabilitation eingesetzt wird.

Theoretische Grundlagen
- Grundlagen des GGT, Einteilung der Items zur Bestimmung des statischen und des dynamischen Gleichgewichts sowie der exterozeptiv und der interozeptiv regulierten Bewegungen (Wydra 1993; Bös et al. 1992; Witte et al. 2017)
- Angaben zu den Gütekriterien des Tests
- Anwendungen des GGT

Hinweise zur Methodik
- Legen Sie alle notwendigen Geräte bereit (4-m-Balken, 2 Keulen, Volleyball, Stoppuhr)
- Charakterisieren Sie jeden Probanden hinsichtlich Alter, Geschlecht, sportlicher Leistungsfähigkeit, Sportart, … !
- Führen Sie den Test mit einer Gruppe (Kommilitonen) durch! Überlegen Sie sich, inwiefern mehrere Personen gleichzeitig eine Testaufgabe durchführen können (Abb. 1.3)
- Protokollieren Sie für jeden Probanden jedes Item in einer vorbereiteten Tabelle!
- Brechen Sie den Test nicht ab, wenn eine Testaufgabe nicht geschafft wurde!

Auswertung
- Bestimmen Sie die Punktzahl für jeden Probanden. Ermitteln Sie diese für statische und dynamische Gleichgewichtsfähigkeit sowie für den Einfluss des visuellen Systems!
- Führen Sie zunächst eine Individualanalyse und dann eine Gruppenanalyse durch!

Diskussion
- Diskutieren Sie die Ergebnisse der Gruppe! Welche Verallgemeinerungen sind möglich?
- Diskutieren Sie die Ergebnisse der einzelnen Probanden unter Berücksichtigung ihrer individuellen Fähigkeiten!
- Diskutieren Sie die Vor- und Nachteile des GGT im Vergleich zur Bestimmung der Gleichgewichtsfähigkeit mit einer Kraftmessplatte!
- Vergleichen Sie den GGT mit dem GGT-Reha nach Theisen und Wydra (1998)! Stellen Sie die Unterschiede heraus!

  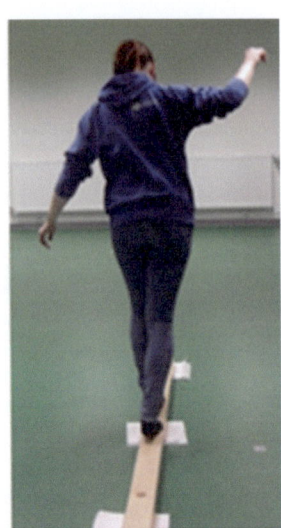

Abb. 1.3 Studierende bei der Durchführung der einzelnen Aufgaben des Gleichgewichtstests GGT nach Wydra (1993): Achterkreisen mit 2 Keulen, Hampelmann mit geschlossenen Augen auf einer Linie, Balancieren, Einbeinstand

- **Themen für mögliche Referate**

Nachfolgend werden einige Themen vorgeschlagen, mit denen Sie sich in Form von Referaten beschäftigen können, um die Gesamtthematik weiter zu vertiefen.

Geräte und Methoden zur objektiven Bestimmung der Gleichgewichtsfähigkeit

a) Verschaffen Sie sich einen Überblick über Geräte und Methoden auf der Grundlage der Recherche von Petro et al. (2017). Welche Systematik verwenden die Autoren?
b) Welche Geräte zur Gleichgewichtsanalyse sind auf dem Markt? Schätzen Sie Vor- und Nachteile ein! Gehen Sie dabei auch auf unterschiedliche Anwendungsbereiche ein!
c) Melilo et al. (2017) verwenden den Balance Master zur Bestimmung der statischen und der dynamischen Gleichgewichtsfähigkeit zur Evaluierung der Sensitivität dieses Tests bei Patienten mit Multipler Sklerose im Vergleich zu Gesunden. Analysieren Sie das Vorgehen der Autoren! Zu welchen Erkenntnissen kommen Sie?

Sensomotorisches Training

a) In der Studie von Lauenroth et al. (2008) wird ein sensomotorisches Trainingsprogramm für Schwindel-Patienten entwickelt und evaluiert. Charakterisieren Sie diese Studie hinsichtlich des theoretischen Hintergrunds, der Methodik, der Ergebnisse und der Auswertung!
b) Stellen Sie Übungen für ein sensomotorisches Trainingsprogramm für Kinder im Vorschulalter und für ältere Erwachsene zusammen. Begründen Sie Ihre Auswahl, Trainingsintensität und Trainingsdauer!

Literatur

Bös, K., Wydra, G., & Karisch, G. (1992). *Gesundheitsförderung durch Bewegung, Spiel und Sport*. Erlangen: perimed.

Burini, A. (2008). *Erheben von Normdaten der Körperhaltungsvariablen für den zukünftigen Vergleich mit Schwindelpatienten*. ETH Zürich: Unv. Masterarbeit.

Diener, H. C., Dichgans, J., Bacher, M., & Gompf, B. (1984). Quantification of postural sway in normals and patients with cerebellar diseases. *Electroencephalography and Clinical Neurophysiology, 57*, 134–142.

Fernandes, Â., Rocha, N., Santos, R., & Tavares, J. M. (2015). Effects of dual-task training on balance and executive functions in Parkinson's disease: A pilot study. *Somatosensory and Motor Research, 15*, 1–6.

Granacher, U., Muehlbauer, T., Bridenbaugh, S., Bleiker, E., Wehrle, A., & Kressig, R. W. (2010). Balance training and multi-task performance in seniors. *International Journal of Sports Medicine, 31*(5), 353–358.

Hirtz, P. (2007). Koordinative Fähigkeiten und Beweglichkeit. In G. Schnabel & J. Krug., J. (Hrsg.), (Red.) *Bewegungslehre – Sportmotorik. Abriss einer Theorie der sportlichen Bewegung unter pädagogischem Aspekt* (11. Aufl., S. 212–242). Aachen: Meyer & Meyer.

Jendrusch, G., & Brach, M. (2003). Sinnesleistungen im Sport. In H. Mechling & J. Munzert (Hrsg.), *Handbuch Bewegungswissenschaft – Bewegungslehre* (S. 175–196). Schorndorf: Verlag Hofmann.

Lauenroth, A., Schwesig, R., Pudszuhn, A., Bloching, M., & Hottenrott, K. (2008). Sensomotorisches Training bei Neuropathia vestibularis. *Manuelle Medizin, 46*, 10–16. ► https://doi.org/10.1007/s00337-007-0568-z.

Li, K. Z. H., Roudaia, E., Lussier, M., Bherer, L., Leroux, A., & McKinley, P. A. (2010). Benefits of cognitive dual-task training on balance performance in healthy older adults. *The Journals of Gerontology Series A: Biological Sciences and Medical Sciences, 65*(12), 1344–1352.

Lin, D., Seol, H., Nussbaum, M. A., & Madigan, M. L. (2008). Reliability of COP-based postural sway measures and age-related differences. *Gait & Posture, 28*, 337–342.

Masuhr, K. F., & Neumann, M. (1998). *Neurologie* (4. Aufl.). Stuttgart: Hippokrates Verlag.

Meinel, K., & Schnabel, G. (2007). *Bewegungslehre Sportmotorik* (11., überarbeitete und erweiterte Aufl.). Aachen: Meyer & Meyer.

Melilo, F., Sapio, D. A., Martire, S., Malentracchi, M., Matta, M., & Bertolotto, A. (2017). Computerized posturography is more sensitive than clinical Romberg Test in detecting postural control impairment in minimally impaired Multiple Sclerosis patients. *Multiple Sclerosis and Related Disorders, 14*, 51–55.

Olivier, N., Rockmann, U., & Krause, D. (2013). *Grundlagen der Bewegungswissenschaft und -lehre* (2., überarbeitete und erweiterte Aufl.). Schorndorf: Hofmann-Verlag.

Oppenheim, U., Kohen-Raz, R., Alex, D., Kohen-Raz, A., & Azarya, M. (1999). Postural characteristics of diabetic neuropathy. *Diabetes Care, 22*(2), 328–332. ► https://doi.org/10.2337/diacare.22.2.328.

Petro, B., Papachatzopoulou, A., & Kiss, R. M. (2017). Devices and tasks involved in the objective assessment of standing dynamic balancing – A systematic literature review PLOS ONE | September 21. ► https://doi.org/10.1371/journal.pone.0185188.

Pierobon, A., & Funk, M. (2007). *Sturzprävention bei älteren Menschen: Risiken – Folgen – Maßnahmen*. Stuttgart: Georg Thieme Verlag.

Pomarino, D., Nawrath, A., & Beyer, J. (2013). Altersabhängige Messungen zur posturalen Stabilität gesunder Probanden. *OUP, 2*(9), 420–425. (Deutscher Ärzte-Verlag).

Qiu, H., & Xiong, S. (2015). Center-of-pressure based postural sway measures: Reliability and ability to distinguish between age, fear of falling and fall history. *International Journal of Industrial Ergonomics, 47*, 37–44.

Schwesig, R., Lauenroth, A., Müller, A., Becker, S., & Hottenrot, K. (2006). Parametrisierung posturaler Subsysteme mit Posturografie. *Manuelle Medizin, 44*, 376–384. ► https://doi.org/10.1007/s00337-006-0457-x.

Silsupadol, P., Shumway-Cook, A., Lugade, V., van Donkelaar, P., Chou, L. S., Mayr, U., et al. (2009). Effects of single-task versus dual-task training on balance performance in older adults: a double-blind, randomized controlled trial. *Archives of Physical Medicine and Rehabilitation, 90*(3), 381–387.

Taube, W., Gollhofer, A., & Gruber, M. (2009). Posturales Gleichgewicht. In A. Gollhofer & E. Müller (Hrsg.), *Handbuch Sportbiomechanik* (S. 172–191). Schorndorf: Hofmann-Verlag.

Theisen, D., & Wydra, G. (1998). *Untersuchung der Gleichgewichtsfähigkeit*. Stuttgart: Carl F. Haug Verlag in MVS Medizinverlage GmbH & Co. KG.

Voelcker-Rehage, C., & Lippens, V. (2009). Gleichgewichtsleistungen von Senioren: Evaluierung von Messkreiselaten mit einfachen, üblichen Gleichgewichtstests. In V. Nagel & V. Lippens (Hrsg.), *Gleichgewichts-Leistungen im Handlungsbezug* (S. 36–44). Hamburg: Czwalina Verlag.

Literatur

Wagner, J., Lippens, V., Nagel, V., Morlock, M. M., & Vollmer, M. (2003). An instrument quantifying human balance skills: Attitude reference system for an ankle board. *Int. Journal of Computer Science in Sport, Special Edition, 1,*96–105.

Winter, D. A. (1995). Human balance and posture control during standing and walking. *Gait & Posture, 3,*193–214.

Witte, K., Emmermacher, P., & Pliske, G. (2017). Improvement of Balance and General Physical Fitness in Older Adults by Karate: A Randomized Controlled Trial. *Complement Med Res.* ▶ https://doi.org/10.1159/000479151.

Wollesen, B., & Voelcker-Rehage, C. (2014). Training effects on motor-cognitve dual-task performance in older adults. *European Review of Aging and Physical Activity, 11*(1), 5–24.

Wydra, G. (1993). Bedeutung, Diagnose und Therapie von Gleichgewichtsstörungen. *Motorik, 16*(3), 100–107.

Zech, A., Hübscher, M., Vogt, L., Banzer, W., Hänsel, F., & Pfeifer, K. (2009). Neuromuscular Training for Rehabilitation of Sports Injuries: A Systematic Review. *Medicine and Science in Sports and Exercise, 41*(10), 1831–1841. ▶ https://doi.org/10.1249/mss.0b013e3181a3cf0d.

Zech, A., Hübscher, M., Vogt, L., Banzer, W., Hänsel, F., & Pfeifer, K. (2010). Balance training for neuromuscular control and performance enhancement. A systematic review. *Journal of Athletic Training, 45,*392–403.

Motorik des Gehens

2.1 Einführung – 18

2.2 Phaseneinteilung des Gehens – 19

2.3 Beobachtungskriterien in der Therapie – 20

2.4 Instrumentierte Ganganalyse – 21
2.4.1 Gangparameter – 21
2.4.2 Untersuchungsverfahren – 23
2.4.3 Möglichkeiten von Inertialsensoren – 25
2.4.4 Dual-Task-Fähigkeit – 26

2.5 Der pathologische Gang – 27

2.6 Einfluss von Schuhkonzepten auf das Gangbild – 30

2.7 Empirische Untersuchungen und Themen für Referate – 30

Literatur – 34

© Springer-Verlag GmbH Deutschland, ein Teil von Springer Nature 2018
K. Witte, *Ausgewählte Themen der Sportmotorik für das weiterführende Studium (Band 2)*,
https://doi.org/10.1007/978-3-662-57876-6_2

Das Gehen ist eine alltägliche Fortbewegungsform des Menschen. Sie scheint uns selbstverständlich und ist trotzdem eine sehr komplexe Bewegung. Sie wird vom Kleinkind erlernt und kann sich im Verlauf des Lebens durch Alter, Verletzungen und Krankheiten ändern. Die Ganganalyse stellt einen wesentlichen Schwerpunkt dieses Kapitels dar. Dabei wird zwischen der Gangbeobachtung in der Therapie und der instrumentierten Ganganalyse unterschieden. Es stellt sich die Frage, wie sich der pathologische Gang vom gesunden Gang unterscheidet. Weiterhin wird erläutert, welche Bedeutung moderne Schuhkonzepte auf das Gehen haben. Der Lernende wird angeregt, eigene Untersuchungen zum Gehen durchzuführen.

2.1 Einführung

Das Gehen stellt eine zyklische automatisierte komplexe Bewegung des Menschen dar.

Das menschliche Gehen gehört zu den Lokomotionen des Menschen. Im Unterschied zum Laufen gibt es keine Flugphasen, stattdessen eine Doppelstützphase, bei der beide Füße Kontakt zum Boden haben. Der aufrechte Gang des Menschen hat sich bereits vor 5 Mio. Jahren herausgebildet. Bekanntermaßen beherrscht der Mensch nicht gleich nach der Geburt diese Bewegung. So ist bei Neugeborenen zunächst der sogenannte primitive Schreitreflex zu beobachten. Durch Ausreifung des ZNS erlernt das Kind in einem relativ langwierigen Prozess das Gehen, wobei das Kleinhirn immer mehr die Koordination dieses recht komplexen Bewegungsablaufes des gesamten Körpers übernimmt. Zunehmend wird der Prozess des Gehens automatisiert.

Durch Verletzungen oder pathologische Veränderungen des Bewegungsapparates ist der Mensch oft gezwungen, bewusst sein Gangbild zu verändern. Dieses Gangmuster kann sich bei längerer Beeinträchtigung einschleifen. Oft muss dann wiederum bewusst trainiert werden, um wieder „normal" gehen zu können. Aber auch neurologische Erkrankungen können zu einem veränderten Gangmuster führen.

Generell kann festgestellt werden, dass schon das normale Gangbild individualspezifisch ist und stark variieren kann. Auf Grund ihrer kürzeren Beine haben Kinder eine wesentlich höhere Schrittfrequenz als Erwachsene, bei Kleinkindern lassen sich Außenrotationen der Beine in der Schwungphase feststellen (Götz-Neumann 2016). Das Gehen älterer Menschen wird durch die altersgemäßen Veränderungen beeinflusst, die zu einer Verkürzung der Schrittlänge, einer Verbreiterung der Spurbreite, verringerter Schrittfrequenz und damit auch zu einer verringerten komfortablen Schrittgeschwindigkeit führen. Damit ist auch die dynamische Gleichgewichtsfähigkeit beeinträchtigt und das Sturzrisiko erhöht (Götz-Neumann 2016). Jedoch kann durch die Stärkung der Beinmuskulatur und die Erhöhung der Beweglichkeit in den Gelenken auch das Gangbild des älteren Menschen verbessert werden.

2.2 Phaseneinteilung des Gehens

Zunächst ist festzustellen, dass es sich beim Gehen um eine zyklische Bewegung handelt, die demzufolge aus vielen Einzelzyklen besteht. Es wird zwischen Einzelschritt (oder auch kurz Schritt) und Doppelschritt unterschieden (siehe ◘ Abb. 2.1). Entsprechend gibt es auch eine Einzelschrittlänge und eine Doppelschrittlänge.

Betrachtet man nur ein Bein, wird zwischen Standphase und Schwungphase unterschieden. Die Standphase beginnt mit dem sogenannten initialen Bodenkontakt und endet mit dem terminalen Bodenkontakt. Unter Einbeziehung des zweiten Beines unterteilt sich die Standphase in drei Teilphasen: bipedale initiale Standphase, monopedale Standphase und bipedale terminale Standphase (siehe ◘ Abb. 2.2) (Perry 2003). So wird in der bipedalen initialen Standphase und in der monopedalen Standphase das Körpergewicht aufgenommen und verlagert. Die Übertragung der Körperlast auf das andere Bein erfolgt dann in der bipedalen terminalen Stützphase. Die Schwungphase, in der das Vorschwingen des Beines realisiert wird, wird in initiale, mittlere und terminale Schwungphase gegliedert (Perry 2003).

Unter zeitlichem Aspekt beträgt die Zeitdauer der Standphase 60 % (bipedale Standphasen jeweils 10 % und monopedale Standphase 40 %) und die der Schwungphase 40 %. Diese prozentualen Werte können jedoch in Abhängigkeit von der Ganggeschwindigkeit variieren.

Während eines Gangzyklus durchläuft ein Bein eine Stand- und eine Schwungphase. Im Unterschied zum Laufen existiert auch eine Doppelstützphase, aber keine Flugphase.

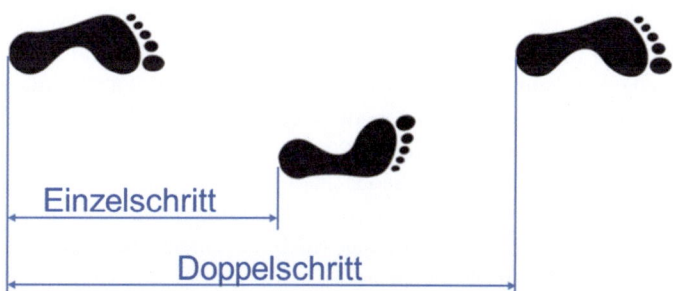

◘ **Abb. 2.1** Darstellung von Einzelschritt und Doppelschritt. (Mod. nach Perry 2003)

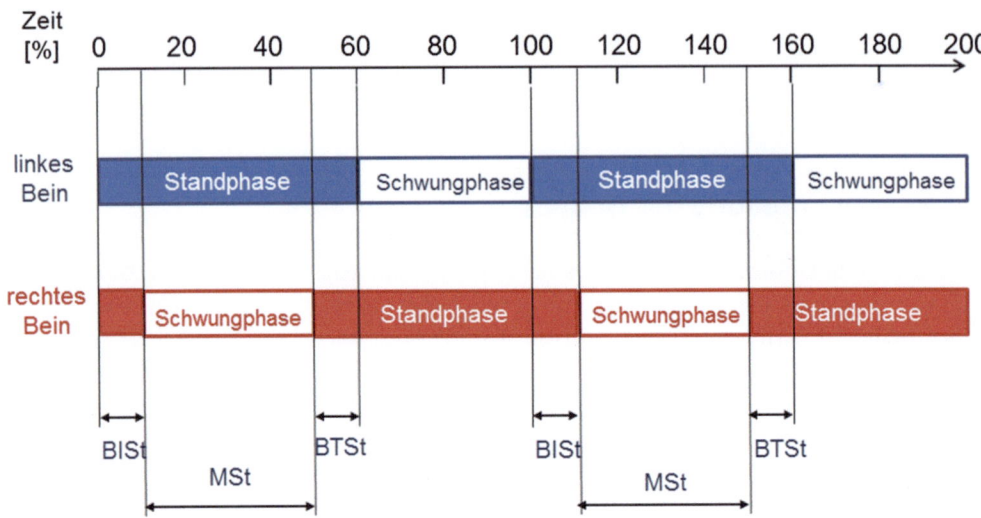

Abb. 2.2 Phaseneinteilung eines Gangzyklus bezogen auf das linke Bein. BISt: bipedale initiale Standphase (Doppelstützphase), MSt: monopedale Standphase, BTSt: bipedale terminale Standphase (Doppelstützphase). (Mod. nach Perry 2003)

2.3 Beobachtungskriterien in der Therapie

In der Therapie wird oft eine subjektive Bewegungseinschätzung des Ganges vorgenommen. Weit verbreitet sind die acht Beobachtungskriterien nach Klein-Vogelbach.

Neben der instrumentierten Ganganalyse, die im nachfolgenden Kapitel (▶ Abschn. 2.4) besprochen wird, stellt die Gangbeobachtung eine wichtige Methode in der Therapie dar. Insbesondere die Ganganalyse nach Klein-Vogelbach (1995) beschreibt äußerlich wahrnehmbare Bewegungsmerkmale und deren funktionale Zusammenhänge. Erst das Zusammenwirken aller Merkmale führt zu einem harmonischen Gangmuster. Die Bewegungsanalyse nach Klein-Vogelbach (1995) ist eine ganzheitliche Betrachtungsweise des menschlichen Ganges. Ihr großer Vorteil besteht darin, dass sie sehr praxisorientiert ist. So können Bewegungsfehler erkannt und therapeutische Interventionen abgeleitet werden (Suppé und Bongartz 2013). Weitere Vorteile dieser Methode sind der geringe materielle und finanzielle Aufwand und die Rückwirkungsfreiheit auf den Patienten. Allerdings muss der Therapeut über hinlängliche Erfahrungen verfügen (Suppé und Bongartz 2013).

Um ein planmäßiges Beobachten in der Therapie zu ermöglichen, sind für den Patienten folgende Bedingungen zu erfüllen:
— Horizontale, ebene Unterlage (nicht auf einem Laufband)
— Rutschsicherer Bodenbelag
— Gerade Gehstrecke von mindestens 6 m
— Leichtes Schuhwerk mit flexiblen Sohlen und einer Absatzhöhe von maximal 3 cm

An die Beobachtungskriterien selbst sind folgende Anforderungen zu stellen:
- Visuelle und/oder akustische Erfassbarkeit durch den Therapeuten
- Zugehörige Übungen, die im Verlauf der Therapie an die Bedingungen des Therapeuten angepasst werden können
- Es handelt sich um keine Mittelwerte oder Normwerte und müssen vom Therapeuten an Geschlecht, Konstitution und Alter angepasst werden
- Erweiterbarkeit durch den Therapeuten

Bezüglich des vorletzten Aspekts sprechen Suppé und Bongartz (2013) von sogenannten hypothetischen Normen.

Die ◘ Tab. 2.1 fasst die Beobachtungskriterien nach Klein-Vogelbach (1995) zusammen. Zur Unterstützung und Dokumentation können auch Videoaufnahmen dienen.

2.4 Instrumentierte Ganganalyse

Trotz der dargestellten Vorteile der beobachtenden Ganganalyse gibt es aber auch eine Reihe von Nachteilen. So muss von einer schlechten Reproduzierbarkeit und von subjektiven Einschätzungsfehlern ausgegangen werden (Nicolakis und Kopf 2013). Entsprechend wird die instrumentierte Ganganalyse eingesetzt, wenn es gilt, Bewegungsparameter zu quantifizieren und Details der Bewegung, die dem menschlichen Auge verborgen bleiben, zu analysieren. Dies kann mit einzelnen einfachen, aber auch komplexeren Verfahren oder deren Kombination durchgeführt werden (Kramers-de Quervain et al. 2008).

Die instrumentierte Ganganalyse dient der objektiven und quantitativen Erfassung von zeitlichen, räumlichen, dynamischen und elektromyographischen Gangparametern. Eine Vielzahl von Untersuchungsverfahren können einzeln und in Kombination eingesetzt werden.

2.4.1 Gangparameter

Die zentrale Größe in der Ganganalyse stellt die Ganggeschwindigkeit dar (Hegewald 2000). Damit stellt die frei gewählte Ganggeschwindigkeit einer Person ein wichtiges Bewertungskriterium für den Gang dar. Viele weitere Gangparameter sind abhängig von der Ganggeschwindigkeit (Hegewald 2000).

Zunächst ist es aber auch wichtig, diese weiteren Gangparameter zu definieren, die mit einzelnen Verfahren gemessen werden können. Nachfolgend soll ein kurzer Überblick gegeben werden.

Tab. 2.1 Beobachtungskriterien nach Klein-Vogelbach (1995) sowie Suppé und Bongartz (2013)

Beobachtungskriterium	Erläuterungen
Vorwärtstransport des Körpers	Vorwärtstransport von insbesondere Brustkorb und Kopf bei horizontaler Rechtwinkelstellung ihrer frontal-transversalen Achsen
Gangtempo/ Schrittfrequenz	Langsames Gehen benötigt vermehrte Gleichgewichtsfähigkeit, normale Schrittfrequenz: 108–120 Schritte pro Minute
Spurbreite	Entspricht der zur Gangrichtung senkrechten Distanz zwischen Standbein und dem überholenden Schwungbein. Im Idealfall sollte sie nur so groß sein, dass keine Behinderung eintritt. Eine breitere Spur bedeutet, dass zu viel Energie statt zum Vorwärtsgehen für die seitliche Bewegung gebraucht wird
Schrittlänge	Ist recht individuell und hängt von der Beinlänge, dem Abstand der Hüftgelenke und deren Beweglichkeit ab
Körperlängsachse	Senkrechte Richtung der virtuellen Körperlängsachse, da sie in dieser Position am beweglichsten ist
Beinachsen und Abrollweg	Fußlängsachse in Fortbewegungsrichtung
Körperabschnitt Becken und Beine	Ganzheitliche Koordination der Bewegung von Becken und Beinen
Armbewegungen	Armbewegungen als Reaktion des Ungleichgewichts der Körperabschnitte Becken und Beine, Stabilisierung der Körperabschnitte Brustkorb und Kopf durch zur Beinbewegung gegenseitige Armbewegungen

- **Zeitliche Gangparameter**

Hierzu zählen die Schrittfrequenz (Kadenz), Schrittzeit, Stützzeit (getrennt auch in Einzelstützzeit und Doppelstützzeit), Schwungzeit und Doppelschrittzeit. Diese Parameter werden absolut in Sekunden gemessen. Für eine Vergleichbarkeit der Schritte ist es üblich, die Zeiten in Bezug auf die Gesamtzeit eines Zyklus zu normieren.

- **Räumliche Gangparameter**

Räumliche Gangparameter sind Einzel- bzw. Doppelschrittlänge und die Spurbreite. Aus dynamometrischen Untersuchungen lässt sich das physiologische Abrollmuster ermitteln, das sich aus der Linie ergibt, die der Kraftangriffspunkt beim Bodenkontakt in Bezug zum Fuß beschreibt. Daraus lassen sich Rückschlüsse auf die Symmetrie des Ganges ziehen. Weiterhin können zeitliche Kennlinien von Körperwinkeln aufgenommen bzw. die entsprechenden Werte an den definierten Bewegungsevents (derartige Bewegungsereignisse können sein: initialer und terminaler Bodenkontakt) bestimmt werden.

Aus der Schrittlänge und der Schrittfrequenz bzw. Schrittzeit lässt sich die Ganggeschwindigkeit berechnen, die in der Regel zwischen 1,20 m/s und 1,50 m/s liegt (Kramers-de Quervain et al. 2008).

- **Dynamische Gangparameter**

Dynamische Gangparameter werden aus den Dynamogrammen mit Hilfe einer Kraftmessplatte oder von Fußdruckmesssohlen gewonnen. Diese können Kraftmaxima während der Stützphase und Druckmaxima an bestimmten Stellen des Fußes sein. Zusammen mit kinematischen und anthropometrischen Parametern können auf der Basis biomechanischer Modelle Gelenkkräfte und Gelenkmomente für Beanspruchungsanalysen berechnet werden.

- **Elektromyographische Gangparameter**

Mit Hilfe der Oberflächen-Elektromyographie können die Aktivitäten der bewegungsrelevanten Muskeln (z. B.: m. quadriceps femoris, m. biceps femoris, m. gastrocnemius, m. tibialis anterior), bestimmt werden. Daraus lassen sich Kenntnisse über das Vorhandensein von Muskelaktivitäten und die intermuskuläre Koordination gewinnen.

Die verschiedenen Gangparameter werden unter Betrachtung der verschiedenen Problem- und Fragestellungen ermittelt. So ist es in der Therapie von Interesse, die Gangbewegung vor und nach einer Intervention zu quantifizieren bzw. Unterschiede zwischen der gesunden und der betroffenen Seite zu finden.

Bevor die einzelnen jeweils interessierenden Parameter bestimmt werden, sind zunächst eine Zykleneinteilung und danach eine Phaseneinteilung notwendig. Die Anzahl der auszuwertenden Zyklen hängt von der Problemstellung und den jeweiligen Gegebenheiten ab.

2.4.2 Untersuchungsverfahren

Systematische Übersichten der möglichen Untersuchungsverfahren der Ganganalyse sind bei Kramers-de Quervain et al. (2008) sowie Nicolakis und Kopf (2013) zu finden.

Kinemetrische Verfahren sind geeignet, zeitliche und räumliche Gangparameter indirekt zu bestimmen. Bei der Entscheidung zwischen einem zweidimensionalen und einem dreidimensionalen System spielt der messtechnische Aufwand eine große Rolle. Es muss jedoch bedacht werden, ob es ausreichend ist, die Bewegung nur von einer Seite, also in einer Ebene, zu erfassen. Oft wird dahingehend ein Kompromiss gefunden, dass der Gang von der Seite und von hinten/vorn mit jeweils einer Kamera aufgenommen wird. Um Bewegungsunschärfen zu vermeiden und möglichst viele Gangzyklen zu erfassen, wird das Gehen auf einem Laufband aufgenommen, wobei natürlich der Unterschied zum natürlichen Gehen auf dem Boden bewusst sein muss. Die meisten Methoden sind markerbasiert (passiv oder aktiv) wodurch sich der Aufwand bei Anwendungen in der Therapie erhöht (◘ Abb. 2.3).

Dynamometrische Verfahren beruhen auf der Messung der Bodenreaktionskraft während der Standphase bspw. mittels Kraftmessplatte oder mit Hilfe von Druckmesssohlen, die in den Laufschuh eingelegt werden. Daraus resultierend können keine Aussagen über die Schwungphase getroffen werden. Während die Kraftmessplatte die Erfassung der Bodenreaktionskräfte dreidimensional ermöglicht, ist dies bei Fußdruckmesssohlen nicht der Fall. Sie haben dagegen den Vorteil, dass viele Schritte nacheinander aufgenommen werden können und dafür nicht explizit ein Ganglabor notwendig ist. Kraftmessplatten sind dagegen in einer Gangway eingelassen. So ist es aber nur möglich, eine Standphase pro Gehweg zu erfassen. Mittels Fußdruckmesssohlen können sogenannte Zyklogramme („Schmetterlingsfiguren") aufgezeichnet werden, welche „auf einen Blick" zeigen, ob es sich um ein symmetrisches Gangbild handelt (Hegewald 2000).

◘ **Abb. 2.3** Beispiel für eine instrumentierte Ganganalyse: dreidimensionale kinemetrische Ganganalyse mit einem markerbasierten Motion Capturing System, wobei die Probandin einen schwarzen eng anliegenden Anzug mit den entsprechend applizierten Markern trägt (links). Nach dem Gang können erste Auswertungen mit dem Probanden anhand eines visualisierten biomechanischen Modells erfolgen (Mitte und rechts)

Der Vorteil dynamometrischer Verfahren gegenüber kinematrischen Verfahren liegt in der Möglichkeit des schnellen Feedbacks.

In Kombination mit den obigen Methoden kann auch die Elektromyographie eingesetzt werden, um gangphasenspezifisch die einzelnen Muskelaktivitäten aufzuzeichnen (Kramers-de Quervain et al. 2008).

2.4.3 Möglichkeiten von Inertialsensoren

Zunehmend werden in der instrumentierten Ganganalyse einzelne Inertialsensoren oder Inertialsensorsysteme verwendet. Vorteile sind ihre schnelle Applizierbarkeit an den Probanden, relativ geringe Kosten und eine relativ schnelle Auswertung. Inertialsensoreinheiten sind Kombinationen aus Beschleunigungssensoren und Drehratensensoren, manchmal auch durch einen Magnetfeldsensor ergänzt.

> **Anwendung von Inertialsensoren**
> Bisher finden Inertialsensoren in Navigationssystemen, Robotik, Kontrollsystemen in der Luft- und Raumfahrt und im Head Mounted Display bezüglich virtueller Realität Anwendung. In der Medizintechnik werden Inertialsensoren auch zur Erkennung von körperlichen Aktivitäten wie Gehen und Laufen im Vergleich zu Ruhepositionen wie Sitzen oder Liegen verwendet (Füldner 2012). Im Sport sind vielfältige Anwendungen wie im Reiten (Eckardt et al. 2014) und Schneesport (Krüger et al. 2007) bekannt.

Inertialsensoren bzw. Inertialsensorsysteme werden auch erfolgreich in der Ganganalyse im Bereich der Rehabilitation eingesetzt (Derlien et al. 2010; Hundza et al. 2014). Es gibt auch Bestrebungen, auf der Grundlage einer Ganganalyse mit Inertialsensoren die verschiedenen Demenztypen zu unterscheiden (McArdle et al. 2017). Wichtig bei der Verwendung von neu entwickelten Inertialsensorsystemen ist die Evaluierung mit dem sogenannten Goldstandard (Vicon-System als optisches Motion Capturing) (Orlowski et al. 2016). Schnelle Auswerteroutinen erlauben die Detektierung von Ereignissen (Events) auf der Basis von biomechanischen Kennlinien und damit die Gangzykleneinteilung sowie die Berechnung folgender Gangparameter:

Schrittfrequenz, Schrittlänge, Stützzeiten, Geschwindigkeit, wie am Beispiel des Systems InvestiGait für Amputationspatienten gezeigt wird (Orlowski et al. 2017).

2.4.4 Dual-Task-Fähigkeit

Bei gesunden Erwachsenen kann davon ausgegangen werden, dass der Gang so weit automatisiert ist, dass zusätzliche kognitive Aufgaben gelöst werden können, ohne dass sich das Gangmuster verändert. Mit zunehmendem Alter oder bei Vorliegen von kognitiven Erkrankungen beeinflussen Kognition und Motorik des Ganges einander. Bekannt ist bspw. das Stehenbleiben beim Reden. Somit kommt der Dual-Task-Fähigkeit auch in der Diagnostik eine besondere Bedeutung zu, da ihre Verminderung eine Komponente der Sturzgefährdung darstellt. Derartige Untersuchungen können auch in den Klinikalltag eingebaut werden. Der Patient geht auf einer geraden Bahn und bekommt eine kognitive Aufgabe, bspw. fortlaufende Subtraktion von „7" einer dreistelligen Zahl. Die Variabilität einzelner Gangparameter und die Anzahl der Rechenoperationen bzw. deren Fehler geben Auskunft über die gegenseitige Beeinflussung. Patienten mit Demenz oder Parkinson neigen dazu, ihren Gang zu unterbrechen.

Die sogenannte Kostenrechnung für Dual-Task-Fähigkeit erfolgt im Allgemeinen folgendermaßen:

— Kosten für den kognitiven Dual-Task-Anteil DTK_K (mit ST_K als Leistung unter Single-Task-Bedingung und DT_K als Leistung unter Dual-Task-Bedingung):

$$DTK_K = \frac{|ST_K - DT_K|}{ST_K} \cdot 100 \qquad (2.1)$$

— Kosten für den motorischen Dual-Task-Anteil DTK_M (mit ST_M als Leistung unter Single-Task-Bedingung und DT_M als Leistung unter Dual-Task-Bedingung:

$$DTK_M = \frac{|ST_M - DT_M|}{ST_M} \cdot 100 \qquad (2.2)$$

Im Fall der motorischen Aufgabe „Gehen" kann bspw. für die motorische Leistung die Schrittzeitvariabilität beim einfachen Gehen ohne Zusatzaufgabe für ST_M und die Schrittzeitvariabilität mit kognitiver Zusatzaufgabe für DT_M eingesetzt werden.

2.5 Der pathologische Gang

Zum pathologischen Gang werden alle Gangstörungen gezählt, die orthopädische, neurologische oder psychiatrische Ursachen haben können.

Gangstörungen treten verstärkt im Alter auf. Einen Teufelskreis bilden Gangstörungen, Angst vor Stürzen, sozialer Rückzug, Immobilität und Unabhängigkeitsverlust. Allgemeine Risikofaktoren für einen pathologischen Gang sind Alter, eine demenzielle Entwicklung, Pharmaka, Alkohol und neurologische Erkrankungen.

Um Gangabweichungen diagnostizieren zu können, müssen die Mechanismen des normalen Ganges verstanden werden (Götz-Neumann 2016). Dabei ist zu beachten, dass eine beobachtete Abweichung auch versteckte Ursachen haben kann. Ein pathologisches Gangbild hat folgende negative Auswirkungen: reduzierte Standstabilität, verringerte Gehgeschwindigkeit, verminderte Ausdauer und ein erhöhter Energieaufwand (Götz-Neumann 2016).

> Zum pathologischen Gang werden alle Gangstörungen gezählt, die orthopädische, neurologische oder psychiatrische Ursachen haben können. Eine Klassifikation ist unter diagnostischem Aspekt möglich.

■ Gang im Alter

Gangstörungen im Alter haben meist mehrere Ursachen: sensorische Defizite, neurodegenerative Prozesse, toxische Einflüsse und Angst (Jahn et al. 2010). Eine Übersicht der Gangveränderungen stellt die ◘ Tab. 2.2 dar.

Es wird von einer Gangstörung im Alter gesprochen, wenn eine Pathologie vorliegt, bei der die altersentsprechende Verminderung der Ganggeschwindigkeit über die Normalität hinausgeht oder eine qualitative Störung des Lokomotionsablaufs vorhanden ist (Jahn et al. 2010).

Eine häufig vorgenommene Klassifikation der Gangstörungen kann nach Snijders et al. (2007) vorgenommen werden (siehe ◘ Abb. 2.4). Diese Einteilung ist klinisch-diagnostisch orientiert. Dabei basiert die Klassifikation zunächst auf einer klinischen Beschreibung des Gangbildes, woraus sich zusätzliche diagnostische Verfahren ableiten lassen. Eine sichere Diagnostik ist allerdings erst durch eine postmortale Untersuchung möglich (Jahn et al. 2010).

■ Orthopädische Ursachen

Orthopädische Ursachen von Ganganomalien können vier funktionellen Kategorien zugeordnet werden: Fehlbildungen (Kontrakturen, anormal geformte Gelenke, Gelenkversteifung), Muskelschwäche (resultierend aus Inaktivität oder neurologischen Schädigungen), Störung der motorischen Kontrolle (Verlust sensorischer Funktionen, Spastizität) und Schmerzen (resultierend aus einem Trauma oder Arthritis) (Perry 2003).

Tab. 2.2 Bereiche der Gangveränderungen im Alter (in Anlehnung an Lord et al. 2013)

Gangbild	Rhythmus	Variabilität	Asymmetrie	Gleichgewicht
Schrittgeschwindigkeit Schrittlänge Variabilität der Zeit für Stützphase, Schwungphase und Schrittzyklus	Mittlere Zeiten der Stütz- und Schwungphase sowie des Schrittzyklus	Variabilität in Bezug auf Schrittlänge, Schrittgeschwindigkeit und Spurbreite	Asymmetrie einzelner Parameter zwischen der linken und der rechten Seite in Bezug auf: Stütz- und Schwungphase sowie des Schrittzyklus	Asymmetrie der Schrittlänge und der mittleren Spurbreite

2.5 · Der pathologische Gang

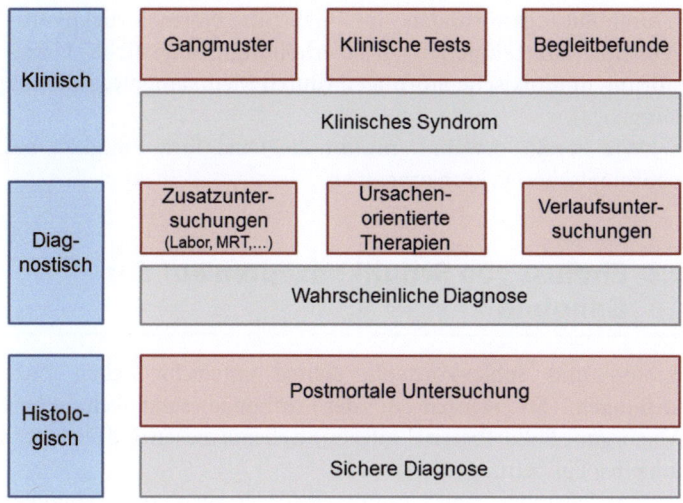

◘ Abb. 2.4 Klassifikation von Gangbildern unter diagnostischem Aspekt. (Mod. nach Snijders et al. 2007; Jahn et al. 2010)

In Bezug auf einzelne Körpersegmente bzw. Gelenke berichtet Perry (2003) über Abweichungen am Sprunggelenk, an den Zehen, am Kniegelenk, am Hüftgelenk, am Becken und am Rumpf).

Eine besondere Stellung nimmt der Gang von Oberschenkel- und Unterschenkelamputierten ein, wobei die Oberschenkelamputierten besonders betroffen sind, da hier das Kniegelenk und viele für das Gehen wichtige Beinmuskeln fehlen. Abweichungen zum physiologisch normalen Gang bestehen meist in einer reduzierten Ganggeschwindigkeit, einer Schrittlängenasymmetrie (durch eine ungenügende Hüftstreckung auf der Amputationsseite), eine kürzere Standphase auf der Prothesenseite und Schwankungen des Oberkörpers als Ausgleichsbewegung (Prinsen et al. 2011; Bae et al. 2009).

- **Neurologische Ursachen**

Insbesondere im höheren Lebensalter führen neurologische Ursachen zu Gangstörungen. So gehören zu sensorischen Defiziten Polyneuropathie (Erkrankungen des peripheren Nervensystems, wie bspw. Diabetes mellitus), bilaterale Vestibulopathie (unscharfes Sehen beim Gehen bzw. bei Kopfbewegungen) und Visusminderung (allgemeines unscharfes Sehen) (Jahn et al. 2010). Wird eine Neurodegeneration diagnostiziert, fallen darunter Parkinson-Syndrome, zerebellare Ataxie (Störungen der Bewegungskoordination durch Erkrankungen im Kleinhirn) und demenzielle Syndrome. Aber auch noch weitere Gangstörungen werden von Jahn et al. (2010) genannt: vaskuläre Enzephalopathie

(Durchblutungsstörungen im Gehirn), Normaldruckhydrozephalus (kurzzeitige Hirndruckerhöhung), „ängstliche" Gangstörung und toxische Störungen (durch Medikamente, Alkohol, Drogen).

Wie bereits erwähnt, nimmt die Dual-Task-Fähigkeit bei neurologischen Erkrankungen ab.

2.6 Einfluss von Schuhkonzepten auf das Gangbild

> Instabilitätsschuhe und Minimalistenschuhe liegen im Trend. Sie können insbesondere für die Verbesserung des Gleichgewichts als auch zur Stärkung der Muskulatur eingesetzt werden.

Schuh- und Sohlenkonzepte dienen unterschiedlichen Zielstellungen. So werden in der orthopädieschuhtechnischen Versorgung Fußorthesen (Einlagen), Zehenorthesen und Diabetes-adaptive Fußbettungen verwendet.

Zur Leistungs- und Gesundheitsförderung sind Instabilitätsschuhe und Minimalistenschuhe bekannt. Instabilitäten können durch abgerundete Außensohlenkonstruktionen (z. B.: MBT-Schuh) oder Luftpolstereinlagerungen (z. B.: Reebok Easy Tone Technologie) provoziert werden. Teilweise konnten dadurch erhöhte Aktivitäten in der Beinmuskulatur festgestellt werden (Horsak 2012; Horsak et al. 2015). Ein besonderer großer Einfluss auf das Gangmuster konnte jedoch bei Instabilitätsschuhen nicht nachgewiesen werden (Horsak 2012). Allerdings kann man davon ausgehen, dass durch eine Intervention bzw. Therapie mit Instabilitätsschuhen die Gleichgewichtsfähigkeit verbessert und somit ein Beitrag zur Sturzprophylaxe geleistet werden kann (Hömme 2014).

Ein anderes Ziel verfolgen die sogenannten Minimalistenschuhe oder Barfußschuhe. Hierbei versucht man das Barfußgehen zu simulieren, indem kaum Dämpfungsmaterial verwendet wird und durch Fivefinger-Konzepte die freie Beweglichkeit der Zehen möglich wird. Dadurch ist der Einfluss des Schuhs auf das Gangbild relativ gering und ein natürliches Gehen und Laufen sind möglich, wobei gleichzeitig die entsprechende Fuß- und Beinmuskulatur stärker aktiviert wird.

2.7 Empirische Untersuchungen und Themen für Referate

- **Untersuchung 1: Bestimmung der komfortablen Ganggeschwindigkeit**

Ziel
Kennenlernen einer einfachen Möglichkeit zur Bestimmung der komfortablen Ganggeschwindigkeit für ein unauffälliges Gangbild

Theoretische Grundlagen
- Charakteristik eines unauffälligen Gangbildes
- Geschwindigkeitsbereiche eines unauffälligen Gangbildes (Hegewald 2000)

Hinweise zur Methodik
- Bestimmen Sie die Ganggeschwindigkeiten Ihrer Kommilitoninnen und Kommilitonen!
- Nutzen Sie hierfür eine gerade und ebene Bahn von 6–10 m Länge.
- Weisen Sie die Probanden an, so normal wie möglich zu gehen. Stoppen Sie die Zeit. Achten Sie darauf, dass die Probanden vor der Startmarkierung und nach der Zielmarkierung schon bzw. noch einige Schritte gehen.

Auswertung
- Ordnen Sie die Ganggeschwindigkeiten in die Geschwindigkeitsbereiche (siehe Tab. 2.3) ein und bewerten Sie diese.
- Stellen Sie die Ergebnisse Ihrer Gruppe in einem Häufigkeitsdiagramm dar.

Diskussion
- Interpretieren Sie Ihre Ergebnisse!

- **Untersuchung 2: Instrumentierte Ganganalyse**

Ziel
Kennenlernen einer Methode der instrumentierten Ganganalyse

Aufgabenstellung
Untersuchen Sie die Parameter von Einzelschritten hinsichtlich eventueller Unterschiede zwischen den Schritten (links/rechts vs. rechts/links)!

Tab. 2.3 Geschwindigkeitsbereiche für Probanden mit einem unauffälligen Gangbild (Hegewald 2000)

Geschwindigkeitsbereich	Bewertung
$v < 0{,}2 \times$ Körpergröße pro Sekunde	Sehr langsam
$0{,}2 \times$ Körpergröße pro Sekunde $\leq v < 0{,}52 \times$ Körpergröße pro Sekunde	Langsam
$0{,}52 \times$ Körpergröße pro Sekunde $\leq v < 0{,}9 \times$ Körpergröße pro Sekunde	Mittel
$0{,}9 \times$ Körpergröße pro Sekunde $\leq v < 1{,}15 \times$ Körpergröße pro Sekunde	Schnell
$v \geq 1{,}15 *$ Körpergröße pro Sekunde	Sehr schnell

Theoretische Grundlagen
— Verschaffen Sie sich einen Überblick über die verschiedenen Messmethoden, die in der instrumentierten Ganganalyse eingesetzt werden! Systematisieren Sie in: Kinemetrie, Dynamometrie und Elektromyographie (Kramers-de Quervain et al. 2008; Nicolakis und Kopf 2013).
— Wählen Sie ein Verfahren aus, das Ihnen an Ihrer Einrichtung zur Verfügung steht, z. B.: Fußdruckmesssohlensystem, Kraftmessplatte, Videoanalysesystem, IR-Motion Capturing.
— Machen Sie sich mit der Bedienung dieses Systems vertraut. Legen Sie fest, welche Gangparameter gemessen werden sollen.

Hinweise zur Methodik
— Nehmen Sie mit Hilfe Ihres Ganganalysesystems mindestens 20 Einzelschritte auf.
— Separieren Sie entsprechend der Hinweise für Ihr Gerätesystem die Einzelschritte.

Auswertung
— Bestimmen Sie für jeden Schritt die Gangparameter!
— Prüfen Sie die Daten auf Normalverteilung!
— Führen Sie die Mittelwertvergleiche entsprechend Ihrer Fragestellung durch!
— Diskutieren Sie eine eventuell festgestellte Seitigkeit Ihres Probanden!

■ **Untersuchung 3: Bestimmung der Dual-Task-Fähigkeit beim Gehen für einen gesunden Erwachsenen**

Ziel
Kennenlernen der Methode zur Bestimmung der Dual-Task-Fähigkeit beim Gang

Aufgabenstellung
Bestimmen Sie die Dual-Task-Fähigkeit hinsichtlich einer kognitiven Zusatzanforderung beim Gehen für einen gesunden Erwachsenen!

Theoretische Grundlagen
— Beeinflussung von kognitiven und motorischen Fähigkeiten
— Gang als automatisierte zyklische Bewegung
— Gangparameter

Hinweise zur Methodik
— Nehmen Sie mit Hilfe Ihres Ganganalysesystems Schritte eines Probanden während einer Minute auf! Bestimmen Sie mindestens zwei Gangparameter.

- Bestimmen Sie die kognitive Leistung (z. B. Rechenleistung in Form von Anzahl der arithmetischen Operationen und Fehler) innerhalb einer Minute während einer Ruheposition des Probanden!
- Lassen Sie Ihren Probanden eine Minute gehen und gleichzeitig die Rechenoperation durchführen! Beachten Sie dabei, dass sich die Rechenoperationen ähneln aber nicht gleich sind, um einen Lerneffekt zu vermeiden.

Auswertung
- Bestimmen Sie für jeden Schritt die Gangparameter!
- Führen Sie die Kostenrechnung für den kognitiven und für den motorischen Anteil durch!
- Interpretieren Sie eventuell aufgetretene Unterschiede zwischen den Dual-Task-Leistungen und den Leistungen unter Single-Task-Bedingungen!

- **Untersuchung 4: Einfluss von Schuhkonzepten auf das Gangbild**

Hypothesen
- Hypothese (1): Durch ein instabiles Schuhkonzept verändert sich die Stützphase.
- Hypothese (2): Das Tragen von Minimalistenschuhen führt zu einer ähnlichen Stützphase wie das Barfußgehen.

Hinweise zu den Untersuchungen
- Für die Untersuchung zur Hypothese (1) eignen sich Fußdruckmesssohlen bspw. zur Aufzeichnung und Auswertung von Ganglinien.
- Zur biomechanischen Charakterisierung der Stützphase können wiederum Fußdruckmesssohlen oder auch eine Kraftmessplatte verwendet werden.
- Ergänzend können EMG-Messungen der Unterschenkelmuskulatur durchgeführt werden.
- Kontrollieren Sie die Ganggeschwindigkeit bei allen Versuchen.
- Sie sollten ca. 10–20 Stützphasen desselben Fußes unter Experimentalbedingung und als Vergleich mit einem Laufschuh (für Hypothese (1)) und barfuß (für Hypothese (2)) untersuchen. Hierzu stehen Ihnen verschiedene Gangparameter zur Verfügung: Ganglinie, Druckverteilung, Kraftmaxima usw.

Auswertung
- Überlegen Sie sich, wie Sie Ganglinien bzw. Druckverteilung zu einzelnen Parametern quantifizieren können.

– Finden Sie sinnvolle Parameter, die die Elektromyogramme charakterisieren. Welche Vorverarbeitungen des Signals sind eventuell notwendig?
– Prüfen Sie Ihre Daten auf Normalverteilung und entscheiden Sie sich für einen entsprechenden statistischen Mittelwertvergleich!
– Können Ihre Untersuchungen die Hypothesen belegen? Welche Schlussfolgerungen sind möglich und welche weiteren Untersuchungen würden Sie ggf. durchführen?

Themen für mögliche Referate

Thema 1: Vor- und Nachteile von verschiedenen Ganganalyseverfahren

Gehen Sie bei diesem Referat auf folgende Aspekte ein:
– Vor- und Nachteile der instrumentierten Ganganalyse im Vergleich zur Bewegungsbeobachtung
– Klassifizierung von Analyseverfahren hinsichtlich ihrer Komplexität
– Klassifizierung von Analyseverfahren hinsichtlich Forschung und klinischer Anwendung

Thema 2: Dual-Task-Fähigkeit von Parkinson-Patienten

Referieren Sie über die Dual-Task-Fähigkeit bei Parkinson-Patienten im Vergleich zu Gesunden! Nutzen Sie hierzu bspw. die Studie von Mächtel (2015).

Literatur

Bae, T. S., Choi, K., & Mun, M. (2009). Level walking and stair climbing gait in above-knee amputees. *Journal of Medical Engineering und Technology, 33*(2), 130–135. ▶ https://doi.org/10.1080/03091900701404043.

Derlien, S., Böhme, B., & Smolenksi, U. (2010). Validitätsuntersuchung zum neuen, innovativen Ganganalysesystem rehawatch von hasomed. *Manuelle Medizin, 48,* 254–259. (Friedrich-Schiller-Universät Jena).

Eckardt, F., Münz, A., & Witte, K. (2014). Application of a Full Body Inertial Measurement System in Dressage Riding. *Journal of Equine Veterinary Science, 34*(11–12), 1294–1299. ▶ https://doi.org/10.1016/j.jevs.2014.09.009.

Füldner, M. (2012). MEMS Inertialsensoren für innovative Applikationen in der Medizintechnik. 16. GMA/ITG-Fachtagung Sensoren und Messsysteme 2012. ▶ https://doi.org/10.5162/sensoren2012/1.1.1.

Götz-Neumann, K. (2016). *Gehen verstehen – Ganganalyse in der Physiotherapie* (4. Aufl.). Stuttgart: Georg Thieme Verlag.

Hegewald, G. (2000). *Ganganalytische Bestimmung und Bewertung der Druckverteilung unterm Fuß und von Gelenkwinkelverläufen – eine Methode für Diagnose und Therapie im medizinischen Alltag und für die Qualitätssicherung in der rehabilitationstechnischen Versorgung.* Dissertationsschrift an der Humboldt-Universität zu Berlin. ▶ http://medilogic.

com/wp-content/uploads/2017/06/Die_Ganggeschwindigkeit_01.pdf. Zugegriffen: 6. Dez. 2017.

Hömme, A. K. (2014). *Der Einfluss der Nutzung eines neuartigen Instabilitätsschuhs auf die Gleichgewichtsfähigkeit für eine Sturzprophylaxe im Alter – Eine biomechanische Interventionsstudie.* Dissertation, Universität Duisburg-Essen.

Horsak, B. (2012). *Zum Einfluss instabiler Sohlenkonstruktionen auf biomechanische Parameter im Stehen und Gehen.* Dissertation, Universität Wien.

Horsak, B., Heller, M., & Baca, A. (2015). Muscle co-contraction around the knee when walking with unstable shoes. *Journal of Electromyography and Kinesiology, 25*(1), 175–181.

Hundza, S. R., Hook, W. R., Harris, C. R., Mahajan, S. V., Leslie, P. A., Spani, C. A., Spalteholz, L. G., Birch, B. J., Commandeur, D. T., & Livingston, N. J. (2014). Accurate and reliable gait cycle detection in Parkinson's disease. IEEE transactions on neural systems and rehabilitation engineering. *IEEE Engineering in Medicine and Biology Society, 22*(1), 127–137.

Jahn, K., Zwergal, A., & Schniep, R. (2010). Gangstörungen im Alter. *Deutsches Ärzteblatt, 107*(17), 306–315.

Klein-Vogelbach, S. (1995). *Gangschulung zur Funktionellen Bewegungslehre.* Heidelberg: Springer.

Kramers-de Quervain, I. A., Stüssi, E., & Stacoff, A. (2008). Ganganalyse beim Gehen und Laufen. *Sportmedizin und Sporttraumatologie, 56*(2), 35–42.

Krüger, A., Edelmann-Nusser, J., Spitzenpfeil, P., Huber, A., Waible, C., & Witte, K. (2007). Zum Einsatz eines Fußdruck- und Inertialmesssystems im alpinen Skirennlauf. *Leistungssport, 37*(5), 44–47.

Lord, S., Galna, B., Verghese, J., Coleman, S., Burn, D., & Rochester, L. (2013). Independent domains of gait in older adults and associated motor and nonmotor attributes: validation of a factor analysis approach. *Journals of Gerontology. Series A, Biological Sciences and Medical Sciences, 68,* 820–827.

Mächtel, M. C. (2015). *Gangbildveränderungen im Rahmen von Dual-Tasking bei Parkinson-Patienten und Gesunden.* Dissertation, Universität Tübingen.

McArdle, R., Morris, R., Wilson, J., Galna, B., Thomas, A. J., & Rochester, L. (2017). What Can Quantitative Gait Analysis Tell Us about Dementia and Its Subtypes? A Structured Review. *Journal of Alzheimer's Disease,* 2017. ▶ https://doi.org/10.3233/JAD-170541.

Nicolakis, P., & Kopf, A. (2013). Klinische Ganganalyse. In V. Fialka-Moser (Hrsg.), *Kompendium Physikalische Medizin und Rehabilitation* (3. Aufl.). Wien: Springer.

Orlowski, K., Eckardt, F., Herold, F., Aye, N., Edelmann-Nusser, J., & Witte, K. (2017). Examination of the reliability of an inertial sensor-based gait analysis system. *Biomed Eng-Biomed Tech*, Jan 2017, aop. ▶ https://doi.org/10.1515/bmt-2016-0067.

Orlowski, K., Loose, H., Eckardt, F., Edelmann-Nusser, J., & Witte, K. (2016). *Evaluation of Gait Parameters Determined by InvestiGAIT against a Reference System.* In: Proceedings of the 9th International Joint Conference on Biomedical Engineering Systems and Technologies (BIOSTEC 2016) – Volume 4, BIOSIGNALS. S. 256–262. ISBN: 978-989-758-170-0

Perry, J. (2003). *Ganganalyse – Norm und Pathologie des Gehens.* München: Urban und Fischer.

Prinsen, E. C., Nederhand, M. J., & Rietman, J. S. (2011). Adaptation Strategies of the Lower Extremities of Patients with a Transtibial or Transfemoral Amputation During Level Walking: A Systematic Review. *Archives of Physical Medicine and Rehabilitation, 92,* 1311–1325.

Snijders, A. H., van de Warrenburg, B. P., Giladi, N., & Bloem, B. R. (2007). Neurological gait disorders in elderly people: clinical approach and classification. *Lancet Neurology, 6,*63–74.

Suppè, B., & Bongartz, M. (Hrsg.). (2013). *FBL Klein-Vogelbach Functional Kinetics praktisch angewandt.* Berlin: Springer.

Stabilität und Variabilität sportlicher Bewegungen

3.1 Einführung und Problemstellung – 38

3.2 Die Variabilitäts-Stabilitäts-Problematik bei Loosch – 39

3.3 „Das Ganze ist stabiler als seine Teile" – 41

3.4 Motorische Theorieansätze und ihre Interpretation der Begriffe Stabilität und Variabilität – 42

3.5 Systemtheoretische Ansätze – 43

3.6 Anwendungen der nichtlinearen Zeitreihenanalyse in der Bewegungsforschung allgemein – 47

3.7 Differenzielles Lernen – 49

3.8 Empirische Untersuchungen und Themen für Referate – 49

Literatur – 51

Keine Bewegung ist wiederholbar. Diese Variabilität findet sich sogar beim aufrechten Stand und bei der normalen Gehbewegung. Doch warum ist das so? Hierzu gibt es verschiedene theoretische Ansätze. Wie kann man die Variabilität einer Bewegung erfassen? Neben traditionellen Modellen scheinen systemtheoretische Modelle inkl. der Chaostheorie plausible Erklärungsansätze zu bieten. Mit Hilfe einfacher Untersuchungen wird es den Lesern möglich sein, tiefer in die Problematik Stabilität und Variabilität von Bewegungen einzudringen.

3.1 Einführung und Problemstellung

Bewegungen können niemals identisch wiederholt werden. Dies betrifft sowohl zyklische als auch azyklische Bewegungen.

Schaut man sich gut gelernte und trainierte Bewegungen an, erscheinen sie auf den ersten Blick als stabil. So mögen sich die Bewegungszyklen beim Radfahren oder Schwimmen kaum voneinander unterscheiden. Auch azyklische Bewegungen, die von einem Athleten auf hohem Leistungsniveau ausgeführt werden, sind in den meisten Fällen als stabil einzuschätzen. Doch bei genauerer Betrachtung und Analyse einzelner Bewegungsparameter fällt auf, dass diese durchaus variieren. Als einfaches Beispiel sei das Laufen auf einem Laufband genannt. Während die Laufgeschwindigkeit konstant eingestellt wird, variieren Schrittfrequenz und insbesondere Knie- und Hüftwinkel.

Doch woher kommt diese Variabilität und wie ist sie zu erklären? Ein Ansatz hierzu ist von Müller (2001) beschrieben. Es wird angenommen, dass die Natur dieser Variabilität ein Rauschen mit Zufallscharakter ist, für das es keinen wirklichen Sinn gibt und als Störung zu interpretieren ist. Beim Vergleich von Bewegungsausführungen von Könnern und Anfängern ist festzustellen, dass die Bewegungsparameter der Anfänger sehr stark streuen, aber auch bei den Athleten auf höchstem Niveau ein Rest von Variabilität vorhanden ist. Allerdings kann auch ein anderes Phänomen auftreten. Der Anfänger beherrscht die Bewegungstechnik nur sehr grob, so dass die Ausführung sehr starr erscheint. Im Unterschied zum Könner ist er aber nicht in der Lage, auf unterschiedliche Bedingungen zu reagieren (z. B.: Zuspiel eines Balls, veränderter Abstand zum Basketballkorb). Daraus kann geschlussfolgert werden, dass Bewegungsvariabilität auch für den Trainingsprozess unterschiedliche Bedeutung haben kann. Insbesondere unter diesem Aspekt sind systemdynamische Ansätze zu nennen, die bisher die besten Erklärungen zur Bewegungsvariabilität liefern. Ziel dieses Kapitels soll es sein, die unterschiedlichen Betrachtungsweisen und Erklärungsansätze der Bewegungsvariabilität kennenzulernen.

3.2 Die Variabilitäts-Stabilitäts-Problematik bei Loosch

Loosch (1999) hat Bewegungsvariabilität unter den vier folgenden Aspekten systematisiert:
- Variabilität als Fehler
- Variabilität als Anpassung
- Variabilität als Kompensationsmechanismus
- Variabilität als Prinzip der Bewegungssteuerung

Die nachfolgende ◘ Tab. 3.1 fasst die diesbezüglichen Kernaussagen zusammen.

Bewegungsvariabilität lässt sich nach Loosch unter verschiedenen Aspekten betrachten. Absolute und relative Variabilität sind abhängig vom Könnensniveau des Sportlers.

◘ **Tab. 3.1** Aspekte der Bewegungsvariabilität nach Loosch (1999)

Variabilität als Fehler	– Bei technischen Systemen als „Rauschen" bezeichnet – Zeitliche Fehler verhalten sich proportional zur Gesamtdauer – Räumliche Fehler verhalten sich proportional zur Bewegungsamplitude – Ursachen: Variabilität der Muskelspannungen, Variabilität der zentralnervösen Ansteuerung – Sollte möglichst minimiert werden
Variabilität als Anpassung	– Anpassung in Bezug auf die praktische Anwendung – Bewegungen sind situationsspezifisch anzupassen – In Analogie zur dritten Lernphase der variablen Verfügbarkeit von Meinel und Schnabel (2007) – Als Notwendigkeit, wenn sich Ausgangs-, Ausführungs- und Zielbedingungen ändern
Variabilität als Kompensationsmechanismus	– Variation der Bewegungsausführung, um ein bestimmtes Ziel bzw. bestimmten Zielpunkt zu treffen – Beispiel: Anpassung der Schrittlängen der letzten Schritte vor dem Absprungbalken beim Weitsprung
Variabilität als Prinzip der Bewegungssteuerung	– Beobachtet wurden bereits von Körndle (1996) und Bernstein (1988) Abweichungen von der vorgegebenen Bewegungsausführung ohne ersichtlichen Grund – Bewegungsvariabilität wird nicht als Bewegungsfehler angesehen – Begründet sich aus der Systemflexibilität – Bezüglich einer Bewegungsaufgabe werden mögliche Aktionsräume ausgelotet

Die Variabilität als Kompensationsmechanismus wird durch die Untersuchungen von Loosch und Tamme (1997) demonstriert. Diese beziehen sich beim Weitsprung auf die Gestaltung der letzten Schritte vor dem Absprungbrett, um die Treffgenauigkeit des Absprungbalkens und eine biomechanisch optimale Vorbereitung des Absprungs zu gewährleisten. Die Autoren folgern aus der hohen Variabilität der Schrittlänge der letzten drei Schritte die Notwendigkeit, alle vorherigen Veränderungen der Laufschritte zu kompensieren. Auch wenn alle äußeren Bedingungen (z. B.: Rücken- oder Gegenwind) konstant bleiben, variieren die Anlaufschritte, so dass eine Kompensation in den letzten Schritten erforderlich ist, um das Absprungbrett zu treffen.

Aus einer Reihe von Studien zu Zielbewegungen konnte Loosch (1999) schlussfolgern, dass auch bei diesen azyklischen Bewegungen Kompensationen auftreten, obwohl diese sehr schnell ablaufen (z. B. Dart: 80–120 ms) und damit visuell-motorische Korrekturen ausgeschlossen werden können. Diese Kompensationen finden hier zwischen speziellen Bewegungsparametern (Abwurfgeschwindigkeit und Abwurfwinkel) statt. So bedingt ein relativ weit hinten stattfindender Abwurf des Darts einen steileren Abwurfwinkel und eine kleinere Abwurfgeschwindigkeit. Erfolgt der Abwurf weiter vorn, bedeutet dies einen kleineren Abwurfwinkel und eine höhere Abwurfgeschwindigkeit. Dies funktioniert allerdings nur in begrenzten Funktionsräumen, in denen dann auch die Zielgenauigkeit nicht negativ beeinflusst wird. Loosch (1999) definiert hierfür den Begriff der funktionellen Variabilität.

Interessant ist der Variabilitätsbegriff in Bezug auf Ergebnis- und Ausführungsvariabilität. Diesbezüglich wird von Loosch zwischen absoluter und relativer Variabilität unterschieden. Diese haben mit zunehmendem Könnensniveau gegenläufige Verläufe (◘ Abb. 3.1). Während sich der Begriff der absoluten Bewegungsvariabilität auf den Vergleich der Bewegungsparameter zwischen einzelnen Bewegungswiederholungen bezieht, wird die relative Bewegungsvariabilität als das Verhältnis zwischen Bewegungsvariabilität und Zielvariabilität definiert. Im Unterschied zum Anfänger, der eine hohe absolute Bewegungsvariabilität und eine geringe relative Variabilität hat, weist der Athlet auf hohem Könnensniveau eine geringe absolute Bewegungsvariabilität und eine hohe relative Variabilität auf.

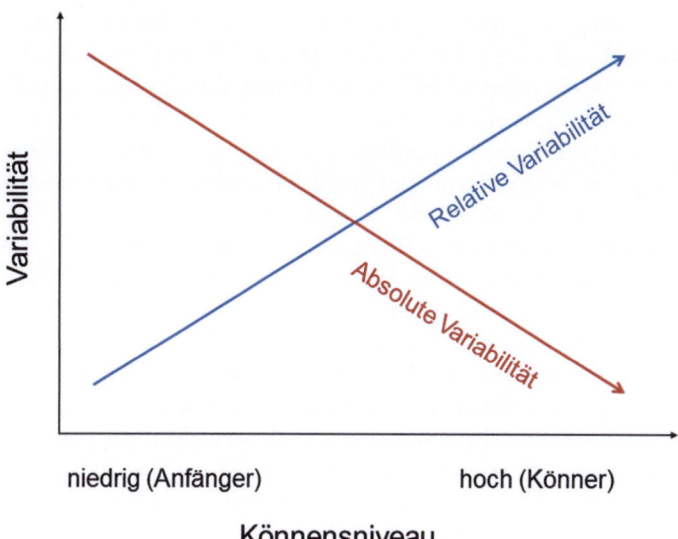

Abb. 3.1 Absolute und relative Variabilität in Abhängigkeit vom Könnensniveau. (Mod. nach Loosch 1999)

3.3 „Das Ganze ist stabiler als seine Teile"

Dass sich die Gesamtbewegung oft zeitlich stabiler verhält als die Teilbewegungen, konnte Drill (1933, 1938) bereits bei der Hammerschlagbewegung von Arbeitern beobachten. So stellte er eine kleinere Streuung der Gesamtbewegungszeit im Unterschied zu den Teilzeiten für die Hub- und Schlagbewegung fest. Historisch gesehen, gehen erste Untersuchungen zur Variabilitäts- und Stabilitäts-Problematik auf die Schule der Leipziger Ganzheitspsychologie zurück. So fand Klemm (1954) bei seiner Untersuchung von Wurfbewegungen, dass Wurfwinkel und Wurfstärke variieren, aber nicht unabhängig voneinander sind. Er berechnete zwischen diesen beiden Größen einen Korrelationskoeffizienten von +0,7 und vermutete, dass mit zunehmendem Könnensniveau dieser Koeffizient ansteigt. Ähnlich wie für den Dartwurf konnten schon in den 60er Jahren des 20. Jahrhunderts interessante Ergebnisse beim Pistolenschießen gefunden werden (Adams 1971). Im Unterschied zu Anfängern wiesen hochqualifizierte Schützen ein sehr stabiles Trefferbild auf und eine deutliche Variabilität in den einzelnen biomechanischen Parametern (Winkel im Ellenbogen- bzw. Schultergelenk) bei gleichzeitiger optimaler Trefferleistung.

Welchen komplizierten Zusammenhang es zwischen Stabilität und Variabilität gibt, wird schon an den Ganguntersuchungen von Bernstein (1988) deutlich. So weist die Schrittlänge ein weitaus konstanteres Verhalten auf, als es die

> Das Resultat der Gesamtbewegung zeichnet sich durch eine größere Stabilität aus als die ihr zugrunde liegenden Teilbewegungen.

Steuerung der Teilbewegungen und deren Größen (Strecken, Winkel, ...) zulässt. Dieses Phänomen der Bewegungssteuerung wird von Donskoi (1968) als das Prinzip der „Konstanz durch Variabilität" bezeichnet. Demnach beruht die Meisterschaft der Beherrschung einer sportlichen Bewegung in der Stabilisierung des Gesamtergebnisses durch Variabilität der verwendeten Mittel. Ein Beispiel hierfür ist das Turmspringen. Obwohl die Zeitdauer der einzelnen Elemente durchaus variiert, bleibt die Gesamtsprungzeit relativ konstant (Semmler 1999). So kann davon ausgegangen werden, dass die Stabilisierung des Gesamteffektes in einem Zusammenhang mit der Variabilität der Wechselwirkungen der einzelnen Elemente steht. Damit stellen Stabilität und Variabilität untrennbare, einander wechselseitig beeinflussende Charakteristika der Bewegungssteuerung dar. Dies zeigt sich, wie schon erwähnt, am Beispiel des Dartwurfes mit seinen Bewegungsparametern Abwurfwinkel und Abwurfgeschwindigkeit (Birklbauer 2006).

3.4 Motorische Theorieansätze und ihre Interpretation der Begriffe Stabilität und Variabilität

Traditionelle motorische Theorieansätze (Motor Approach) sehen Bewegungsvariabilität eher als unerwünscht und störend an. Nichtlineare systemtheoretische Ansätze (Action Approach) gehen von einem variablen nichtlinearen Zusammenwirken aller Teilprozesse aus, das für die Bewegungssteuerung notwendig ist.

Bewegung unter ganzheitlichem Aspekt betrachtete bereits Bernstein in den 30er und 40er Jahren, nachdem er in den 20er Jahren des 20. Jahrhunderts Zyklogramme von aufeinanderfolgenden zyklischen Bewegungen auf einer fotografischen Platte registrierte und feststellte, dass diese Linien niemals ganz genau übereinstimmen, also immer eine Variabilität zu verzeichnen ist und damit Bewegungen auch nicht identisch wiederholbar sind (Bernstein 1988). Bernstein charakterisierte das motorische Feld durch seine Topologie und Metrik, wobei er der Topologie die übergeordnete Bedeutung zukommen ließ. Diese ist auch im Wesentlichen stabil, die Metrik jedoch, die die einzelnen Bewegungsgrößen quantitativ kennzeichnet, kann durchaus variabel sein. Auf der Suche nach der Ursache dieser Bewegungsvariabilität ging er davon aus, dass es keinen eindeutigen Zusammenhang zwischen dem Zentrum der Ansteuerung der Bewegung (Gehirn) und der Peripherie (Muskulatur) gibt. Bis in die heutige Zeit werden die Erkenntnisse Bernsteins von vielen Bewegungswissenschaftlern aufgenommen.

Eine Möglichkeit, motorische Theorieansätze zu systematisieren, ist die Einteilung in Motor Approach (auch als traditionell bezeichnet) und Action Approach (moderner Ansatz mit systemtheoretischer nichtlinearer Herangehensweise) (Daugs 1994; Schubert 2013). Zum Motor Approach gehören Ansätze der

Informationsverarbeitung und insbesondere Programmansätze wie die Programmtheorie von Schmidt (1975) und (1991). Zum Action Approach zählen Ansätze der ökologischen Psychologie, der Konnektionismus sowie systemtheoretische Ansätze mit ihren Wurzeln in der Gestalt- und Ganzheitspsychologie, den Vorstellungen von Bernstein, der Chaostheorie und anderen nichtlinearen Modellen. Die nachfolgende ◘ Tab. 3.2 enthält wesentliche Charakteristika beider Ansätze.

Fasst man die Auffassungen zur Stabilität und Variabilität der Bewegung des Action Approachs zusammen, können folgende Aussagen getroffen werden. Die Bewegungsvariabilität ist kein negatives Phänomen (Bewegungsfehler), sondern ist für die Kontrolle der Bewegung notwendig. Es existieren nichtlineare Wechselwirkungen zwischen den Teilprozessen und Mechanismen, die die Bewegung determinieren. Neue Bewegungsqualitäten können schon bei geringen Veränderungen innerer und äußerer Bedingungen auftreten. Zur Quantifizierung von Stabilität und Variabilität von Bewegungen eignen sich nichtlineare Methoden.

3.5 Systemtheoretische Ansätze

Da sich das ▶ Kap. 4 tiefgreifender mit der Anwendung systemtheoretischer Ansätze in der Bewegungsforschung beschäftigen wird, soll nach einer kurzen Erklärung der zugehörigen Theorien auf Erklärungsmöglichkeiten hinsichtlich des stabilen und variablen Bewegungsverhaltens eingegangen werden.

Zunächst ist davon auszugehen, dass es sich bei einer sportlichen Bewegung nicht um ein isoliertes einzelnes Phänomen handelt, sondern dass man sie in ihrer Ganzheitlichkeit betrachten sollte. Die von außen sichtbare Bewegung resultiert aus einer Vielzahl innerer und äußerer Bedingungen, die wiederum miteinander in Wechselwirkung stehen. Selbst die resultierende Gesamtbewegung besteht aus Teilbewegungen (bspw. der einzelnen Körpersegmente), ist aber mehr als die Summe dieser. Systemtheoretische Ansätze, die in vielen Wissenschaftsdisziplinen erfolgreich angewendet werden (z. B.: Ökonomie, Biologie, Physik, Chemie, Neurologie, …), sind so angelegt, dass sie das jeweilige Phänomen – hier die Bewegung – als komplexes System mit relativ offenen Grenzen zur Umwelt auffassen.

Motorische Variabilität hat vielfältige Ursachen, wie beispielsweise das nicht eindeutig vorhersagbare Zusammenwirken vieler einzelner Prozesse, die scheinbar redundante Anzahl von Freiheitsgraden zur Realisierung einer Bewegung und das neuronale Rauschen selbst. Auf der Basis der Problematik der

> Systemtheoretische Ansätze bieten Möglichkeiten für das Verständnis und die Charakterisierung von Bewegungsstabilität und Variabilität.

Tab. 3.2 Motor Approach und Action Approach

	Motor Approach	Action Approach
Charakterisierung	– Grundannahmen der Informationsverarbeitung – Regelung und Steuerung – Zentrale Repräsentation – Hierarchische Organisation der Kontrolle	– Ökologischer Ansatz – Keine zentral gespeicherte Bewegungsrepräsentation – Heterarchische Organisation der Kontrolle
Steuerung	– Input, Speicherung, Verarbeitung, Programmierung, Output – Open-Loop- bzw. Closed-Loop-Theorie, Modell der Bewegungskoordination nach Meinel und Schnabel – Zentral gesteuert	– Mensch sucht selbst in seiner Umwelt die Informationen, die er zur Steuerung und Regelung seiner Bewegungen braucht – Selbstorganisiert
Wahrnehmung	– Wahrnehmung ist eine Reaktion auf physische Stimuli	– Wahrnehmung beeinflusst die Bewegung und Bewegung verändert die Wahrnehmung (vgl. Gibson [1979]) – Umweltbedingungen sind in die Bewegungswahrnehmung und -vorstellung integriert
Stabilität/Variabilität	– Geht von der Grundannahme aus, dass durch die Kombination eines Programms, das bestimmte invariante Bestandteile enthält, mit variablen Parametern eine Stabilität und Variabilität in der Bewegungsausführung zu erreichen ist	– Variation der konstituierenden Teile – Stabilität lässt sich nicht aus der Eigenschaft der Teile erklären – Variabilität als notwendige Bedingung für stabile Bewegung
Vertreter	– J. A. Adams 1971, R. A. Schmidt 1975	– J. J. Gibson 1979, M. T. Turvey 1990

Freiheitsgrade von Bernstein, der Chaostheorie, der nichtlinearen Theorieansätze von Turvey (1990), Turvey und Fonseca (2009) und Kelso (1995), dem Konzept der Selbstorganisation, der Synergetik von Haken (Haken 1990; Geurts et al. 1993) und

3.5 · Systemtheoretische Ansätze

dem synergetischen Modellansatz zur Bewegungskoordination (Witte 2002) lassen sich folgende Kernaussagen zur Stabilität und Variabilität von Bewegungen treffen:

- Das Bewegungsverhalten lässt sich mit einem oder sehr wenigen einzelnen Variablen (den sogenannten Ordnungsparametern) beschreiben.
- Mit Hilfe dieser Ordnungsparameter lassen sich chaotische Attraktoren konstruieren, deren variables und stabiles Verhalten mit Hilfe nichtlinearer Verfahren quantifiziert werden kann. Entsprechende Parameter sind Ausdruck der Stabilität und Variabilität der Bewegungskoordination.
- Chaos bedeutet nicht Regellosigkeit, sondern ist eine höhere Form der Geordnetheit der Bewegung.

Die ◘ Abb. 3.2 zeigt als Beispiel für einen chaotischen oder seltsamen Attraktor den Lorenz-Attraktor, der sich mathematisch aus der Kopplung dreier nichtlinearer gewöhnlicher Differenzialgleichungen zur Charakterisierung eines idealen hydrodynamischen Systems ergibt. Die numerische Lösung dieses Differenzialgleichungssystems führt zu einem deterministischen chaotischen Verhalten der Trajektorien. Wie die ◘ Abb. 3.2 zeigt, sind alle Trajektorien einander ähnlich, wiederholen sich aber nicht.

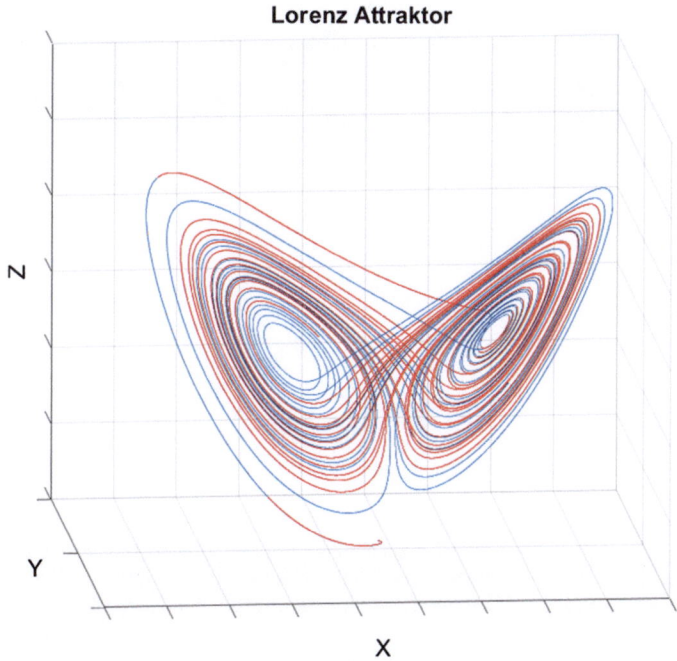

◘ **Abb. 3.2** Lorenz-Attraktor als ein Beispiel für einen chaotischen (seltsamen) Attraktor (erstellt in Matlab (MathWorks) durch Herrn D. Weizel)

Zyklogramme beim Gehen

Zyklogramme, wie sie in der Ganganalyse oft verwendet werden, haben große Ähnlichkeit mit einem Lorenz-Attraktor. Ein Zyklogramm stellt den Verlauf des COP (Druckschwerpunktes) des gesamten Körpers in Form von Linien dar. Üblicherweise zeigen diese Linien eine charakteristische „Schmetterlingsform" und korrespondieren mit der Symmetrie des Ganges. In Analogie zum seltsamen Attraktor wiederholen sich die Ganglinien nicht, sind aber einander ähnlich (◘ Abb. 3.3).

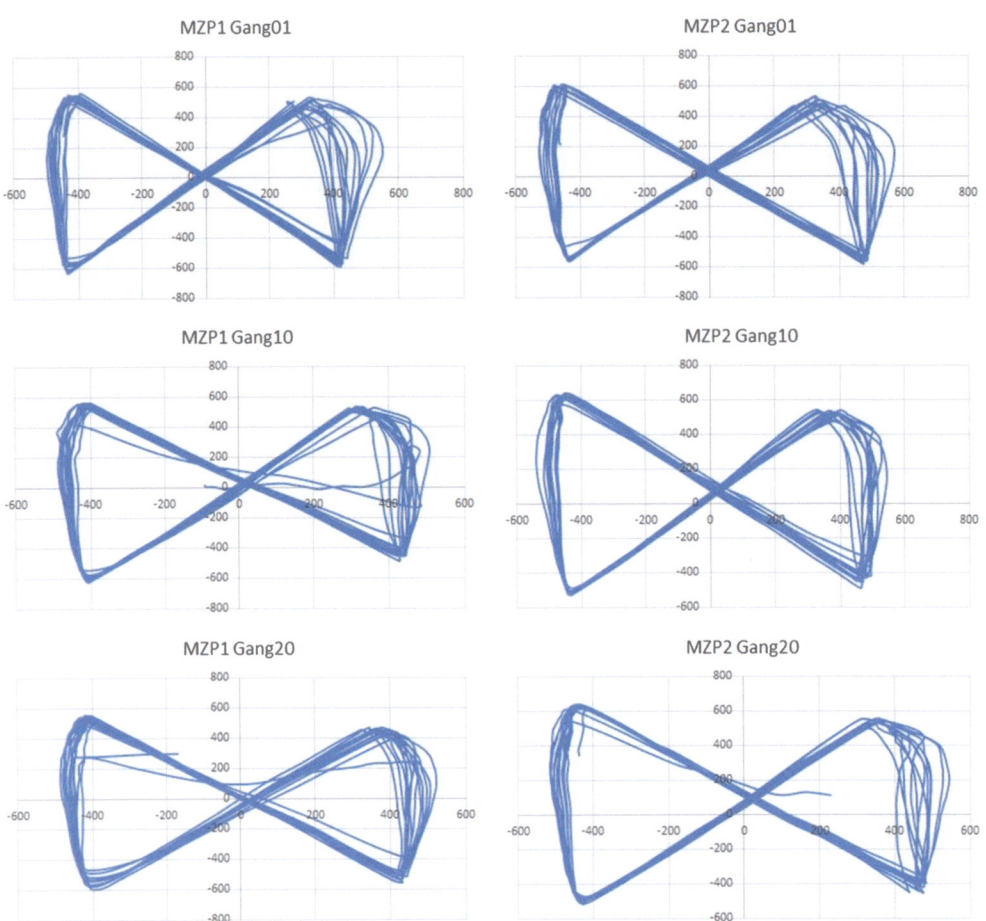

◘ **Abb. 3.3** Zyklogramme von Amputationspatienten zu zwei verschiedenen Messzeitpunkten. Das gesunde rechte Bein zeigt deutlich kürzere Ganglinien mit einer erhöhten Variabilität im Vergleich zum Prothesenbein (links). Aufgenommen mit einem Gang-Inertialsystem (InvestiGAIT). (Mit freundlicher Genehmigung von Frau Dr. K. Orlowski.)

3.6 Anwendungen der nichtlinearen Zeitreihenanalyse in der Bewegungsforschung allgemein

Die Variabilität kann mit linearen Verfahren als auch mit nichtlinearen Verfahren quantifiziert werden. Zu den herkömmlichen linearen statistischen Parametern und Verfahren zählen Spannweite (Range), Varianz, Variationskoeffizient, Fast-Fourier-Transformation u. ä. Nichtlineare Verfahren geben insbesondere Informationen über Struktur und Komplexität. Aus den Zeitreihen werden Phasenräume rekonstruiert, woraus sich Dimensionsmaße, Lyapunov-Exponenten und Entropien berechnen lassen.

Die Analyse der Variabilität von Bewegungsparametern als auch von biologisch-physiologischen Signalen erlaubt aber auch einen bedeutenden Einblick in neurophysiologische Prozesse (Schubert 2013). Ein Beispiel hierfür ist das statische Gleichgewicht. Obwohl von außen betrachtet, die Person ruhig steht, können mit einer Kraftmessplatte Schwankungen des Center of Pressure (COP) aufgezeichnet werden. Diese sind individualspezifisch (Geurts et al. 1993) und abhängig von den Bedingungen (beidbeiniger Stand, einbeiniger Stand, Stand mit geöffneten oder geschlossenen Augen) (siehe nebenstehendes Beispiel und ◘ Abb. 3.4). Mit Hilfe der nichtlinearen Zeitreihenanalyse der

> Mit Hilfe von Verfahren der nichtlinearen Zeitreihenanalyse kann die Komplexität von Bewegungen quantifiziert werden.

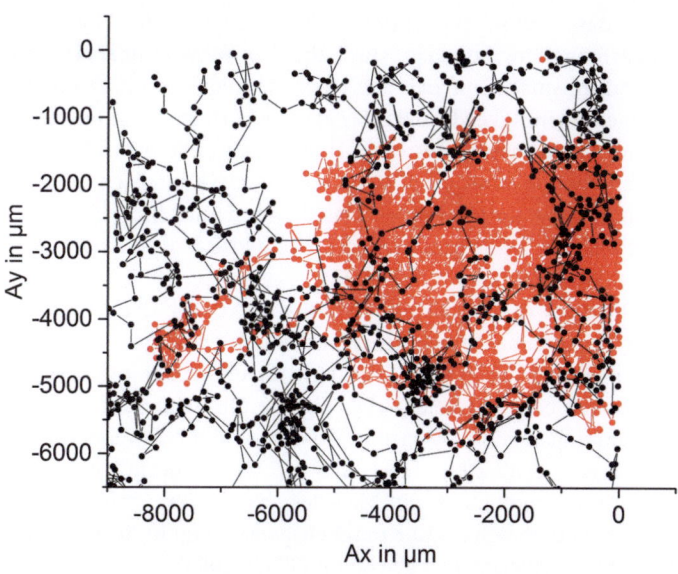

◘ **Abb. 3.4** Dynamogramme eines beidbeinigen (rot) und eines einbeinigen Standes (schwarz). Dargestellt sind die Wegkoordinaten Ax und Ay des Center of Pressure. Sample Rate der Kraftmessplatte: 250 Hz, Zeitdauer der Aufnahmen: 25 s

Ortskomponenten des COP wurden Dimensionsmaße (fraktale Dimension und Korrelationsdimension) als ein Maß der zur Verfügung stehenden Freiheitsgrade bestimmt (Witte 2002). Es konnte festgestellt werden, dass sich ohne Einbeziehung des visuellen Systems oder bzw. und bei Verringerung der Unterstützungsfläche (einbeiniger Stand) das Dimensionsmaß verringert, woraus eine geringere Komplexität des Standverhaltens geschlussfolgert werden kann. Ähnlich verhält es sich bei sturzgefährdeten älteren Personen. Sie weisen eine geringere Komplexität des Standverhaltens auf der Grundlage der COP-Verläufe als jüngere Menschen auf (Kang et al. 2009; Negahban et al. 2010).

Dynamogramm des aufrechten Standes

Dynamogramme werden mit einer Kraftmessplatte über einen längeren Zeitraum aufgenommen, wobei die Versuchsperson gebeten wird, so ruhig wie möglich zu stehen (vgl. ▶ Abschn. 1.4). Äußerlich scheinen beide Varianten (beidbeiniger und einbeiniger Stand) stabil. Der einbeinige Stand zeigt eine größere Spannbreite in beiden Richtungen, die mit Hilfe herkömmlicher statistischer Verfahren bestimmt werden kann. Die innere Struktur kann mittels nichtlinearer Methoden charakterisiert werden, woraus auf eine komplexere Struktur des beidbeinigen Standes im Unterschied zum einbeinigen Stand geschlossen werden kann.

In Bezug auf den Einfluss der Belastung auf die Bewegungskoordination von Bewegungen konnte festgestellt werden, dass beim Schwimmen mit zunehmender Belastung (Anströmgeschwindigkeit in einem Schwimmkanal) das Dimensionsmaß (auf der Basis der Zeitreihe der horizontalen Hüftgeschwindigkeit) sinkt. Das gleiche Verhalten trat bei einem Sprung-Ausbelastungstest auf. Hier wurden die Zeitreihen der Bodenreaktionskraft als Systemvariable zur Kennzeichnung der Sprungbewegung verwendet. Das deutet darauf hin, dass durch zunehmende Belastung sich die Komplexität des Bewegungsverhaltens verringert (Witte 2002).

Die Loss-of-Complexity-Hypothese (Verlust der Komplexität) besagt, dass es einen direkten Zusammenhang zwischen der Verringerung der Komplexität bzw. Struktur des motorischen Verhaltens bzw. physiologischer Signale und dem Auftreten von Erkrankungen und Alterungsprozessen gibt (Schubert 2013; Goldberger et al. 2002; Lewis et al. 1992). So nimmt bspw. der Lyapunov-Exponent als ein Maß des chaotischen Verhaltens mit zunehmendem Alter und Krankheitsgefährdung in Bezug auf die Herzfrequenzvariabilität ab (Lu und Chen 2003).

3.7 Differenzielles Lernen

Auf der Basis der Anwendbarkeit systemtheoretischer Ansätze im Sport entwickelte W. I. Schöllhorn (1998, 1999) die Methode des differenziellen Lernens (vgl. Band 1, ▶ Kap. 6). Dabei geht er von zwei Grundannahmen aus:
— Bewegungen unterliegen ständigen Schwankungen und können nicht wiederholt werden.
— Bewegungen sind in hohem Maße individuell.

> Das differenzielle Lernen nach Schöllhorn stellt das variable Trainieren auf der Basis des systemdynamischen Ansatzes in den Vordergrund.

Dieser Ansatz des motorischen Lehrens und Lernens nimmt an, dass die während des Lernprozesses auftretenden Fluktuationen eine leistungssteigernde Wirkung besitzen. Durch die Verstärkung der Fluktuationen werden vom Lernenden die Randbereiche des Lösungsraumes des Bewegungsziels abgetastet. Diese Verstärkung soll erreicht werden, indem der Trainer den Sportler mit immer neuen Bewegungsaufgaben konfrontiert.

Interessant ist bei dieser Lern- und Trainingsform auch die Bewertung von Bewegungsfehlern. Es wird davon ausgegangen, dass Fehler in der Bewegung fast immer auftreten. Diese werden nicht als negative Phänomene, sondern als Schwankungen oder Fluktuationen betrachtet, die dem Lernprozess förderlich sind. Damit stellt Schöllhorn den Begriff des Technikleitbildes klassischer Trainingstheorien in Frage, indem er postuliert, dass das individuelle Bewegungsideal ständig variiert.

Ein genereller Vorteil dieses Ansatzes ist, dass die individuellen Voraussetzungen der Sportler stärker Berücksichtigung finden und durch eine stärkere Variantenbildung auch das Training abwechslungsreicher gestaltet wird. Angewendet wurde diese Trainingsmethode in mehreren Sportarten: Kugelstoßen, Handball und Torschuss beim Fußball.

Allerdings muss abschließend angemerkt werden, dass es auch viele Kritiker dieser Herangehensweise gibt. So kann aus der Sportpraxis berichtet werden, dass Training mit vielen Varianten eigentlich nichts Neues ist. Es ist also weiterhin die Frage, wie variables Üben eingesetzt wird und ob es für Anfänger wirklich von Nutzen ist. Hier ist jeder Trainer selbst gefragt, die optimale Lösung für seine Athleten zu finden.

3.8 Empirische Untersuchungen und Themen für Referate

Die folgenden empirischen Aufgaben sind dazu gedacht, dass Sie sich der Problematik der Stabilität und Variabilität von Bewegungen durch eine eigene empirische Untersuchung nähern.

- **Untersuchung 1: Bewegungsvariabilität in Abhängigkeit von der Händigkeit**

Hypothese: Die Feinmotorik der Hand ist abhängig von der Händigkeit.

Durchführung: Drucken Sie auf ein Papier zwei Kreise (Durchmesser ca. 4 cm) in einem ausreichenden Abstand voneinander! Versuchen Sie mit einem spitzen Bleistift mindestens zehnmal einen Kreis nachzuzeichnen. Führen Sie dies für den einen Kreis mit der rechten Hand und für den anderen Kreis mit der linken Hand aus.

Auswertung: Bewerten Sie die Leistung der Feinmotorik mit Hilfe der Bewegungsvariabilität. Überlegen Sie sich, wie Sie die Bewegungsvariabilität quantifizieren können. Vorschlag: Bestimmung der maximalen Abweichung der händischen Kreise vom vorgegebenen Kreis (in mm) an 15 Stellen (rund um den Kreis) und Berechnung des Mittelwertes.

Diskussion: Diskutieren Sie Ihr Ergebnis auf der Basis von Studien zur Händigkeit.

- **Untersuchung 2: Bewegungsvariabilität in Abhängigkeit von der Bewegungsgeschwindigkeit**

Hypothese: Die Bewegungsvariabilität hängt von der Bewegungsgeschwindigkeit ab.

Durchführung: Überlegen Sie sich ein Untersuchungsverfahren zur Bestimmung der Schrittdauer beim Gehen oder Laufen (z. B. Fußdrucksohlen, Video-Highspeedaufnahmen, verschiedene andere Verfahren der Bewegungsanalyse). Lassen Sie einen Probanden auf einem Laufband nach einer Eingewöhnungszeit bei mehreren Geschwindigkeitsstufen gehen bzw. laufen. Definieren Sie die Geschwindigkeitsstufen so, dass die mittlere Stufe möglichst der komfortablen Geschwindigkeit angenähert ist. Nehmen Sie jeweils mindestens 25 Schritte auf und bestimmen Sie die Schrittdauer (entweder Einzelschritt oder Doppelschritt).

Auswertung: Bestimmen Sie die Variabilität der Schrittdauer für jede Geschwindigkeitsstufe! Verwenden Sie dabei den Variabilitätskoeffizienten. Stellen Sie den Variabilitätskoeffizienten in Abhängigkeit von der Geschwindigkeitsstufe grafisch dar!

Diskussion: Diskutieren Sie Ihr Ergebnis auf der Basis der Literatur.

- **Untersuchung 3: Stabilität des Ganzen bei Variabilität des Bewegungsverlaufes**

Hypothese: Das Ergebnis eines Sprunges (Sprungweite) ist stabiler als der Verlauf der Ausführung.

Durchführung: Nutzen Sie für die Analyse des Sprungverlaufes entweder ein kinemetrisches Verfahren oder die Kraftmessplatte. Markieren Sie eine vorgegebene Sprungweite auf dem Boden. Führen Sie ca. 15 Schlusssprünge zu dieser Markierung (bspw. von der Kraftmessplatte) durch. Zeichnen Sie bei Verwendung einer Kraftmessplatte die Bodenreaktionskräfte in Abhängigkeit von der Zeit auf und ermitteln Sie die Abweichungen der realen Sprungweiten von der Markierung.

Auswertung
a) Überlegen Sie sich, wie Sie den Verlauf der Bewegung quantifizieren wollen. Exportieren Sie die Daten und nehmen Sie eine zeitliche Normierung der Kennlinien vor. Legen Sie (z. B. in ORIGIN) eine Datei an, in der pro Spalte die Kennlinie für einen Sprung enthalten ist. Führen Sie zeilenweise eine deskriptive Statistik aus und bestimmen Sie für jeden Zeitpunkt den Variabilitätskoeffizienten. Berechnen Sie zum Schluss den mittleren Variabilitätskoeffizienten.
b) Berechnen Sie die Variabilität der Sprungweite und vergleichen Sie dies mit der Verlaufsvariabilität!

Themen für mögliche Referate

Nachfolgend werden einige Themen vorgeschlagen, mit denen Sie sich in Form von Referaten im Seminar beschäftigen können, um die Gesamtthematik weiter zu vertiefen.

Thema 1: Wie kann das „Rauschen" von biomechanischen und physiologischen Signalen unter linearer und nichtlinearer Betrachtungsweise interpretiert werden?

Thema 2: Verschaffen Sie sich einen Überblick über die mögliche Parametrisierung der Variabilität von Bewegungen aus traditioneller linearer und aus nichtlinearer Sicht!

Thema 3: Referieren Sie über Anwendungen der nichtlinearen Zeitreihenanalyse in der Sportmedizin und der Bewegungswissenschaft!

Thema 4: Setzen Sie sich mit dem differenziellen Lernen nach Schöllhorn auseinander. Gehen Sie dabei auf das theoretische Konzept, Anwendungen in der Sportpraxis als auch auf die Kritik dieser Lehrmethode ein!

Literatur

Adams, J. A. (1971). A closed-loop theory of motor learning. *Journal of Motor Behavior, 3,* 111–149.
Bernstein, N. A. (1988). *Bewegungsphysiologie.* Leipzig: Johann Ambrosius Barth.
Birklbauer, J. (2006). *Modelle der Motorik.* Aachen: Meyer & Meyer.

Daugs, R. (1994). Motorische Kontrolle als Informationsverarbeitung. Vom Auf- und Niedergang eines Paradigmas. In P. Blaser, K. Witte, & C. Stucke (Hrsg.), *Steuer- und Regelvorgänge der menschlichen Motorik*. Sankt Augustin: Academia.

Donskoi, D. D. (1968). Bewegungsprinzipien in der Biomechanik des Sports. *Theorie und Praxis der Körperkultur, 31*(1), 150–154.

Drill, R. (1933). Der Hammerschlag. Neue Psychologische Studien. Neunter Band: *Motorik*, Heft 2, München, 139–203.

Drill, R. (1938). Der Hammerschlag. In F. Krüger & O. Klemm (Hrsg.), *Motorik*. München: Beck'sche Verlagsbuchhandlung.

Gibson, J. J. (1979). *The ecological approach to visual perception*. Boston: Taylor and Francis Group.

Geurts, A. C., Nienhuis, B., & Mulder, T. W. (1993). Intrasubject variability of selected force-platform parameters in the quantification of postural control. *Archives of Physical Medicine and Rehabilitation, 74*(11), 1144–1150.

Goldberger, A. L., Amaral, L. A. N., Hausdorff, J. M., Ivanov, P. C., Peng, C. K., & Stanley, H. E. (2002). *Fractal dynamics in physiology: Alterations with disease and aging*. Proceedings of the National Academy of Sciences of the United States of America. February 19, vol. 99 no. suppl 1.

Haken, H. (1990). *Synergetik – Eine Einführung*. Berlin: Springer.

Kang, H. G., Costa, M. D., Priplata, A. A., Starobinets, O. V., Goldberger, A. L., Peng, C. K., et al. (2009). Fraily and the degradation of complex balance dynamics during a dual task protocol. *Journals of Gerontology. Series A, Biological Sciences and Medical Sciences, 64A*,1304–1311. ▸ https://doi.org/10.1093/Gerona/glpl13.

Kelso, J. A. S. (1995). *Dynamic patterns. The self-organization in brain and behavior*. Cambridge: Massachusetts Institute of Technology.

Klemm, O. (1954). Leistung. In O. Klemm (Hrsg.), *Wege der Gestaltpsychologie*. München: Beck'sche Verlagsbuchhandlung.

Körndle, H. (1996). Gestalttheoretische Annahmen über die Bewegungsregulation und deren forschungsmethodische Implikationen. In R. Daugs, et al. (Hrsg.), *Kognition und Motorik*. Hamburg: Czwalina.

Lewis, A., Lipsitz, M. D., & Goldberger, A. L. (1992). Loss of „Complexity" and Aging Potential Applications of Fractals and Chaos Theory to Senescence. *JAMA, 267*(13), 1806–1809. ▸ https://doi.org/10.1001/jama.1992.03480130122036.

Loosch, E. (1999). *Allgemeine Bewegungslehre*. Wiebelsheim: Limpert-Verlag.

Loosch, E., & Tamme, M. (1997). zit. in: Loosch, E. (1999). *Allgemeine Bewegungslehre* (S. 156f). Wiebelsheim: Limpert-Verlag.

Lu, H. W., & Chen, Y. Z. (2003). Correlation dimension and the largest Lyapunov exponent characterization of RR interval. *Space MedEng (Beijing), 16*, 396–399.

Meinel, K., & Schnabel, G. (2007). *Bewegungslehre Sportmotorik – Abriss einer Theorie der sportlichen Motorik unter pädagogischem Aspekt*. Aachen: Meyer & Meyer.

Müller, H. (2001). *Ausführungsvariabilität und Ergebniskonstanz*. Lengerich: Pabst Science Publishers.

Negahban, H., Salavati, M., Mazaheri, M., & Sanjari, M. A. (2010). Non-linear dynamical features of center of pressure extracted by recurrence quantification analysis in people with unilateral anterior cruciate ligament injury. *Gait & Posture, 31*(4), 450–455.

Schmidt, R. A. (1975). A schema theory of diskrete motor skill-learning. *Psychological Review, 82*,225–260.

Schmidt, R. A. (1991). *Motor learning and performance*. Illinois: Human Kinetics.

Literatur

Schubert, P. (2013). Die Anwendung nichtlinearer Verfahren zur Charakterisierung der menschlichen Variabilität aus Zeitreihen. *Deutsche Zeitschrift fur Sportmedizin, 64,*132–140.

Schöllhorn, W. I. (1998). *Systemdynamische Betrachtung komplexer Bewegungsmuster im Lernprozess.* Frankfurt a. M.: Lang.

Schöllhorn, W. I. (1999). Individualität – ein vernachlässigter Parameter? *Leistungssport, 29*(2), 7–12.

Semmler, R. (1999). *Funktionelle Variabilität sportlicher Bewegungen bei besonderer Berücksichtigung von Wahrnehmungen.* Köln: Sport und Buch Strauß.

Turvey, M. T. (1990). Coordination. *American Psychologist, 45*(8), 938–953.

Turvey, M. T., & Fonseca, S. (2009). Nature of motor control: perspectives and issues. *Advances in Experimental Medicine and Biology, 629,*93–123. ▶ https://doi.org/10.1007/978-0-387-77064-2_6.

Witte, K. (2002). *Stabilitäts- und Variabilitätserscheinungen der Motorik des Sportlers unter nichtlinearem Aspekt.* Aachen: Shaker.

Anwendungen nichtlinearer Systemtheorien im Sport

4.1	Problemstellung – 56	
4.2	**Nichtlineare Dynamik – 57**	
4.2.1	Grundlagen der Chaostheorie – 58	
4.2.2	Grundlagen der Selbstorganisation – 64	
4.2.3	Möglichkeit der Anwendung in der Bewegungswissenschaft – 65	
4.3	**Synergetik – 67**	
4.3.1	Grundlagen der Synergetik – 67	
4.3.2	Anwendung des synergetischen Konzepts auf menschliche Bewegungen – 68	
4.4	**Anwendung der Principal Component Analysis (PCA) im Sport – 71**	
4.5	**Empirische Untersuchungen und Themen für Referate – 74**	
	Literatur – 77	

© Springer-Verlag GmbH Deutschland, ein Teil von Springer Nature 2018
K. Witte, *Ausgewählte Themen der Sportmotorik für das weiterführende Studium (Band 2)*,
https://doi.org/10.1007/978-3-662-57876-6_4

Welche Möglichkeiten gibt es, die Komplexität der Bewegungskoordination zu erfassen und gleichzeitig das Wechselspiel zwischen Stabilität und Variabilität zu beschreiben und zu interpretieren? Mit Hilfe der disziplinübergreifenden nichtlinearen Systemtheorie kann diese Problematik bearbeitet werden. Sie entstand in den Naturwissenschaften, speziell in der theoretischen Physik und wird zunehmend auch in den Geistes- und Sozialwissenschaften angewendet. Da wir überall von komplexen Systemen umgeben sind und der Mensch ebenfalls ein solches ist, scheinen diese theoretischen Konzepte zur Charakterisierung der Bewegungskoordination sehr vielversprechend.

4.1 Problemstellung

Nichtlineare systemtheoretische Ansätze bieten die Möglichkeit, die komplexe sportliche Bewegung zu beschreiben und insbesondere ihr stabiles und variables Verhalten zu charakterisieren.

Im vorangegangenen ▶ Kap. 3 haben wir festgestellt, dass systemtheoretische Ansätze geeignet sind, das Phänomen der Stabilität und Variabilität von Bewegungen zu charakterisieren. In diesem Kapitel wollen wir uns nun näher mit der nichtlinearen Systemtheorie beschäftigen. Ansätze, das komplexe Bewegungsverhalten des Menschen zu beschreiben, finden sich in der Chaostheorie und in Selbstorganisationskonzepten. Beiden theoretischen Ansätzen ist gemein, dass sie komplexe Systeme beschreiben können, deren Entwicklung nicht eindeutig voraussehbar ist.

Kelso (1995) hat bereits gezeigt, dass die Bewegungskoordination unter ganzheitlichem Aspekt als ein Selbstorganisationsphänomen aufgefasst werden kann. Eine für uns sichtbare „geordnete" Bewegungskoordination entsteht demzufolge aus den nichtlinearen Wechselwirkungen einer Vielzahl von Teilsystemen. Die Chaostheorie bietet mathematische Zugänge, um Bewegungskoordination hinsichtlich ihrer Variabilität und Veränderungen zu charakterisieren.

Nachfolgend wollen wir davon ausgehen, dass der Mensch ein komplexes System ist, dessen Verhalten auf der makroskopischen Ebene durch eine Vielzahl von nichtlinearen Prozessen auf der mikroskopischen Ebene determiniert wird, und er sich selbst im ständigen Austausch und Wechselwirkung mit der Umwelt befindet. Bewegungen des Menschen sind sowohl durch eine hohe Geordnetheit als auch durch nicht vorhersehbare Unregelmäßigkeiten gekennzeichnet.

Mit einem nichtlinearen systemtheoretischen Ansatz kann ein weiteres Problem gelöst werden: die Charakterisierung der Bewegung mit nur einem oder wenigen Systemparametern. Wir wissen, dass für eine eindeutige und detaillierte Beschreibung einer sportlichen Bewegung oft eine Vielzahl von Variablen und deren zeitliche Verläufe (Kennlinien) notwendig sind. Daraus ergibt sich die Schwierigkeit, das Verhalten der Bewegung, bspw. ihre Veränderung durch einen äußeren Einfluss

(z. B.: Geschwindigkeitserhöhung), zu kennzeichnen. Systemtheoretische Ansätze bieten Methoden, systemrelevante Größen zu identifizieren und ihr Verhalten zu bestimmen.

4.2 Nichtlineare Dynamik

Die nichtlineare Dynamik ist ein disziplinübergreifendes Forschungsgebiet, bei dem es darum geht, nichtlineares Verhalten von komplexen Systemen zu untersuchen. Typische Phänomene sind die sensitive Abhängigkeit des Systemverhaltens von den Ausgangsbedingungen und die spontane Strukturbildung. Die dem System zugrunde liegenden Gesetze stellen keine linearen, sondern nichtlineare Zusammenhänge dar.

Jules Henri Poincaré (1854–1912) gilt als Begründer der nichtlinearen Dynamik, indem er das deterministische Chaos in der Himmelsmechanik entdeckte. Vereinfacht ausgedrückt wird das Dreikörperproblem beschrieben, das zeigt, dass durch die Wechselwirkung (hier: gegenseitige Massenanziehung) dreier Himmelskörper ihre Umlaufbahnen nicht mehr eindeutig genau beschrieben werden können, da sie sich irregulär (chaotisch) bewegen. Kleinste Veränderungen können somit zu größeren Störungen führen. Chaotisch sind auch die Trajektorien (Bewegungsbahnen) der beiden Massen eines Doppelpendels (siehe ◘ Abb. 4.1). Verändert man die Auslenkung im Ausgangszustand nur infinitesimal, also sehr wenig, entstehen nach kurzer Zeit schon völlig andere Trajektorien.

> Die nichtlineare Dynamik untersucht disziplinübergreifend das nichtlineare Verhalten komplexer Systeme. Chaostheorie und Selbstorganisationstheorien sind wichtige Konzepte zur Beschreibung nichtlinearer dynamischer Systeme. Sie lassen sich auch auf menschliche Bewegungen anwenden.

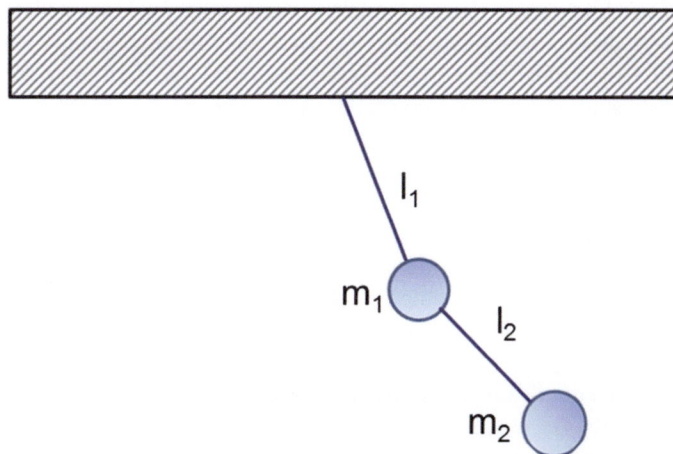

◘ **Abb. 4.1** Doppelpendel mit zwei Massen m_1 und m_2 und den zugehörigen Pendellängen l_1 und l_2

> **Nichtlineare dynamische Systeme**
> Während sich bei einem linearen System (bei Betrachtung einer Blackbox) Ausgangs- und Eingangssignale proportional zueinander verhalten, gilt dies für nichtlineare Systeme nicht. Allgemein ist ein nichtlineares dynamisches System dadurch gekennzeichnet, dass die zeitliche Ableitung der Systemvariable (*dx/dt*) durch eine nichtlineare Funktion *f* mit der Systemvariablen (*x*) selbst verknüpft ist:
>
> $$\frac{dx}{dt} = f(x) \qquad (4.1)$$
>
> Dabei ist hervorzuheben, dass die Antwort des Systems auf einen äußeren Reiz durchaus nicht sofort erfolgen muss, sondern maßgeblich von der „Vorgeschichte" abhängt. Somit kann derartigen Systemen auch ein Gedächtnis zugesprochen werden. Dieses nichtlineare dynamische Verhalten findet man bei den meisten biologischen Systemen.

4.2.1 Grundlagen der Chaostheorie

Wie schon die obigen Beispiele zeigen, ist die Zukunft eines dynamischen chaotischen Systems nicht vorhersagbar. Chaos bedeutet jedoch nicht Gesetzlosigkeit, sondern ist als ein konstruktives Wesensmerkmal anzusehen, da es neue geordnete Strukturen enthält, die mit der „fraktalen Geometrie" sichtbar sind. Die fraktale Geometrie beschäftigt sich mit Objekten, den sogenannten Fraktalen, deren Dimensionen nicht ganzzahlig sind. Beziehen wir diese Betrachtungsweise auf die menschliche und speziell sportliche Bewegung, ist festzustellen, dass diese sowohl ein gewisses Maß an Ordnung, aber auch an Ungeordnetheit enthält. Dabei resultiert die Ordnung auf den anatomisch-physiologischen Grundlagen des Menschen. Chaotisches Verhalten ermöglicht dagegen dem Sportler die notwendige Flexibilität und Adaption an die sich ständig veränderten Bedingungen der Außenwelt als auch des Organismus selbst. Alle Prozesse im Menschen sind durch ständige Rückkopplungen und nichtlineare Wechselwirkungen geprägt. Es ist zu vermuten, dass eine erfolgreiche sportliche Bewegung ein optimales Maß an Chaotizität erfordert (Witte 2002).

Nachfolgend sollen einige grundlegende Begriffe der Chaostheorie kurz definiert und erläutert werden.

- **Deterministisches Chaos**
Im Unterschied zum mikroskopischen Chaos, das durch stochastisches (völlig unregelmäßiges) Verhalten gekennzeichnet ist, existiert deterministisches Chaos auf makroskopischer Ebene.

4.2 · Nichtlineare Dynamik

Die im System ablaufenden Prozesse können mit relativ einfachen gekoppelten (Differenzial-)Gleichungen beschrieben werden. Das Langzeitverhalten ist jedoch nicht eindeutig berechenbar. Schon kleinste Veränderungen in den Ausgangsbedingungen (z. B. Störungen) führen zu starken Veränderungen der ablaufenden Prozesse. Ein bekanntes Beispiel ist das von Edward N. Lorenz (1917–2008) aus drei gekoppelten Differenzialgleichungen bestehende Wettermodell, wodurch gezeigt werden konnte, dass durch ihre große Empfindlichkeit gegenüber Störungen das Wetter für einen längeren Zeitabschnitt nicht voraussehbar ist (Schmetterlingseffekt) (Gleick 1988).

- **Feigenbaumszenario**

Das nach Mitchell Feigenbaum (geb. 1944) benannte Diagramm basiert auf der Berechnung der Populationsdynamik mit Hilfe der logistischen Gleichung durch den belgischen Biomathematiker Pierre-François Verhulst (1804–1849) (Mahnke et al. 1992), die die Auswirkung von Rückkopplungsprozessen durch die Faktoren Vermehrung und Verhungern beschreibt.

Logistische Gleichung zur Berechnung der Population x_n (Kriz 1992)

Die logistische Gleichung zur Berechnung der Population x_{n+1} aus der vorangegangenen Population x_n bestimmt sich aus der ▶ Gl. 4.2:

$$x_{n+1} = r \cdot x_n(1 - x_n) = r \cdot x_n - r \cdot x_n^2 \quad \text{mit } 0 < r \leq 4 \quad (4.2)$$

Der erste Term der Gleichung ▶ Gl. 4.2 bedeutet ein lineares Wachstum, der zweite Term ein nichtlinearer Rückgang oder Dämpfung. Bei einer sehr kleinen Populationsmenge x_n wird im Grenzfall ein lineares Wachstum angenommen. Ist der Wachstumsfaktor $r < 1$, stirbt die Population aus, bei $r = 1$ findet Stagnation statt und bei $r > 1$ kommt es zu einer Bevölkerungsexplosion. Feigenbaum untersuchte nun das Verhalten dieser logistischen Gleichung für lange Zeitreihen in Abhängigkeit vom Wachstumsfaktor bzw. Kontrollparameter r. Dabei kann folgendes Verhalten (siehe ◘ Abb. 4.2) beobachtet werden: $r < 3$: stabiles Verhalten, $r > 3$: zunehmendes Auftreten von Bifurkationen (Verzweigungen), d. h., es werden immer mehr Zustände des Systems möglich, bis zum vollständigen Übergang ins Chaos mit Intermittenzen (im chaotischen Bereich als „Ordnungsfenster" mit stabilem zyklischen Verhalten bezeichnet).

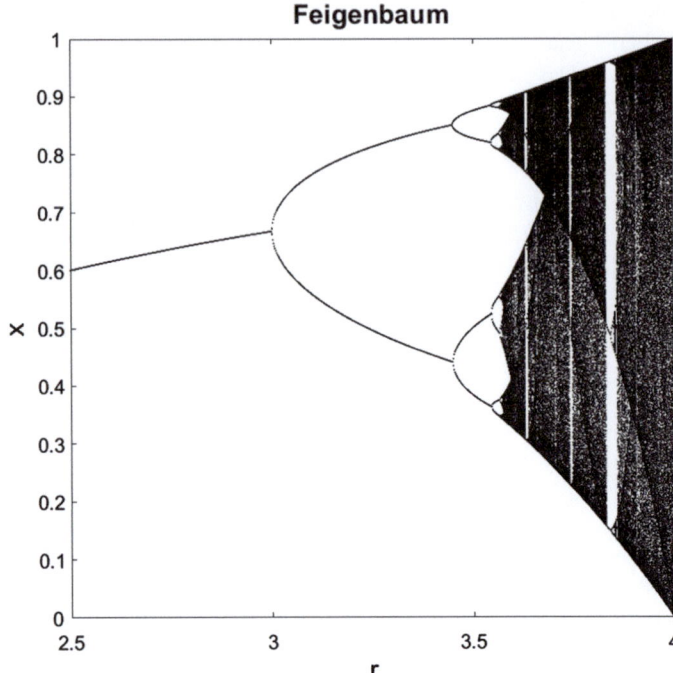

◻ **Abb. 4.2** Feigenbaum-Diagramm. (Erstellt in Matlab [MathWorks] durch Herrn D. Weizel)

- **Fraktale Strukturen**

Im Unterschied zur euklidischen Geometrie scheint die fraktale Geometrie besser Variabilität, Ordnung und Unvorhersagbarkeit bzw. auch Kreativität der Natur wiederzugeben (Briggs und Peat 1993). Besonders interessant ist, dass komplexe Gebilde auf einfache arithmetische Regeln zurückzuführen sind, wie es insbesondere die Koch-Kurve zeigt. So lassen sich nach Benoît Mandelbrot (1924–2010), der den Begriff des Fraktals prägte, fraktale Strukturen durch einfache geometrische Transformationen erzeugen. Beispiele hierfür sind: Mandelbrot-Menge (oder Apfelmännchen), Sirpinski-Dreieck oder Julia-Menge. Eine besondere Eigenschaft ist die Selbstähnlichkeit der Strukturen.

Fraktale Erscheinungen findet man auch in der Natur (z. B.: Blumenkohl oder Farne), obwohl hier die Anzahl der selbstähnlichen Stufen begrenzt ist. Andere Beispiele von fraktalen Strukturen ohne strenge geometrische Selbstähnlichkeit findet man bei Bäumen, Blutgefäßen oder Küstenlinien. Betrachtet man bspw. eine Küstenlinie, wird bald klar, dass eine exakte Messung ihrer Länge nicht möglich ist, da diese stark von der Vergrößerung abhängt: Blick aus dem Weltraum, Blick aus dem Flugzeug, Entlangfahren mit einem Auto, Entlanggehen,

4.2 · Nichtlineare Dynamik

Beobachtung durch ein Vergrößerungsglas bis Blick durch ein Mikroskop. Immer mehr Details werden sichtbar, die in die Längenbestimmung mit eingerechnet werden müssten.

Für den Bewegungswissenschaftler ist es interessant, der Frage nachzugehen, inwiefern durch die Anwendung der fraktalen Geometrie neue Erkenntnisse über die Bewegungsvariabilität gefunden werden können.

> **Koch-Kurve (Kriz 1992)**
> Die Koch-Kurve, die 1904 von Helge von Koch (1870–1924) als erstes formal beschriebenes fraktales Gebilde vorgestellt wurde, ist eine überall stetige, aber nirgends differenzierbare Kurve. Die ◘ Abb. 4.3 zeigt die Konstruktionsvorschrift und die ◘ Abb. 4.4 die Entwicklung nach mehreren Iterationen.

- **Stabilität und Instabilität im Phasenraum, Attraktor**

Zur Darstellung der Dynamik eines Systems existieren verschiedene Möglichkeiten: zeitlicher Verlauf einer Variablen, Potenzialfunktion und Phasenraumdarstellung (Menge aller

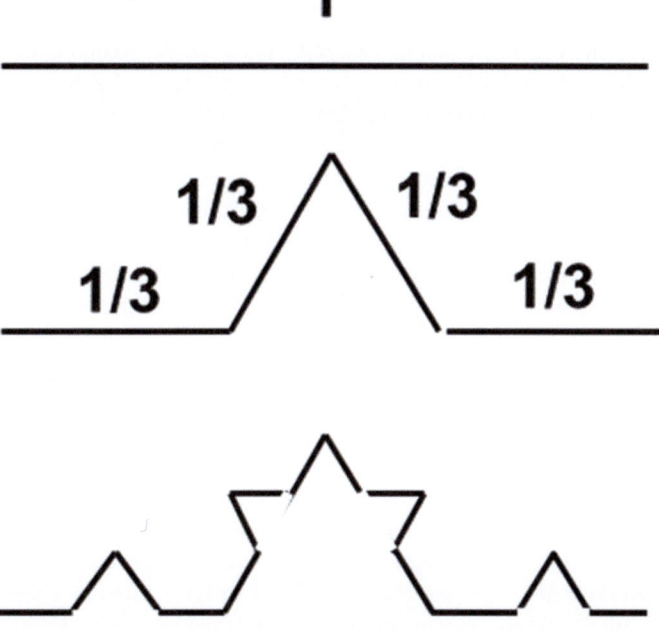

◘ **Abb. 4.3** Konstruktion der Koch-Kurve: Eine Strecke der relativen Länge 1 wird gedrittelt, der mittlere Abschnitt gelöscht und durch zwei 1/3-Strecken (im Winkel von 60° und 120°) ersetzt. Dieser Vorgang (Iteration) kann beliebig wiederholt werden

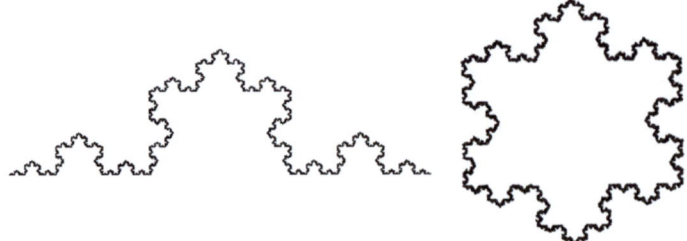

Abb. 4.4 Entstehung der Koch-Kurve nach mehreren Iterationen (links). Beginnt man den Iterationsprozess nicht mit einer Strecke, sondern mit einem gleichseitigen Dreieck, dann erhält man die sogenannte Koch'sche Schneeflocke. (Erstellt in Matlab [MathWorks] durch Herrn D. Weizel)

möglichen Zustände eines dynamischen Systems) oder Phasenporträt (Kriz 1992). Um den Zustand des Systems in einem Phasenraum durch einen Punkt eindeutig zu beschreiben, benötigt man alle notwendigen Dimensionen, durch die der Phasenraum aufgespannt wird. In der Mechanik besteht er aus (verallgemeinerten) Ortskoordinaten und den zugehörigen (verallgemeinerten) Impulsen. Die Verbindung aller Punkte wird als Trajektorie bezeichnet. Zum Beispiel erhält man für die Bewegung eines reibungsfreien Pendels bei der Darstellung der Winkelgeschwindigkeit über dem Auslenkungs-Winkel einen Kreis. Bewegt sich das System auf einer solchen Kurve, ist sein Verhalten stabil. Bei Störungen (z. B.: Reibung oder äußerer Impuls) können Abweichungen (z. B. nach innen oder außen) beobachtet werden. Zusammengefasst kann festgestellt werden, dass der Phasenraum die Menge aller möglichen Zustände eines dynamischen Systems charakterisiert. Diese Trajektorien können so stabil sein, dass nach einer Störung oder veränderten Anfangsbedingung der Zustand des Systems von diesen Bahnen angezogen wird und die Dynamik des Systems auf diesen anziehenden Trajektorien verläuft. Diese Teilmenge des Phasenraums, durch die alle hinreichend nahen Trajektorien angezogen werden, nennt man Attraktor (Schuster 1989). Stellen diese Bahnen jedoch Fraktale dar, spricht man von fraktalen, chaotischen oder seltsamen Attraktoren. Auf diesem chaotischen Attraktor gibt es nun eine Vielzahl von Bewegungszuständen, die chaotischen Gesetzen folgen. Ein bekanntes Beispiel ist der Lorenz-Attraktor (■ Abb. 3.2), den wir schon im ▶ Abschn. 3.5 besprochen hatten. Chaotische Attraktoren sind also gekennzeichnet durch: unendlich lange „Linien", einen begrenzten Raum und Trajektorien, die sich selbst nicht schneiden.

Im Unterschied dazu existieren aber auch Fixpunktattraktoren (Trajektorien laufen für $t \to \infty$ auf einen Fixpunkt zu), Grenzzyklusattraktoren (nach einem Einschwingvorgang laufen alle Trajektorien auf einen Grenzzyklus zu) und Torusattraktoren (Trajektorien laufen für $t \to \infty$ auf ein Gebilde ähnlich einem „Donut" zu).

Da es bei praktischen Problemstellungen, die oft auf empirischen Untersuchungen beruhen, meist schwierig ist, den Phasenraum aus allen Dimensionen aufzustellen, wird in der Regel ein Ersatzphasenraum verwendet. Insbesondere die Methode nach Takens (Takens 1981) erlaubt es, mit Hilfe der Zeitreihe einer systemrelevanten Variablen einen Ersatzphasenraum zu erstellen, der alle notwendigen Informationen über das System enthält. Mit Hilfe der Waberproduktanalyse (Liebert 1991) lassen sich die für die Rekonstruktion des Ersatzphasenraumes aus einer relativ kurzen Zeitreihe notwendigen Parameter (Einbettungsdimension und zeitliche Verschiebung) bestimmen.

- **Lyapunov-Exponent**

Wie stabil ein dynamisches System ist, kann mit Hilfe von Lyapunov-Exponenten beschrieben werden. Insbesondere der maximale Lyapunov-Exponent ist ein Maß dafür, wie „rasch" benachbarte Punkte oder Trajektorien im Phasenraum auseinanderlaufen oder konvergieren (Kriz 1992). Entsprechend des Vorzeichens des maximalen Lyapunov-Exponeneten kann entschieden werden, ob die Trajektorien konvergieren (−), divergieren (+) oder eine periodische Stabilität vorliegt (0). Damit existiert eine Möglichkeit festzustellen, ob es sich beim betrachteten System um einen chaotischen Attraktor (positiver maximaler Lyapunov-Exponent) handelt. Entsprechende mathematische Algorithmen stehen zur Verfügung (Loistl und Betz 1994).

- **Dimensionsmaße**

Um einen Attraktor quantitativ zu charakterisieren, gibt es eine Vielzahl von Dimensionsmaßen. Für nicht-chaotische Attraktoren sind die Dimensionen ganze Zahlen: Fixpunktattraktor: 0, Grenzzyklusattraktor: 2 oder Torusattraktor: 3 oder höher. Chaotische oder seltsame Attraktoren sind durch gebrochene Dimensionen gekennzeichnet. Bekannte Dimensionsmaße sind: fraktale Dimension, Hausdorff-Dimension oder Informationsdimension.

> **Fraktale Dimension (Loistl und Betz 1994)**
> Die fraktale Dimension stellt die Anzahl der paarweise unabhängigen Zustandsgrößen dar, die die Bewegung auf dem Attraktor beschreiben (Loistl und Betz 1994). Zur Berechnung der fraktalen Dimension stellt man sich vor,

den Attraktor mit *m*-dimensionalen Boxen zu bedecken, und zählt aus, wie viele Boxen zu seiner vollständigen Überdeckung notwendig sind (vgl. ◘ Abb. 4.5). Danach wird die Kantenlänge ε der Boxen verkleinert und der Vorgang des Auszählens wiederholt. Aus dem Verhältnis der minimal notwendigen Anzahl von Boxen zur Überdeckung des Attraktors $N(\varepsilon)$ und der Kantenlänge der Boxen ε ergibt sich die fraktale Dimension D_F zu:

$$D_F = -\lim_{\varepsilon \to 0} \frac{\log N(\varepsilon)}{\log \varepsilon} \qquad (4.3)$$

4.2.2 Grundlagen der Selbstorganisation

Die Beziehungen zwischen Geistes- und Sozialwissenschaften zu den Naturwissenschaften sind zunehmend auch von dem Versuch geprägt, theoretische Ansätze und Methoden aus den Naturwissenschaften zu übertragen (Vec et al. 2006). Einer dieser Denkansätze in Bezug zu einer systemischen Betrachtungsweise stellt die Selbstorganisation dar. Neben der Chaostheorie ist das Konzept der Selbstorganisation eine Transfermöglichkeit aus der Physik und Mathematik, komplexe dynamische Systeme bspw. auch in den Sozialwissenschaften zu beschreiben.

Eine relativ einfache und doch umfassende Begriffsbestimmung der Selbstorganisation stellt die Definition von

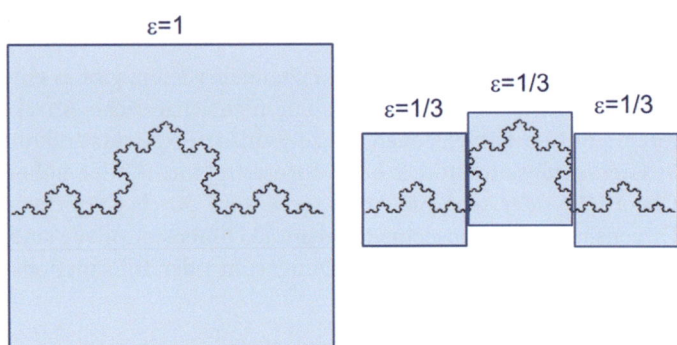

◘ **Abb. 4.5** Veranschaulichung der Berechnung der fraktalen Dimension der Koch-Kurve. Linkes Bild: $\varepsilon = 1 \to N(1) = 1$, rechtes Bild: $\varepsilon = 1/3 \to N(1/3) = 3$. Weitere Iterationen führen zu: $\varepsilon = \frac{1}{9} \to N\left(\frac{1}{3^2}\right) = 12 = 3 \cdot 4$, $\varepsilon = \frac{1}{27} \to N\left(\frac{1}{3^3}\right) = 48 = 3 \cdot 4^2$ und allgemein: $\varepsilon = 1/3^n \to N(1/3^n) = 3 \cdot 4^{n-1}$. Für $n \to \infty$ erhält man dann $D_F = \frac{\log 4}{\log 3} = 1,26186\ldots$

Jetschke (1989) dar, der darunter (oder auch unter spontaner Strukturbildung) die spontane, also ohne direkten äußeren Einfluss erfolgende, Ausbildung eines höheren Grades des Zusammenwirkens der Elemente eines Systems versteht, wodurch ein höherer Grad an Ganzheit resultiert (Witte 2002). Ein typisches Beispiel ist die Bénard-Zelle, bei der in einer Flüssigkeitsschicht unter einer bestimmten Temperaturdifferenz eine makroskopische Bewegungsstruktur der Moleküle in Form von Rollen gebildet wird, woraus ein effektiver Energieaustausch zwischen den wärmeren und kühleren Flüssigkeitsschichten resultiert (Prigogine und Stengers 1993). Voraussetzungen für das Auftreten von Selbstorganisation sind (Jetschke 1989):

- Offenheit des Systems
- Nichtlinearität der inneren dynamischen Prozesse (Mikroprozesse)
- Wechselwirkungen zwischen den inneren Prozessen
- Überschreiten kritischer Parameterwerte in einem bestimmten Abstand vom Gleichgewicht
- Auftreten von Fluktuationen.

Auf der Grundlage der unterschiedlichen Wissenschaftsdisziplinen entwickelten sich auch unterschiedliche Konzepte der Selbstorganisationsforschung (Witte 2002):

- Systemtheoretisch-kybernetischer Ansatz (Beginn der modernen Selbstorganisationsforschung aus der Kybernetik nach Heinz von Foerster)
- Theorie dissipativer Systeme (entstand aus der irreversiblen Thermodynamik von Ilya Prigogine)
- Synergetik (Theorie des kooperativen Verhaltens von Teilsystemen in Systemen fernab vom thermodynamischen Gleichgewicht nach Hermann Haken)
- Theorie autokatalytischer Hyperzyklen (zelluläres Leben durch chemische Selbstorganisation nach Manfred Eigen)
- Autopoiesekonzept (Theorie der Selbsterschaffung und des Selbsterhalts biologischer Systeme nach Humberto Maturana und Francisco Varela)
- Konzept der elastischen Ökosysteme (Modelle zur Stabilität von Ökosystemen)
- Theorie des deterministischen Chaos.

4.2.3 Möglichkeit der Anwendung in der Bewegungswissenschaft

Aus den obigen Ausführungen lässt sich zunächst feststellen, dass man durch einen nichtlinearen systemdynamischen Ansatz auch einen anderen Zugang zur Problematik Stabilität und

Variabilität von Bewegungen bekommt. Der Begriff der Stabilität bedeutet für selbstorganisierte Systeme nicht Starrheit, sondern Geordnetheit und Gesamtzusammenhang der Elemente. Damit enthält Stabilität auch immer Variabilität. Genau dies ist bei sportlichen Bewegungen zu beobachten: Die Bewegung bleibt erhalten, obwohl sich einzelne Bewegungsvariablen verändern.

Weiterhin ist ein systemischer Ansatz auch in Hinblick auf die Bewegungswissenschaft vielversprechend, indem der Sportler bei der Ausübung einer sportlichen Bewegung als ein System zu betrachten ist, das einerseits geschlossen ist, aber andererseits stets in Wechselwirkung mit der Umwelt steht. Das Problem der Vielzahl von Freiheitsgraden, die bereits für die Beschreibung einfacher Bewegungen notwendig ist, konnte mit programmtheoretischen Ansätzen bisher nicht zufriedenstellend geklärt werden. Systemtheoretische Ansätze sind dagegen ein möglicher Zugang, indem durch eine oder wenige systemrelevante Variablen das Verhalten des Gesamtsystems charakterisiert wird.

Es sollte nun der Frage nachgegangen werden, inwiefern auch das Modell des chaotischen Attraktors für die Bewegungsbeschreibung verwendet werden kann, um einerseits stabiles und variables Verhalten zu charakterisieren und andererseits das Entstehen neuer Bewegungsformen zu beschreiben oder gar zu erklären.

Die nachfolgende Tabelle (◘ Tab. 4.1) gibt einen (nicht vollständigen) Überblick über Beispiele von systemtheoretischen Ansätzen zur Beschreibung menschlicher Bewegungen.

◘ **Tab. 4.1** Beispiele für systemtheoretische Ansätze zur Beschreibung menschlicher Bewegungen

Autoren	Kurzbeschreibung
Arbeitsgruppe um Turvey (z. B.: Turvey 1990; Mitra et al. 1997)	Armpendelbewegungen, bimanuelle Pendelbewegungen, Anwendung chaotischer Gesetzmäßigkeiten
Arbeitsgruppe um Sternad (Schaal und Sternad 1996; Sternad et al. 1999; Nasseroleslami et al. 2014)	Jonglieren eines Balls mit einem Paddel, Kopplung von Hand-Pendelbewegungen, Interaktionen mit chaotischem Verhalten
Kay (1988)	Charakterisierung von rhythmischen Fingerbewegungen mit chaotischen Dimensionswerten
Ganz et al. (1996)	Verwendung der Korrelationsdimension für visuell-motorische Trackingaufgaben in Abhängigkeit vom Trainingszustand
Witte und Blaser (1998)	Charakterisierung der statischen Gleichgewichtsfähigkeit mit Dimensionsmaßen

4.3 Synergetik

4.3.1 Grundlagen der Synergetik

Die Synergetik als die „Lehre vom Zusammenwirken" stellt einen theoretischen Zugang der Selbstorganisationsforschung dar. Sie wurde von Hermann Haken (geb. 1927) aus der Lasertheorie entwickelt, indem er die Entstehung von Laserstrahlen als Selbstorganisation von Nichtgleichgewichtssystemen interpretierte. Er wendet die Synergetik nicht nur auf physikalische Phänomene an, sondern bspw. auch auf die Funktion des Gehirns. So zeigen Haken und Haken-Krell (1997) wie die Synergetik auf Gehirnaktivitäten, Wahrnehmung und Verhalten angewendet werden kann. Besonders eindrucksvoll ist die Interpretation der Wahrnehmung von Kippfiguren (z. B.: Männergesicht zu junger Frau und umgekehrter Weg). Weiterhin wird von Haken und Haken-Krell (1997) aus der Dynamik von EEG-Wellen geschlussfolgert, dass die makroskopischen Muster durch wenige Ordner im Gehirn bestimmt werden.

Mit Hilfe des synergetischen Konzepts wurden aber auch einige physiologische Prozesse beschrieben, wie bspw. die Kopplung zwischen Herz- und Atmungstätigkeit (Hoyer und Zwiener 1998) oder Mikroturbulenzen im Blutkreislauf (Schmid-Schönbein et al. 1997). Weiterhin sind synergetische Therapieansätze in der Psychiatrie bekannt (Schiepek und Tschacher 1997).

Weitere Anwendungen und die geschichtliche Entwicklung der Synergetik sind bei Haken et al. (2016) nachzulesen.

Das synergetische Konzept soll an einem Schema (◘ Abb. 4.6) erläutert werden. Das System, das durch sein dynamisches Verhalten auf makroskopischer Ebene ein Muster erzeugt, kann

> Die Synergetik wurde von Hermann Haken als die Lehre vom Zusammenwirken entwickelt. Sie kann auf komplexe nichtlineare Systeme angewendet werden. Es wird ein Konzept vorgestellt, welches die Bewegungskoordination mit Hilfe der Synergetik beschreibt.

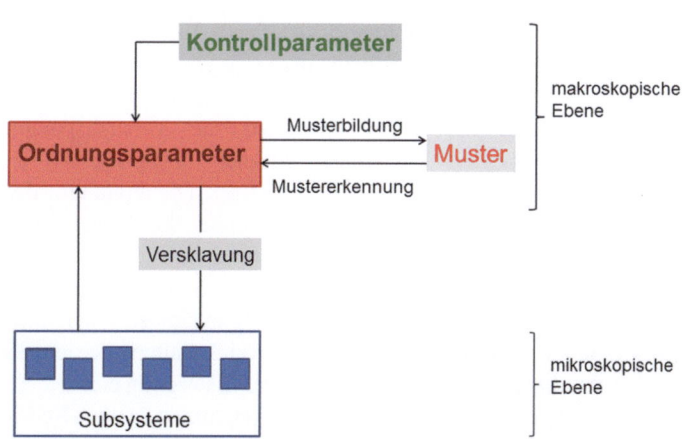

◘ **Abb. 4.6** Schema des synergetischen Konzepts. (Modifiziert nach Wischert und Wunderlin [1993] und Jirsa [1996])

mit einem systemrelevanten Parameter, Ordnungsparameter genannt, beschrieben werden. Die Umwelt, in Form eines Kontrollparameters, beeinflusst den Ordnungsparameter. Dieser „versklavt" die Vielzahl einander in Wechselwirkung stehenden Subsysteme auf mikroskopischer Ebene, welche wiederum auf den Ordnungsparameter zurückwirken bzw. durch nichtlineare Rückkopplungen diesen bilden.

Die Bestimmung des Ordnungsparameters kann mittels der Haken-Friedrich-Uhl-Ordnungsparameteranalyse oder der Principal Component Analysis (Haas 1995; Haken 1996) erfolgen. Eine hier beschriebene Anwendung ist das motorische Erlernen des Pedalofahrens. Dabei wird davon ausgegangen, dass die erlernte und automatisierte Bewegung des Pedalofahrens zyklisch ist und mit einem Ordnungsparameter beschrieben werden kann. Eine grundlegende Problematik, die mit dem vorliegenden systemischen Ansatz beschrieben werden kann, ist der Übergang von einem Zustand in einen anderen. Dies erfolgt durch die Zunahme von Schwankungen (Fluktuationen) und bildet auch die Grundlage des differenziellen Lernens nach Schöllhorn (Schöllhorn et al. 2015). Die im Trainingsprozess bewusst herbeigeführte Verstärkung von Schwankungen initiiert einen Selbstorganisationsprozess, wodurch eine neue Qualität der Bewegungsausführung entsteht. Dies wurde auch an unterschiedlichen Sportarten, meist leichtathletische Disziplinen, gezeigt.

4.3.2 Anwendung des synergetischen Konzepts auf menschliche Bewegungen

Die erste Anwendung des synergetischen Konzepts auf menschliche Bewegungen ist dem Umstand zu verdanken, dass der amerikanische Physiologe J. A. Scott Kelso (geb. 1947) Finger-Experimente durchführte, deren Ergebnisse unerwartet und mit herkömmlichen Theorien nicht zu erklären waren.

Entsprechend der ◘ Abb. 4.7 wird die Versuchsperson gebeten, ihre beiden Zeigefinger parallel (anti-phasisch) zu bewegen. Ein Metronom gibt den Takt an. Die Frequenz des Metronoms stellt dabei den Kontrollparameter dar. Erwartungsgemäß werden die Bewegungen der Finger mit zunehmender Frequenz schneller. Bei einem bestimmten Frequenzwert (kritische Frequenz) kann jedoch das Bewegungsmuster der anti-phasischen Bewegung nicht mehr aufrechterhalten werden, es stellt sich eine inphasische (symmetrische) Bewegung ein.

Dieses Verhalten wurde mit dem sogenannten Haken-Kelso-Bunz-Modell beschrieben (Haken et al. 1985; Schöner et al. 1986). Die Bewegungen (Elongationen) x_1 und x_2 der Zeigefingerkuppen können mit Hilfe von Schwingungsgleichungen

4.3 · Synergetik

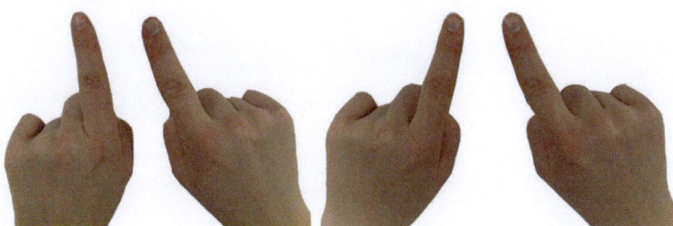

Abb. 4.7 Finger-Experiment nach Kelso (1985). Links: antiphasisch (parallel), rechts: inphasisch (symmetrisch)

mit den Amplituden r_1 und r_2 sowie den Phasen ϕ_1 und ϕ_2 beschrieben werden:

$$x_1 = r_1 \cdot \cos(\omega t + \phi_1), \; x_2 = r_2 \cdot \cos(\omega t + \phi_2), \quad (4.4)$$

wobei ω die vorgegebene Eigenfrequenz bzw. Winkelgeschwindigkeit ist.

Der Bewegungsmodus (antiphasisch oder inphasisch) lässt sich mit der sogenannten relativen Phase ϕ ausdrücken, die den Ordnungsparameter darstellt:

$$\phi = \phi_1 - \phi_2 \quad (4.5)$$

Dabei beträgt per Definition die relative Phase für den parallelen (antiphasischen) Bewegungsmodus $\pm \pi$ und für den symmetrischen (inphasischen) Bewegungsmodus 0. Würde man die Aufgabe umgekehrt stellen, also von der Versuchsperson eine symmetrische Fingerbewegung fordern, würde dieser Bewegungsmodus trotz Verringerung der Bewegungsfrequenz nicht in den anderen Bewegungsmodus (parallele Fingerbewegung) übergehen. Damit existieren also für Bewegungsfrequenzen unterhalb der kritischen Frequenz zwei Bewegungsmodi und oberhalb der kritischen Bewegungsfrequenz nur ein Bewegungsmodus (symmetrisch). Zusammengefasst lässt sich feststellen, dass bei kontinuierlicher Erhöhung eines äußeren Kontrollparameters an einem kritischen Wert eine völlig neue Struktur (in dem Falle Bewegungsmodus) entstehen kann.

Auch andere Formen der Bewegungskopplung lassen sich mit dem synergetischen Konzept beschreiben: motorische Lernprozesse wie bspw. das Pedalofahren (Haas 1995), Beuge- und Streckbewegung im Ellenbogen- und Handgelenk eines Armes (inphasisch und antiphasisch) (Kelso et al. 1991), Golfabschlag (Lames 1994) und Bewegungskoordination zweier Versuchspersonen durch Augenkontakt (Zanone und Kelso 1997).

In Anlehnung an die ◘ Abb. 4.6 lässt sich auch konkret für die Bewegungskoordination ein Schema basierend auf dem synergetischen Konzept entwickeln (◘ Abb. 4.8).

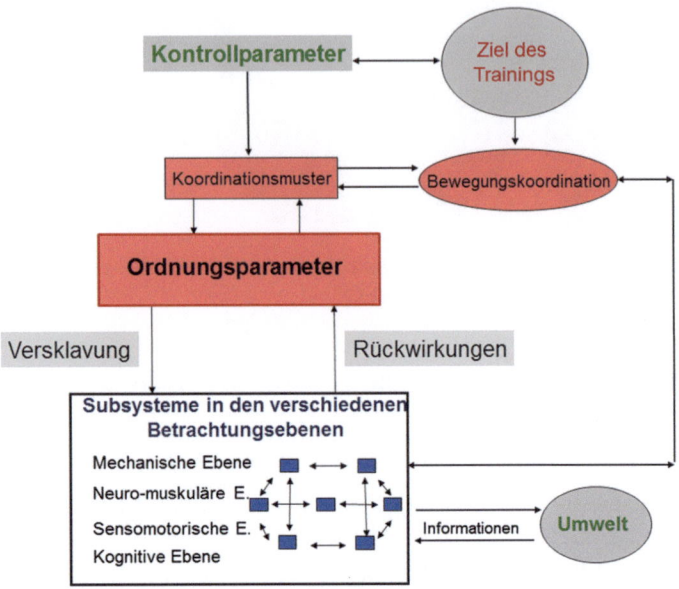

Abb. 4.8 Schema zur Beschreibung der Bewegungskoordination unter synergetischem Konzept. (Modifiziert nach Witte 2002)

Zunächst wollen wir unter motorischer Koordination alle der Bewegung zugrunde liegenden Prozesse verstehen, wobei diese wiederum von dem betrachteten Ziel abhängen. Ziele des Trainings können entsprechend des Personenkreises oder des Sportbereiches (z. B.: Freizeitsport, Hochleistungssport, Rehabilitation) sehr unterschiedlich sein. Darunter soll aber auch das Lösen von Bewegungsaufgaben unter festgelegten Bedingungen verstanden werden. Um das Koordinationsmuster der von außen sichtbaren Bewegung auf der physikalisch-mechanischen Ebene zu beschreiben, können Verfahren der nichtlinearen Dynamik verwendet werden. Insbesondere ist der Ordnungsparameter als systemrepräsentative Größe zu definieren. Die Bewegungskoordination ist mit dem Modell des chaotischen Attraktors zu beschreiben, der eine neue Möglichkeit des Verständnisses von Stabilität und Variabilität der Bewegung bietet. Dieser Ordnungsparameter und sein dynamisches Verhalten „versklaven" die an der Bewegung beteiligten Subsysteme. Hierbei sind unterschiedliche Ebenen zu betrachten: mechanische, neuro-muskuläre, sensomotorische und kognitive Ebenen. Diese Subsysteme stehen selbst in nichtlinearer Wechselwirkung zueinander. Das Verhalten einzelner Subsysteme ist im Allgemeinen variabler als das Verhalten des Ordnungsparameters. Das Zusammenwirken der Subsysteme determiniert und beeinflusst wiederum das Verhalten des Ordnungsparameters. Durch die Kooperation der Subsysteme reduziert sich die Anzahl der

Freiheitsgrade des Gesamtsystems und es entsteht ein höherer Grad an Geordnetheit und damit der Bewegungskoordination. Da es sich dabei um kein geschlossenes System handelt, werden stets Informationen aus der Umwelt aufgenommen und verarbeitet. Weiterhin wirkt die Bewegung selbst auch auf die Umwelt zurück (bspw. im Zusammenspiel mit anderen Teammitgliedern oder Gegnern). Die Bewegungskoordination wird aber auch stark von der Umwelt, hier durch den Kontrollparameter, beeinflusst. Insbesondere durch die Erhöhung der Bewegungsgeschwindigkeit muss die Bewegungskoordination immer wieder angepasst werden, damit das Bewegungsziel erreicht wird. Es besteht aber auch die Möglichkeit der Emergenz (= Herausbildung neuer Eigenschaften oder einer neuen Struktur des betrachteten Systems), indem ein neues Bewegungsmuster entsteht. Dies ist bspw. beim Übergang vom Gehen zum Laufen durch eine erhöhte Laufbandgeschwindigkeit zu beobachten. Für Würfe (z. B.: im Basketball) kann als Kontrollparameter die Entfernung zwischen Spieler und Korb angenommen werden. Dass der kritische Wert des Kontrollparameters beim Übergang von der einen Bewegungskoordination zur anderen im umgekehrten Fall durchaus verschieden sein kann, beschreibt der sogenannte Hysterese-Effekt.

Abschließend soll bemerkt werden, dass das synergetische Konzept auch auf die Beschreibung von Trainingsprozessen anwendbar ist (Ganter et al. 2008; Witte und Ganter 2010).

4.4 Anwendung der Principal Component Analysis (PCA) im Sport

Die Bestimmung des oder der Ordnungsparameter stellt bei der Anwendung des synergetischen Konzepts oder allgemein eines systemtheoretischen Ansatzes immer ein Problem dar, das von der jeweiligen Bewegung und der Problemstellung abhängig ist. Dabei ist zunächst die Anzahl der Ordnungsparameter zu ermitteln, wobei davon ausgegangen werden kann, dass erlernte, automatisierte zyklische Bewegungen (wie bspw. das Gehen) mit einem Ordnungsparameter beschreibbar sind.

Eine Möglichkeit bietet die Principal Component Analysis (PCA), die auch im deutschen Sprachraum als Hauptkomponentenanalyse bekannt ist (Haas 1995; Haken 1996). In der Bildverarbeitung wird sie auch Karhunen-Loève-Transformation genannt. Sie ist ein Verfahren der multivariaten Statistik (Verfahren, bei denen mehrere statistische Variablen gleichzeitig betrachtet werden) und dient in erster Linie dazu, umfangreiche Datensätze zu reduzieren, um die Hauptmerkmale des Systems besser darstellen zu können. Nachfolgend soll die Abkürzung PCA verwendet werden.

> Die Principal Component Analysis ist ein statistisches Verfahren, das der Datenreduzierung dient und für die Bestimmung der Anzahl von Ordnungsparametern eingesetzt werden kann.

- **Grundlagen der PCA**

Ziel der PCA ist es, aus einem großen Datensatz (auch Messdatenvektor genannt), der aus Zeitreihen von sehr vielen Variablen besteht, die wichtigsten Informationen so zu extrahieren, dass nur noch eine geringe Anzahl von Variablen, die sogenannten Hauptkomponenten, vorliegt. Da wir es in der biomechanischen Bewegungsanalyse oft mit sehr vielen Variablen zu tun haben, scheint dieses Verfahren auch für die Charakterisierung von Bewegungen geeignet zu sein. Die extrahierten Hauptkomponenten erklären den Großteil der Varianz des originalen Datensatzes.

Im Verfahren der PCA wird so vorgegangen, dass eine Linearkombination von Vektoren (Hauptkomponenten), die orthogonal zueinander liegen, gebildet wird. Die Koeffizienten der Linearkombinationen werden derart bestimmt, dass die Varianz der Projektionen der Messdaten auf die jeweilige Hauptkomponente maximal wird. Der Vektor der zweiten Komponente steht dann senkrecht auf der ersten Komponente und in ihrer Richtung ist die Varianz des Messdatenvektors am zweitgrößten. Diese Vorgehensweise wird entsprechend oft wiederholt. Das Ergebnis dieser Zerlegung ist eine Folge von monoton fallenden Zahlenwerten, die die Varianz der Messdaten für die einzelnen Komponenten angibt. Die Komponenten können entsprechend ihrer inhaltlichen Problemstellung interpretiert werden.

Weitere Informationen sind bspw. bei Daffertshofer et al. (2004) zu finden.

- **Beispiele für die Anwendung der PCA in der Bewegungswissenschaft**

Auf der Basis einer kinemetrischen zweidimensionalen Bewegungsanalyse wurde für das Gang- und das Laufmuster von Sportstudenten eine PCA durchgeführt (Witte et al. 2010). Die ◘ Abb. 4.9 zeigt die Eigenwerte (Skalierungsfaktoren) der ersten Hauptkomponenten für einen Gang- und einen Laufzyklus. Die relativ großen Eigenwerte der ersten Hauptkomponente belegen die große Relevanz dieser ersten Hauptkomponente für die Bewegung. Dies bedeutet, dass automatisierte Bewegungen wie das Gehen und Laufen mit einem Ordnungsparameter bestimmt werden können.

Die Darstellung der Phasenporträts (gleichzusetzen mit Phasenraum) aus den berechneten Ordnungsparametern (◘ Abb. 4.10) zeigt auf Grund des relativ geschlossenen Kurvenverlaufs das zyklische Verhalten dieser Bewegungen. Der Unterschied des Gehens zum Laufen wird durch die Unregelmäßigkeiten deutlich, die genau während der Doppelstützphase auftreten.

4.4 · Anwendung der Principal Component Analysis (PCA) im Sport

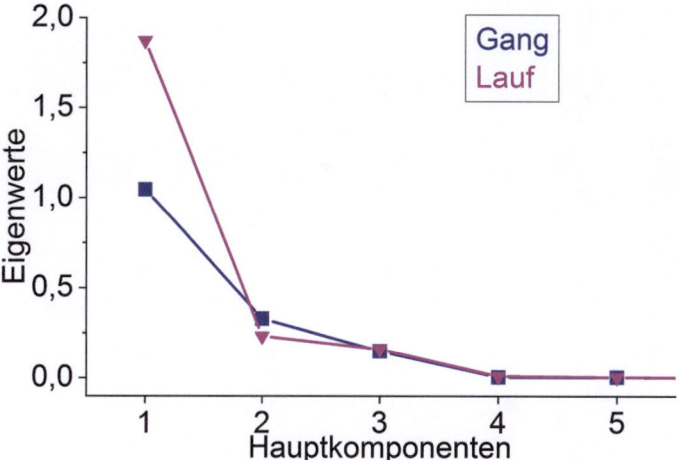

Abb. 4.9 PCA am Beispiel des Gehens und Laufens. Darstellung der Eigenwerte (Skalierungsfaktoren) für die ersten Hauptkomponenten

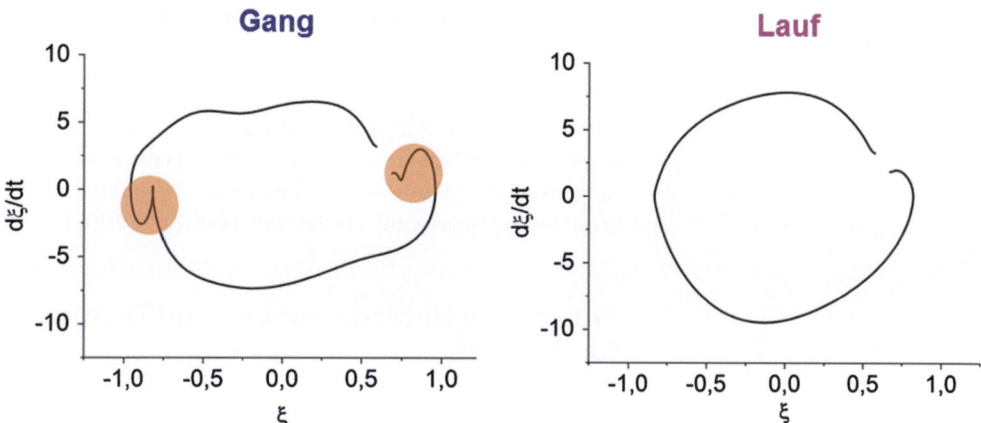

Abb. 4.10 Darstellung der Phasenporträts aus dem Ordnungsparameter für einen Gangzyklus ($v = 1,8$ m/s) (links) und einen Laufzyklus ($v = 3,0$ m/s) (rechts)

Mit Hilfe der Standardabweichung der zeitlichen Ableitung des Ordnungsparameters $(d\xi/dt)$ kann gezeigt werden, dass die Variabilität der Bewegungskoordination mit zunehmender Geschwindigkeit des Laufbandes zunimmt und nach dem Übergang zum Laufen abnimmt und damit wieder stabiler wird (Abb. 4.11). Dieses Phänomen der zunehmenden Variabilität vor dem Übergang in eine neue Struktur wird in der Synergetik als Fluktuation bezeichnet.

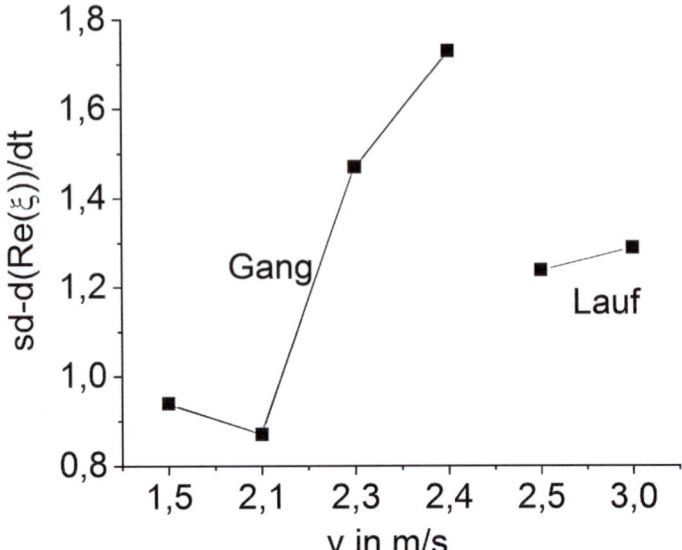

Abb. 4.11 Standardabweichung der zeitlichen Ableitung des Ordnungsparameters mit zunehmender Geschwindigkeit. Darstellung des Übergangs vom Gehen zum Laufen

Weitere Beispiele für die Anwendung der PCA in der Bewegungswissenschaft sind u. a. das Reiten (Witte et al. 2009), die Gangentwicklung in der Rehabilitation (Witte et al. 2010) und Ermüdungsprozesse im Tischtennis (Witte et al. 2011).

4.5 Empirische Untersuchungen und Themen für Referate

- **Untersuchung 1: Charakterisierung von Bewegungsübergängen durch die relative Phase**

Aufgabe
Bestimmen Sie die relative Phase einer von Ihnen gewählten Bewegung! Untersuchen Sie ihr Verhalten in Abhängigkeit von einer vorgegebenen Bewegungsfrequenz!

Theoretische Grundlagen
– Synergetisches Konzept zur Bestimmung von Bewegungsübergängen
– Erklärung der Begriffe: Ordnungsparameter, Kontrollparameter und relative Phase

4.5 · Empirische Untersuchungen und Themen für Referate

Hinweise zur Methodik
- Wählen Sie eine Bewegung aus: das typische Fingerexperiment von Kelso, eine andere bimanuelle Bewegung, Beuge- und Streckbewegung im Ellenbogen- und Handgelenk eines Armes oder Fußtapping!
- Überlegen Sie sich, wie Sie die Bewegungen analysieren wollen, bspw. mit einer Videoanalyse oder Kraftmessplatte. Welche Analyseverfahren müssen Sie verwenden?
- Wie lässt sich die relative Phase berechnen?
- Stellen Sie ein Metronom bereit und überlegen Sie, in welchem Bereich Sie die Bewegungsfrequenz vorgeben wollen.

Hinweise zur Durchführung
- Führen Sie die Untersuchung mit einem oder mehreren Probanden durch!
- Die Bewegungsdauer in einem Frequenzbereich sollte mindestens 5 s betragen.
- Wiederholen Sie den Versuch.

Auswertung
- Führen Sie die Bewegungsanalyse entsprechend Ihres gewählten Verfahrens aus und berechnen Sie für alle Zyklen die relative Phase.
- Stellen Sie die relativen Phasen in Abhängigkeit von der Bewegungsfrequenz dar!

Diskussion
- Diskutieren Sie eventuell auftretende Fluktuationen!
- Ist es zu einem Übergang in einen anderen Bewegungsmodus gekommen? Wie kann dieser ggf. charakterisiert werden?
- Vergleichen Sie Ihre Ergebnisse mit den Ergebnissen aus der Literatur (z. B.: Haken et al. 1985).

- **Untersuchung 2: Übergang vom Gehen zum Laufen**

Aufgabe
Bestimmen Sie die kritische Geschwindigkeit des Übergangs vom Gehen zum Laufen und umgekehrt vom Laufen zum Gehen! Können Sie einen Hysterese-Effekt nachweisen?

Theoretische Grundlagen
- Anwendung der Synergetik auf den Übergang vom Gehen zum Laufen und umgekehrt (z. B. in Witte 2002)
- Hysterese-Effekt

Hinweise zur Methodik
- Planen Sie die Untersuchung mit mindestens drei Probanden unter Verwendung eines Laufbandes.

- Entscheiden Sie, ob Sie die Laufbandgeschwindigkeit kontinuierlich oder stufenweise ändern. Probieren Sie es evtl. aus.
- Zeichnen Sie die Gang- und Laufbewegung seitlich mit einer Videokamera auf.

Hinweise zur Durchführung
- Überlegen Sie sich die konkrete Aufgabenstellung für den Probanden! Vorschlag: Gehe auf dem Laufband, das seine Geschwindigkeit langsam erhöht. Gehe, so lange es für dich komfortabel ist. Wenn dir die Geschwindigkeit zu hoch erscheint, beginn mit dem Laufen. Danach wird die Laufbandgeschwindigkeit wieder geringer. Wenn du meinst, es wäre für dich komfortabler zu gehen als zu laufen, dann wähle diese Bewegungsform.
- Wiederholen Sie die Untersuchung für jeden Probanden!
- Stellen Sie sicher, dass der Proband nicht die Laufbandgeschwindigkeit ablesen kann!

Hinweise zur Auswertung
- Bestimmen Sie auf der Grundlage der Videoaufzeichnung unter Zuhilfenahme der Doppelstützphase den Zeitpunkt, bei dem es zum Übergang in den anderen Bewegungsmodus kommt.
- Stellen Sie in einem Diagramm für alle Probanden und Untersuchungen die Geschwindigkeiten des Übergangs vom Gehen zum Laufen und umgekehrt dar.

Diskussion
- Inwiefern stellte sich der Hysterese-Effekt ein? Versuchen Sie Ihre Ergebnisse zu interpretieren!

- **Untersuchung 3: PCA**

Aufgabe
Führen Sie eine PCA für eine Geh- oder Laufbewegung durch! Bestimmen Sie die Eigenwerte der einzelnen Hauptkomponenten!

Hinweise zur Methodik und Durchführung
- Lassen Sie von einem Probanden Geh- oder Laufschritte auf einem Laufband bei seiner von ihm gewählten komfortablen Geschwindigkeit durchführen!
- Führen Sie eine kinemetrische Bewegungsanalyse durch (z. B. Videoanalyse)!
- Zeichnen Sie mindestens fünf Zyklen auf.
- Machen Sie sich mit der Methode der Hauptkomponentenanalyse in SPSS (allgemein verwendete Statistik- und Analysesoftware der Firma IBM) vertraut.

Hinweise zur Auswertung
— Extrahieren Sie die einzelnen Zyklen!
— Bestimmen Sie die einzelnen biomechanischen Bewegungsparameter in Abhängigkeit von der Zeit (z. B.: Körperwinkel).
— Legen Sie eine entsprechende SPSS-Datentabelle an, auf deren Grundlage Sie die PCA (Hauptkomponentenanalyse) durchführen.
— Bestimmen Sie die Eigenwerte der Hauptkomponenten!

Diskussion
— Stellen Sie grafisch die Eigenwerte für die einzelnen Hauptkomponenten dar. Bilden Sie anschließend Mittelwerte über die analysierten Zyklen. Streichen Sie eventuelle Ausreißer.
— Wie viele Ordnungsparameter würden Sie benötigen, um ihre Bewegung unter systemdynamischen Ansatz zu beschreiben? Begründen Sie!
— Welche biomechanischen Größen sind für die Bewegung kaum relevant?
— Vergleichen Sie Ihre Ergebnisse mit den Ergebnissen aus der Literatur!

- **Referat: Anwendung des synergetischen Konzepts im Sport**

Erläutern Sie an einem Beispiel aus dem Sport, inwiefern das synergetische Konzept hilft, die Bewegungsphänomene unter nichtlinearem Aspekt zu beschreiben. Orientieren sie sich an den im ▶ Abschn. 4.3.2 angegebenen Beispielen.

Literatur

Briggs, J., & Peat, F. G. (1993). *Die Entdeckung des Chaos*. München: Deutscher Taschenbuch-Verlag GmbH.

Daffertshofer, A., Lamoth, C. J. C., Meijer, O. G., & Beek, P. J. (2004). PCA in studying coordination and variability: a tutorial. *Clinical Biomechanics, 19*(4), 415–428.

Ganter, N., Witte, K., & Edelmann-Nusser, J. (2008). Anwendung eines systemtheoretischen Modellansatzes zur Beschreibung der Leistungsentwicklung während des Trainingsprozesses im Schwimmen und Radfahren. *Leistungssport, 38*(6), 15–21.

Ganz, R. E., Ehrenstein, W. H., & Cavonius, C. R. (1996). Dynamic complexity of visuo-motor coordination: An extension of Bernstein's conception of the degrees-of-freedom problem. *Biological Cybernetics, 75*(5), 381–387.

Gleick, J. (1988). *Chaos – die Ordnung des Universums*. München: Droemer Knaur.

Haas, R. (1995). *Bewegungserkennung und Bewegungsanalyse mit dem synergetischen Computer*. Aachen: Shaker.

Haken, H. (1996). *Principles of brain functioning*. Berlin: Springer.

Haken, H., & Haken-Krell, M. (1997). *Gehirn und Verhalten*. Stuttgart: Deutsche Verlagsgesellschaft.

Haken, H., Kelso, J. A. S., & Bunz, H. (1985). A theoretical model of phase transitions in human hand movements. *Biological Cybernetics, 51*(5), 347–356.

Haken, H., Plath, P. J., Ebeling, W., & Romanowski, Y. M. (2016). *Beiträge zur Geschichte der Synergetik. Allgemeine Prinzipien der Selbstorganisation in Natur und Gesellschaft*. Wiesbaden: Springer Spektrum.

Hoyer, D., & Zwiener, U. (1998.) *Approaches to nonlinear cardiorespiratory interactions*. 7. Arbeitstagung der Initiativgruppe für Angewandte und Klinische Physiologie. Nimbschen

Jetschke, G. (1989). *Mathematik der Selbstorganisation*. Braunschweig: Vieweg.

Jirsa, V. (1996). *Modellierung und Rekonstruktion raumzeitlicher Dynamik im Gehirn*. Thun: Deutsch.

Kay, B. A. (1988). The dimensionality of movement trajectory and the degrees of freedom problem: A tutorial. *Human Movement Science, 7*(2), 343–364.

Kelso, J. A. S. (1995). *Dynamic patterns. The self-organization of brain and behavior*. Cambridge: The MIT Press. Massachusetts Institute of Technology.

Kelso, J. A. S., DeGuzman, G. C., & Holroyd, T. (1991). Synergetic dynamics of biological coordination with special reference in phase attraction and intermittency. In H. Haken & H. P. Koepchen (Hrsg.), *Rhythms in physiological systems*. Berlin: Springer.

Kriz, J. (1992). *Chaos und Struktur – Systemtheorie* (Bd. 1). München: Quintessenz.

Lames, M. (1994). Synergetische Betrachtung von Schlagfolgen im Golf. In P. Blaser, K. Witte, & C. Stucke (Hrsg.), *Steuer- und Regelvorgänge der menschlichen Motorik*. Sankt Augustin: Academia.

Liebert, W. (1991). *Chaos und Herzdynamik – Rekonstruktion und Charakterisierung seltsamer Attraktoren aus skalaren chaotischen Zeitreihen*. Frankfurt a. M.: Verlag Harry Deutsch.

Loistl, O., & Betz, I. (1994). *Chaostheorie. Zur Theorie nichtlinearer dynamischer Systeme* (2. Aufl.). München: Oldenbourg.

Mahnke, R., Schmelzer, J., & Röpke, K. (1992). *Nichtlineare Phänomene und Selbstorganisation*. Stuttgart: B. G. Teubner.

Mitra, S., Riley, M. A., & Turvey, M. T. (1997). Chaos in human rhythmic movement. *Journal of Motor Behavior, 29*(3), 195–198.

Nasseroleslami, B., Hasson, C. J., & Sternad, D. (2014). Rhythmic manipulation of objects with complex dynamics: predictability over chaos. *PLOS Computational Biology, 10*(10), ▶ https://doi.org/10.1371/journal.pcbi.1003900.

Prigogine, I., & Stengers, I. (1993). *Dialog mit der Natur. Neue Wege naturwissenschaftlichen Denkens*. München: Piper.

Schaal, S., & Sternad, D. (1996). One-handed juggling. A dynamical approach to a rhythmic movement task. *Journal of Motor Bavarior, 28*(2), 165–183.

Schiepek, G., & Tschacher, W. (Hrsg.). (1997). *Selbstorganisation in Psychologie und Psychiatrie*. Braunschweig: Vieweg.

Schmid-Schönbein, H., Ziege, S., Grebe, R., Blazek, V., Spielmann, R., & Linzenich, F. (1997). Synergetic interpretation of patterned vasomotor activity in microvascular perfusion. Discrete effects of myogenic and neurogenic vasoconstriction as well as arterial and venous pressure fluctuations. *International Journal Microcirculation, 17*(6), 346–359.

Schöllhorn, W. I., Eekhoff, A., & Hegen, P. (2015). Systemdynamik und differenzielles Lernen. *Sportwissenschaft, 45*(3), 127–137.

Schöner, G., Haken, H., & Kelso, J. A. S. (1986). A stochastic theory of phase transitions in human hand movement. *Biological Cybernetics, 53*(4), 247–257.

Schuster, P. (1989). Molekulare Evolution und Ursprung des Lebens. In B. O. Küppers (Hrsg.), *Ordnung aus dem Chaos*. Piper: München.

Sternad, D., Turvey, M. T., & Saltzmann, E. T. (1999). Dynamics of 1:2 coordination: generalizing relative phase to n:m rhythms. *Journal of Motor Bavavior, 31*(3), 207–223.

Takens, F. (1981). *Detecting strange attractors in turbulence*. In D. A. Rand & L.-S. Young (Eds.), *Dynamical systems and turbulence, lecture notes in mathematics* (Bd. 898, S. 366–381) New York: Springer.

Turvey, M. T. (1990). Coordination. *American Psychologist: The professional Journal of the American Psychological Association, 45,* 938–953.

Vec, M., Hütt, M. T., & Freund, A. M. (Hrsg.). (2006). *Selbstorganisation. Ein Denksystem für Natur und Gesellschaft*. Köln: Böhlau.

Wischert, W., & Wunderlin, A. (1993). On the application of Synergetics to social Systems. In H. Haken & A. Mikhailov (Hrsg.), *Interdisciplinary Approaches to nonlinear complex systems*. Berlin: Springer.

Witte, K. (2002). *Stabilitäts- und Variabilitätserscheinungen der Motorik des Sportlers unter nichtlinearem Aspekt*. Aachen: Shaker.

Witte, K., & Blaser, P. (1998). Die Dynamik des statischen Gleichgewichts aus nichtlinearer Sicht. *Psychologie und Sport, 5*(4), 130–139.

Witte, K., & Ganter, N. (2010). Dynamical systems approach to describe athletic performance. *International Journal Sport Psychology, 41,* 120–121.

Witte, K., Ganter, N., Baumgart, C., & Peham, C. (2010). Applying a principal component analysis to movement coordination in sport. *Mathematical and Computer Modelling of Dynamical Systems, 16*(5), 477–487.

Witte, K., Heller, M., Baca, A., & Kornfeind, P. (2011). Application of PCA for analysis of movement coordination during fatigue. In Y. Jiang & H. Zhang, (Eds.), *Proceedings of the 8th International Symposium on Computer Science in Sport* (S. 41–44). Liverpool: World Academic Union (World Academic Press).

Witte, K., Schobesberger, H., & Peham, C. (2009). Motion pattern analysis of gait in horseback riding by means of Principal Component Analysis. *Human Movement Science, 28*(3), 394–405.

Zanone, P. G., & Kelso, J. A. S. (1997). Coordination dynamics of learning and transfer: Collective and component levels. Journal of Experimental Psychology, *Human Perception and Performance, 23*(5), 1454–1480.

Motorik im Alter

5.1 Einführung – 82

5.2 Körperlicher Aktivität im Alter – 83

5.3 Physiologische Veränderungen – 84

5.4 Veränderungen in der Motorik – 86

5.5 Motorisches Lernen im Alter – 87

5.6 Kognition und körperliche Aktivität – 90

5.7 Bedeutung und Inhalt der Sturzprophylaxe – 92

5.8 Themen für Referate – 95

Literatur – 96

© Springer-Verlag GmbH Deutschland, ein Teil von Springer Nature 2018
K. Witte, *Ausgewählte Themen der Sportmotorik für das weiterführende Studium (Band 2)*,
https://doi.org/10.1007/978-3-662-57876-6_5

Der demographische Wandel bedeutet, dass der Anteil der älteren Menschen an der Gesamtbevölkerung in der Bundesrepublik Deutschland stetig steigt. Ein daraus resultierendes Ziel für jeden einzelnen als auch für die Gesellschaft stellt die möglichst lange Selbstständigkeit im Alter dar. Doch welche Veränderungen gibt es im Bewegungsverhalten älterer Menschen und wodurch werden sie verursacht? Gibt es einen Zusammenhang zwischen körperlicher Aktivität und kognitiven Fähigkeiten? Was ist bei der Entwicklung von allgemeinen Bewegungsprogrammen und Trainings zur Sturzprophylaxe zu beachten? Auf diese Fragen soll in diesem Kapitel eingegangen werden.

5.1 Einführung

> Das spätere oder höhere Erwachsenenalter beginnt mit 65 Jahren und kann in folgende Abschnitte eingeteilt werden: drittes Lebensalter (65–85 Jahre), viertes Lebensalter oder Hochaltrigkeit (> ca. 85 Jahre) und extrem hohes Alter (> 100 Jahre).

Das spätere oder höhere Erwachsenenalter beginnt mit 65 Jahren und kann in folgende Abschnitte eingeteilt werden: drittes Lebensalter (65–85 Jahre), viertes Lebensalter oder Hochaltrigkeit (> ca. 85 Jahre) und extrem hohes Alter (> 100 Jahre) (Baltes und Smith 2003; Eichberg und Mechling 2009). So betrug 2016 der Anteil der Bevölkerung mit über 65 Jahren 17,51 % (Statistisches Bundesamt der Bundesrepublik Deutschland), wobei mit einer steigenden Tendenz zu rechnen ist: 2030 mit 22,1 %. Das ist insbesondere durch die steigende Lebenserwartung begründet: 2015: 78,4 Jahre (Männer) und 83,4 Jahre (Frauen) und voraussichtlich 2020: 79,1 Jahre (Männer) und 85,5 Jahre (Frauen) (Statistisches Bundesamt 2018). Damit ist auch die Erhöhung des Anteils der Hochaltrigen verbunden (Petzold et al. 2011). Unter dem Aspekt, dass auch das vierte Lebensalter als eigenständige Lebensphase zu betrachten ist, ist vermehrt der Frage nachzugehen, ob die körperlichen Ressourcen ausreichen, um alltägliche Handlungen selbstständig ausführen zu können (Rott 2011).

> **Hochaltrigkeit (Rott 2011)**
> Die Selbstständigkeit auch im hohen Alter beizubehalten, ist ein wichtiges Ziel. Untersuchungen, welche Handlungen besonders häufig bzw. weniger häufig noch selbstständig absolviert werden können, ergaben, dass die Selbstständigkeit beim Essen am größten ist und mit Komplexität der Bewegungsabläufe abnimmt. So schnitt am schlechtesten das Baden bzw. Duschen ab. Das Gehen liegt dazwischen. Im Unterschied zum dritten Lebensalter reduziert sich die Strecke, die Hochaltrige ohne Probleme gehen können, erheblich. Um die Selbstständigkeit auch im hohen Alter zu ermöglichen, muss zukünftig mehr präventiv gearbeitet werden, um die Gehfähigkeit und

> andere motorischen Fähigkeiten zu erhalten. Aber auch unter psychischem Aspekt müssen die Hochaltrigen und Höchstaltrigen so unterstützt werden, dass Lebenssinn und Lebensmut nicht verloren gehen.

Auf Grund des demographischen Wandels ändert sich auch das Altersbild. Die „jungen Alten" sind heute fitter und werden attraktiver wahrgenommen als noch vor zwanzig Jahren (Tischer et al. 2011). Da bekanntermaßen Mobilität und körperliche Anpassungsfähigkeit die Basis für ein eigenständiges und erfülltes Leben sind, wächst auch das Angebot an sportlichen Aktivitäten und Sportprodukten für diese Altersgruppe.

Nach wie vor existieren aber auch negative Stereotypen für das Alter, wie Gebrechlichkeit, Pflegebedürftigkeit und Vergesslichkeit (Tischer et al. 2011). So gelten ältere Menschen im Vergleich zu jüngeren als langsam, teilweise unbeholfen und verletzlich. Dies ist nicht abzustreiten, da die körperliche Leistungsfähigkeit (Kraft, Schnelligkeit, Beweglichkeit sowie aerobe und anaerobe Ausdauer) mit zunehmenden Lebensjahren abnimmt. Während man sich in der Vergangenheit auch forschungsmäßig auf diese Defizite fokussiert hat, tritt jetzt zunehmend ein Plastizitätskonzept in den Vordergrund, welches Anpassungs- und Lernfähigkeit im Alter in den Vordergrund stellt (Tischer et al. 2011).

5.2 Körperlicher Aktivität im Alter

Es ist hinreichend belegt, dass sich körperliche Aktivität positiv auf den Alterungsprozess auswirkt und damit die Chance auf Selbstständigkeit im Alter erhöht. Wichtig dabei ist die Regelmäßigkeit, am besten täglich, wobei es auch ein flotter Spaziergang von 20 bis 30 min sein kann, um die Muskulatur und das Herz-Kreislauf-System zu stärken (Schlicht 2010). Körperliche Aktivität verbessert die zerebrale Durchblutung und stimuliert möglicherweise auch die Bildung neuer Neuronen und neuronaler Verbindungen, wodurch sich scheinbar auch demenzielle Prozesse verlangsamen (Kolassa et al. 2010). So wird durch viele Studien (z. B. Chase 2013) ein robuster Zusammenhang zwischen körperlichem Fitnesstraining und kognitiver Leistungsfähigkeit belegt. Es konnte außerdem gezeigt werden, dass sich aerobe körperliche Aktivität sowohl auf die funktionelle Hirnaktivität auswirkt als auch auf die Hirnstruktur. So führte ein sechsmonatiges aerobes Training zu einer Zunahme sowohl der grauen als auch der weißen Substanz des Gehirnvolumens, jedoch besonders im Präfontal- und Temporalkortex (Colcombe et al. 2006).

> Körperliche Aktivität wirkt sich im Alter auch positiv auf die kognitiven Fähigkeiten aus. Trotzdem ist diese mit zunehmendem Alter rückläufig.

Auch in Bezug zu koordinativen Fähigkeiten ist bekannt, dass deren Nichttrainieren den biologisch verursachten Leistungsabbau im Alter verstärkt. Dagegen kann koordinatives Üben dem Leistungsabbau entgegenwirken (Tischer et al. 2011). Es zeigt sich, dass trainierte Ältere in vielen Bereichen der körperlichen Leistungsfähigkeit durchaus bessere Werte aufweisen können als untrainierte Jüngere.

Trotz dieser Befunde muss jedoch festgestellt werden, dass die körperliche Aktivität im Alter stark rückgängig ist (Sun et al. 2013). Diese Entwicklung stellt neue Anforderungen an die Gesundheitsverbesserung älterer Menschen. Das Problem besteht darin, wie altersgerechte Sportangebote gestaltet werden sollen. Neben dem gesundheitlichen Aspekt ist der Motivation besondere Aufmerksamkeit zu widmen. Hierfür sind psychische Grundbedürfnisse nach Autonomie-, Kompetenz- und Zugehörigkeitserleben zu befriedigen (Rupp 2017).

Welche körperlichen Aktivitäten mit welcher Trainingsintensität für ältere Menschen besonders empfehlenswert sind, wurden bspw. von Saavedra (2016) zusammengestellt: Walking, Radfahren, freie Übungen mit Gewichten, Dehnung, Yoga, Pilates und Gleichgewichtstraining.

5.3 Physiologische Veränderungen

> Im Gehirn älterer Menschen findet eine Vielzahl von strukturellen und funktionellen Veränderungen statt, die wiederum sensomotorische und höhere kognitive Funktionen beeinflussen.

Degenerationsprozesse des menschlichen Organismus sind nicht nur den Alterungsprozessen zuzuschreiben, sondern auch der oft verringerten körperlichen und kognitiven Beanspruchung (Brach und Schott 2003). Generell verringert sich die Kapazität des Arbeitsgedächtnisses, aber auch die des Langzeitgedächtnisses.

In Bezug auf das Gehirn finden viele strukturelle und funktionelle Veränderungen im Alterungsprozess statt (Kolassa et al. 2010). Neuroplastische Veränderungen sind notwendig, damit sich der ältere Mensch an veränderte Gegebenheiten anpassen kann, wie bspw. schlechtere Seh- und Hörleistungen. Neben dem „normalen" kognitiven Abbau nehmen aber auch im Alter pathologische Veränderungen zu, so dass bestimmte Erkrankungen gehäuft auftreten: MCI (Mild Cognitive Impairment = leichte kognitive Beeinträchtigung), Alzheimer-Demenz und andere Demenzformen. Mit Hilfe kognitiver Trainings auch in Kombination mit aerobem Training versucht man, diesen Verlusten entgegenzuwirken, indem durch diese Trainings positive neuroplastische Prozesse im Gehirn provoziert werden (Kolassa et al. 2010).

Die strukturellen Veränderungen im Gehirn bei gesunden Alten werden von Kolassa et al. (2010) folgendermaßen beschrieben: Das Volumen des Gesamtgehirns als auch einzelner Strukturen verringert sich. So verkleinert sich die Anzahl

5.3 · Physiologische Veränderungen

der Neuronen und synaptischer Verbindungen und das Neuropil (Nervengeflecht bestehend aus nichtmyelinisierten Dendriten der benachbarten Zellen und Gliazellfortsätzen, das sich vor allem im ZNS zwischen den Zellkörpern befindet) geht zurück. Auch die Verbindungen zwischen den verschiedenen Gehirnarealen verändern sich und sind ebenfalls für den kognitiven Abbau im Alter verantwortlich. Die Verschlechterung der Aufmerksamkeits- und Denkprozesse scheint durch den Rückgang der weißen Substanz verursacht zu sein. Dies betrifft insbesondere die Gehirnregionen des Stirn- und Scheitellappens, die speziell für die höheren kognitiven Funktionen verantwortlich sind. Bei Menschen mit diagnostistizierter MCI oder Alzheimer-Demenz zeigen fMRT-Scans im Unterschied zu Gesunden deutlich veränderte Aktivitäten in den einzelnen Gehirnarealen. So wurden bspw. zusätzliche symmetrische Aktivitätserhöhungen in spezifischen kortikalen Gebieten gefunden, die möglicherweise der Kompensation dienen, um eine adäquate Gedächtnisleistung aufrechtzuerhalten. Damit Informationsprozesse effektiv ablaufen können, sind Inhibitionen (Unterdrückung nichtrelevanter Reize) notwendig. Diese sind jedoch bei älteren Menschen nicht mehr entsprechend ausgeprägt (Kolassa et al. 2010).

Neurowissenschaftler stimmen heute darin überein, dass Wahrnehmung, Aufmerksamkeit, Gedächtnis und höhere kognitive Fähigkeiten als interagierende Prozesse zu betrachten sind. Weiterhin gibt es einen starken Zusammenhang zwischen sensomotorischen und höheren kognitiven Funktionen. Demzufolge beeinflussen die altersbedingten Verschlechterungen der sensorischen und sensomotorischen Funktionen auch die höheren kognitiven Funktionen (Kolassa et al. 2010).

Um geeignete Interventionen bzw. Trainings zur Verbesserung bzw. zum Erhalt kognitiver Fähigkeiten für ältere Menschen zu entwickeln, werden zunächst beeinflussbare und nicht beeinflussbare Risikofaktoren unterschieden (Kolassa et al. 2010). Während geringe kognitive Forderungen bspw. durch Schulbildung, wenige körperliche Aktivität, verschlechterte Sensorik und Sensomotorik sowie geringes soziales Engagement zu den beeinflussbaren Risikofaktoren gehören, können Alterung und genetische Risikofaktoren nicht beeinflusst werden.

> **Veränderungen des Gehirns bei Hochaltrigen (Streffer 2011)**
> Gut beschreibbar sind gegenwärtig die Veränderungen des Gehirns bis zum 90. Lebensjahr. Bekannt ist die Atrophie mit zunehmenden Lebensjahren, die bei Hochaltrigen besonders als negativ zu bewerten ist. Im Verlauf der Lebensspanne

> verlagert sich die graue Substanz (Nervenzellkörper) hin zu weißer Substanz (vorwiegend Nervenfasern). Damit nimmt also die zellreiche Region des Hippocampus ab, wohingegen Hirnareale mit weißer Substanz (primär-motorischer Kortex oder somatosensorischer Kortex) auch noch im hohen Alter zunehmen. Besonders häufig treten bei Hochaltrigen vaskuläre Läsionen (Gefäßanomalien des zentralen Nervensystems) auf. Weiterhin ist bei Hochaltrigen die reduzierte Fähigkeit des Gehirns zur Neurogenese auffällig. Allerdings kann davon ausgegangen werden, dass Hochaltrige, die keine demenzielle Erkrankung haben, meist auch ihre kognitiven Fähigkeiten auf einem ausreichenden Niveau erhalten können.

Bezüglich der verschiedenen Gedächtnisarten lässt die Zusammenfassung einer Vielzahl von Studien durch Sun et al. (2013) folgende Schlussfolgerungen zu. Während sich die Verarbeitungsgeschwindigkeit deutlich im Altersgang verschlechtert, ist eine Verschlechterung des episodischen Gedächtnisses weit weniger ausgeprägt. Beim semantischen Gedächtnis kann eine größere Stabilität im Alter belegt werden. Erst im sehr hohen Alter tritt eine signifikante Leistungsverschlechterung ein. Für viele komplexe kognitive Prozesse, wie auch das Lernen, spielt das Kurzzeitgedächtnis (oder auch Arbeitsgedächtnis) eine entscheidende Rolle. Während man in der Vergangenheit der Meinung war, dass dieses nicht veränderbar ist, gehen neuere Studien davon aus, dass auch das Arbeitsgedächtnis in einem gewissen Umfang trainierbar ist.

5.4 Veränderungen in der Motorik

Die Veränderungen der Motorik im Alter betreffen insbesondere Kraft, Reaktionsfähigkeit, Gleichgewicht, Beweglichkeit und Ausdauer. Theoretische Konzepte hierfür sind Multidirektionalität und Plastizität.

Allgemein ist die motorische Entwicklung eng mit den Veränderungen in den sensorischen, physiologischen und psychologischen Bereichen verbunden. Obwohl viele Menschen insbesondere im vierten Lebensalter von Krankheiten (Multimorbidität), funktionellen Verlusten und Pflegebedürftigkeit betroffen sind, bezieht sich dies nicht auf alle Bereiche gleichermaßen (Eichberg und Mechling 2009). Diese Multidirektionalität kann dazu führen, dass die Verschlechterung in dem einen Bereich so kompensiert wird, dass die Gesamtleistung konstant bleibt.

Generell kann ab dem 80. Lebensjahr ein Rückgang der Alltagskompetenz beobachtet werden, da Kraft, Reaktionsvermögen, Gleichgewichtsfähigkeit, Ausdauer und Beweglichkeit, die Voraussetzung für viele alltägliche Bewegungen sind, sich verschlechtern. Daraus resultiert auch ein erhöhtes Sturzrisiko.

Während die motorische Entwicklung jüngerer Personen durch ontogenetische Ausdifferenzierung und Verbesserung geprägt ist, tritt dies im älteren Erwachsenenalter in den Hintergrund. Nun stehen Multidirektionalität und Plastizität in Abhängigkeit vom individuellen Leistungsniveau im Vordergrund. Beide Konzepte werden nachfolgend in der ◘ Tab. 5.1 gegenübergestellt. Der Aspekt der Multidirektionalität der motorischen Entwicklung wird stark von den individuellen Einflussfaktoren (Geschlecht, körperliche Aktivität, Umwelteinflüsse) beeinflusst. Die Plastizität nach Baltes (1990) stellt die Fähigkeit zur intraindividuellen Verhaltens-, Leistungs- und Entwicklungsanpassung dar. Sie wird bestimmt durch die Ausgangsleistung, Ausgangs-Kapazitätsreserve und Entwicklungs-Kapazitätsreserve.

Ein besonderes Augenmerk hinsichtlich motorischer Fertigkeiten sollte auf die Gangbewegung gelegt werden. Hier treten alterstypische Veränderungen auf, wie die Verringerung der Ganggeschwindigkeit und der Schrittlänge sowie der Erhöhung der Variabilität einzelner Gangparameter. Ursachen hierfür werden in der Zunahme der Koaktivierung der Muskulatur der unteren Extremitäten und damit der Gelenksteifigkeit sowie in der Abnahme der Kraftentwicklung beim Fußabdruck gesehen (Blischke und Schott 2010).

5.5 Motorisches Lernen im Alter

Geht man von der Bedeutung des „lebenslangen Lernens" aus, spielen Bewegungskompetenzen und das Neulernen von Bewegungen auch im Alter eine wichtige Rolle (Brach und Schott 2003). Besondere Aufmerksamkeit ist aber auch dem Erhalt von motorischen Fertigkeiten zu widmen, um möglichst lange die Selbstständigkeit im Alter zu ermöglichen (Brach und Schott 2003). Als leistungsbestimmend sind dabei die altersbedingten physischen, psychischen und sensorischen Veränderungen, wie nachlassende Muskelkräfte, Verschleißerscheinungen in der Wirbelsäule und in den Gelenken, Verschlechterung des Herz-Kreislauf-Systems, sensorischer Systeme (z. B.: Sehen und Hören) und kognitiver Funktionen. Studien haben ergeben, dass ältere Personen im Unterschied zu jüngeren bei gleichen kognitiven Aufgaben größere Aktivitäten der entsprechenden Hirnareale aufweisen (Brach und Schott 2003).

Generelles motorisches Lernen bedeutet nicht nur Neulernen, sondern auch die Verbesserung von Bewegungsgeschwindigkeit und Präzision durch stetes Üben. Diese Eigenschaften verschlechtern sich zwar im Alter, können aber durch Trainieren und damit durch motorisches Lernen verbessert werden (Tischer et al. 2011).

Motorisches Lernen ist auch im Alter von Bedeutung. Dabei kommt es besonders auf den Erhalt motorischer Fertigkeiten an, um die Selbstständigkeit im Alter beizubehalten. Der Erfolg des Neulernens hängt von den Vorerfahrungen und dem aktuellen Leistungsniveau ab.

Tab. 5.1 Motorische Entwicklung im Alter entsprechend Multidirektionalität und Plastizität. (Nach Eichberg und Mechling 2009)

	Multidirektionalität	Plastizität
Kraft	– Rückgang der isometrischen Maximalkraft und insbesondere der Schnellkraft – Ursachen: genetisch, körperliche Inaktivität, Verringerung der Muskelfasern, Umbau von Muskelfasern (vom Typ II zum Typ I), Rückgang der motorischen Einheiten, Veränderung des Stoffwechsels	– Schon geringes Training bewirkt hohen Zuwachs an Maximal- und Schnellkraft insbesondere bei nichtaktiven Personen – Reduzierung der Kraftfähigkeiten bei aktiven und bei nichtaktiven Personen
Reaktionsfähigkeit	– Abnahme der Reaktionsleistungen – Zunahme der Variabilität von Reaktionsleistungen (als Indikator für Verschlechterung kognitiver Leistungen) – Bei Zunahme der Komplexität und Antwortmöglichkeiten proportionale Verschlechterung der Entscheidungszeit und weniger der motorischen Zeit	– Sportliche Aktivität wirkt sich positiv auf Reaktionsleistungen aus – Durch Ausdauer- und Krafttraining verbessern sich insbesondere Wahlreaktionen, Aufmerksamkeitsleistungen, Informationsverarbeitungsgeschwindigkeit und exekutive Funktionen – Fehlen von Längsschnittanalysen zur Entwicklung von Reaktionsleistungen von aktiven gegenüber inaktiven Personen
Gleichgewicht	– Abnahme der Gleichgewichtsfähigkeit, insbesondere dadurch, dass diese von vielen Faktoren, die sich im Alter verschlechtern, abhängig ist – Z. B.: Steuerung des Gleichgewichts durch visuelles System, obwohl sich die Sehleistung verschlechtert – Weitere Faktoren, deren Verschlechterung im Alter die Gleichgewichtsfähigkeit beeinflussen: Informationsverarbeitungsprozesse, Aufmerksamkeitsleistungen, Kraftdifferenzierungsfähigkeit	– Auch im höheren Erwachsenenalter trainierbar – Training der Gleichgewichtsfähigkeit für ältere und sturzgefährdete Personen besonders wichtig – Gleichgewichtstraining muss gleichzeitig Reize an sensorische, kognitive und motorische Systeme setzen (Westlake et al. 2007)
Beweglichkeit	– Beweglichkeit insbesondere im Kopf- und Nackenbereich sowie Rumpf und Schulter geht zurück – Ursachen: Erkrankungen und Veränderungen der kollagenen und elastinen Fasern sowie der umgebenden Muskulatur und Faszien – Verschlechterte Beweglichkeit in Hüft- und Fußgelenken verändert das Gangbild und wirkt sich negativ auf Mobilität und Gleichgewicht aus	– Keine eindeutigen Ergebnisse, die den Erhalt oder Verbesserung der Beweglichkeit durch Interventionen belegen
Ausdauer	– Relativ starker Rückgang ab dem 60. Lebensjahr – Ursachen: geringere körperliche Aktivität, Abnahme der Muskelmasse, Verringerung der Herzleistungsfähigkeit	– Verbesserung von Ausdauerleistungen bei kurz- und langfristigem Training – Notwendigkeit der Erhöhung der Trainingsbelastung, um Ausdauerleistung beizubehalten bzw. den Rückgang zu verringern

5.5 · Motorisches Lernen im Alter

In Bezug zum Neulernen von Bewegungen ist die empirische Befundlage nicht ganz einheitlich (Brach und Schott 2003). Es kann aber davon ausgegangen werden, dass ältere Personen eher eine geringere Lernrate bei langsamerer Bewegungsausführung mit geringerer Genauigkeit und höherer Variabilität aufweisen als vergleichsweise jüngere Personen. Hinzu kommt, dass der Erfolg des Neulernens abhängig ist von der motorischen Vorerfahrung und vom Leistungsniveau. Diesbezüglich sind in Trainingseinheiten für Lernprozesse längere Übungszeiten mit entsprechender Motivation einzuplanen (Brach und Schott 2003). Keine Defizite bei älteren Menschen wurden beim unbewussten Lernen von Bewegungssequenzen, dem Lernen von Bewegungsgenauigkeit und Rhythmus und Doppeltätigkeit festgestellt (Tischer et al. 2011). Allerdings sind das Erlernen von beidhändigen Bewegungen und das bewusste Lernen von Bewegungsabfolgen mit größeren Schwierigkeiten verbunden. Daraus kann geschlussfolgert werden, dass motorisches Lernen im Alter dann erschwert ist, wenn mehrere Ressourcen des Körpers gleichzeitig gefordert sind und eine bewusste Verarbeitung notwendig ist (Bock und Girgenrath 2006). Für das Bewegungslernen können aber auch äußere Bedingungen förderlich oder hinderlich sein, wie bspw. persönliche, räumliche oder zeitliche Umstände, Trainer, Mitteilnehmer, Art der Unterweisung, Motivation und Aufmerksamkeit (Tischer et al. 2011).

Interessant ist der Aspekt des Einflusses von negativen Stereotypen auf die motorische Leistungsfähigkeit und die Frage, ob diese beispielsweise die Mobilität verringern können. Stereotype, die sich auf das Alter beziehen, können sein: graue Haare und gebeugte Haltung. Diese werden oft mit Merkmalen wie Langsamkeit und Vergesslichkeit verknüpft. Anders ausgedrückt, könnte man dann davon ausgehen, dass positive Stereotype das motorische Lernen fördern. Dieser Vorgang des Primings (engl.: Bahnung von Reizen) könnte genutzt werden, um den motorischen Lernprozess positiv zu beeinflussen (Tischer et al. 2011).

> **Lernen der Handhabung von technischen Geräten (Sun et al. 2013)**
> In der Studie von Sun et al. (2013) wurde das Erlernen der Technikhandhabung dreier Geräte (Blutdruckmessgerät, Mobiltelefon und E-Book-Reader) von gesunden älteren Personen und Personen mit MCI untersucht. Erwartungsgemäß traten deutliche Unterschiede zwischen beiden Gruppen auf. Es konnte gezeigt werden, dass kognitive Fähigkeiten, Technikerfahrung, aber auch spezifische Überzeugungen, Einstellungen und Erfahrungen

> zur individuellen Leistung im Umgang mit der Technik beitragen. Nach der Trainingsintervention war aber auch die MCI-Gruppe größtenteils in der Lage, die technischen Aufgaben trotz häufiger Fehler zu lösen.

5.6 Kognition und körperliche Aktivität

Sowohl durch sportliche Aktivitäten als auch durch körperliche Aktivitäten im Alltag können einige kognitive Funktionen positiv beeinflusst werden.

Allgemein führt ein kardiovaskuläres Training zu einer Verbesserung der Durchblutung des Gehirns, der Stimulierung von neurotrophen Faktoren und Transmittersystemen sowie der neuronalen Architektur, die die kognitiven Funktionen bedingen (Lecki et al. 2012).

Es kann belegt werden, dass ein aerobes Ausdauertraining das Gehirnvolumen (weiße und graue Substanz) von 60- bis 79-Jährigen erhöht (Hollmann et al. 2011). Die signifikante Erhöhung der weißen Substanz im präfrontalen Kortex durch ein aerobes Ausdauertraining ist nachweisbar. So wirkt sich ein aerobes Training positiv auf kognitive Funktionen und insbesondere auf die neuronale Plastizität des Gehirns auch im dritten und vierten Lebensalter aus (Colcombe und Kramer 2003). Es konnte gezeigt werden, dass durch körperliches Training kognitive Ressourcen freigesetzt werden können, die sonst für die Kontrolle von Bewegungen benötigt werden. Besonders effektiv ist hierfür ein Dual-Task-Training (Godde und Voelcker-Rehage 2017).

Trotz der vorliegenden empirischen Studien wird noch nicht vollständig verstanden, welche Art von körperlicher Aktivität sich besonders effektiv auf die Gehirnaktivitäten auswirkt (Bherer et al. 2013). So scheinen bereits tägliche und regelmäßige körperliche Aktivitäten Verschlechterungen des Arbeitsgedächtnisses und des Reaktionsvermögens vorzubeugen (Witte et al. 2015). Organisierte sportliche Aktivitäten, wie bspw. ein altersgerechtes Karatetraining (◘ Abb. 5.1), aber auch ein allgemeines Fitnesstraining (◘ Abb. 5.2), die wenigstens 10 Monate betrieben werden, verbessern Aufmerksamkeit, motorische Reaktionszeit und reaktive Belastbarkeit (Witte et al. 2016). Aber auch das Tanzen im Seniorenalter hat positive Effekte auf Kognition und Verschlechterung der altersbedingten motorischen Eigenschaften (Rehfeld et al. 2016).

5.6 · Kognition und körperliche Aktivität

◘ **Abb. 5.1** Beispiele für altersgerechtes Karatetraining

◘ **Abb. 5.2** Fitnesstraining für Seniorinnen und Senioren

> **Bedeutung körperlicher Aktivität bei Hochaltrigen (Hollmann et al. 2011)**
> Generell nimmt das Lernbedürfnis bei Hochaltrigen auch ohne Vorliegen einer Demenzerkrankung ab. Dies kann an den schwieriger werdenden Lebenssituationen liegen, wie

> Einsamkeit, verringerte soziale Kontakte, Krankheiten und andere Beschwerden. Bestimmte Areale des Gehirns sind durch den Alterungsprozess besonders betroffen, so dass kognitive und psychomotorische Funktionen beeinträchtigt sind. Aber diese degenerativen Alterungsprozesse können durch körperliche Aktivität verringert werden. Eine positive Wirkung hat das Wandern. Durch körperliche Aktivität können folgende Hirnadaptationen besonders gefordert werden: Neurogenese, Angiogenese (Entstehung neuer Blutgefäße), Synapsenhypertrophie und Spines-Zunahme (dendritische Dornen).

5.7 Bedeutung und Inhalt der Sturzprophylaxe

Die Sturzprophylaxe gewinnt durch die immer höhere Lebenserwartung zunehmend an Bedeutung. Inhalte der Sturzprophylaxe sollten sein: Kräftigung der Muskulatur, Gleichgewichts- und Gangtraining auch mit zusätzlichen kognitiven Aufgaben.

Stürze und die damit verbundenen Folgen sind ein besonderes Problem im höheren Erwachsenenalter. Generell ist die reaktive Schrittanpassung beeinträchtigt. So besteht Stolpergefahr durch das Wegrutschen beim Fußaufsatz oder beim Überwinden eines Hindernisses, da die neuromuskuläre Antwortreaktion auf externe Gangstörungen sowie die Schnellkraftentwicklung vermindert sind (Blischke und Schott 2010). Dem älteren Menschen fällt es zunehmend schwerer, gleichgewichtsstabilisierende Reaktionen den jeweiligen Gangphasen anzupassen. Ursachen hierfür sind nachlassende Muskelkraft in den Beinen und verschlechterte und verlangsamte Verarbeitung sensorischer Informationen, so dass eine antizipatorische Schrittanpassung beeinträchtigt ist. Beispielsweise lässt sich beobachten, dass das Überqueren von Hindernissen langsamer und in geringerem Abstand erfolgt (Blischke und Schott 2010).

Auch steigt die kognitive Anforderung an die Gangkontrolle. Bei zusätzlichen kognitiven Aufgaben, die besonders exekutive Funktionen oder die räumlich-visuelle Kontrolle beanspruchen, verringern sich Ganggeschwindigkeit und Schrittlänge. So kann es durchaus passieren, dass die Person stehen bleibt. Diese Dual-Task-Fähigkeit dient zunehmend als Diagnoseinstrument, um die Sturzgefährdung älterer Menschen einzuschätzen (Blischke und Schott 2010).

Wie eine Reihe von Studien zeigt, gibt es unterschiedliche Programme, die der Sturzprophylaxe dienen. Hier ein paar Beispiele:

Rogan et al. (2017) nutzen ein Gerät zur Ganzkörpervibration. Der Effekt der Ganzkörpervibration, die ursprünglich für die Behandlung von Muskelatrophie und Knochenmassenverlust russischer Kosmonauten entwickelt wurde, wird heute zur Verbesserung der posturalen Kontrolle, Sturzprophylaxe, Verbesserung der Muskelkraft, Knochendichte und gegen Inkontinenz eingesetzt. Die Autoren verwenden unterschiedliche Schwingungsarten: a) sinusförmig, vertikal, b) sinusförmig, seitenalternierend sowie c) stochastische, dreidimensional. So dienen die vertikalen Schwingungen vorwiegend der Muskelaktivierung der Flexoren und Extensoren von Sprung-, Knie- und Hüftgelenk. Die seitenalternierende Vibration beeinflusst insbesondere die Abduktoren und Adduktoren des Hüftgelenks. Durch das Vibrationstraining werden Muskelspindeln und der Golgi-Sehnen-Apparat gereizt, so dass eine muskuläre Grundspannung entsteht, wodurch eine stabilere und aufrechte Haltung gefördert wird.

Wollesen et al. (2015) fordern ein Dual-Task-Training, bei dem alltägliche Bewegungen mit kognitiven Aufgaben gekoppelt sind. Es konnte gezeigt werden, dass ein Dual-Task-Training erheblich die Gangstabilität verbessert und somit das Sturzrisiko vermindert.

Westlake et al. (2007) setzen den Fokus auf ein sensorisches Training zur Verbesserung der Gleichgewichtsfähigkeit.

Witte et al. (2017); Pliske et al. (2015, 2017) zeigen, dass insbesondere ein altersspezifisches Karatetraining geeignet ist, um Gleichgewichtsfähigkeit, Gangstabilität unter Dual-Task-Bedingung und körperliche Fitness zu verbessern, so dass damit ein Beitrag zur Sturzprävention geleistet werden kann. Dies lässt sich durch das Üben verschiedener Karatestände, wodurch Gleichgewicht verbessert und Beinmuskulatur gestärkt werden, und der Notwendigkeit von Ganzkörperkoordination bei Arm- und Beintechniken begründen.

Sturzprävention im Alter iStoppFalls (2014), Eichberg et al. (2016)

Ein internationales Forschungsvorhaben an der Deutschen Sporthochschule Köln entwickelte 2014 ein computerbasiertes individuelles Trainingsprogramm zur Sturzprophylaxe für Seniorinnen und Senioren. Dieses Programm ist speziell für Untrainierte ausgelegt und besteht aus mehreren Komponenten: videobasierte Spiele (Exergames) mit Gleichgewichts- und Kraftübungen, Testbatterie zur Selbsteinschätzung des Sturzrisikos, Schulungs- und Infomaterial. Das System basiert auf einen Kinect-Sensor, der mit dem TV-Gerät verbunden wird, zur Erkennung der Bewegungsausführung und einer Google-TV-Box sowie einer App für das Smartphone zur Steuerung des Programms. Gleichzeitig können die Nutzer ihre Ergebnisse mit anderen Teilnehmern über eine soziale Plattform austauschen. Die Effektivität dieses Programms konnte mit 160 Probanden nachgewiesen werden. So konnte das Sturzrisiko bei regelmäßigem Training gesenkt werden.

Ein besonders wichtiger Bestandteil der Sturzprophylaxe, der in allen Programmen enthalten ist, ist das Trainieren statischer (◘ Abb. 5.3) und dynamischer Gleichgewichtsfähigkeit ◘ Abb. 5.4).

◘ **Abb. 5.3** Beispiele des Trainierens von statischer Gleichgewichtsfähigkeit mit Zusatzaufgaben

◘ **Abb. 5.4** Beispiel des Trainierens der dynamischen Gleichgewichtsfähigkeit

5.8 Themen für Referate

- **Thema 1: Erstellung eines Studiendesigns zur Untersuchung der motorischen Entwicklung körperlich aktiver und inaktiver älterer Personen im Längsschnitt**

Formulieren Sie eine Hypothese, die auf bereits durchgeführten Studien basiert!
Entwickeln Sie ein mögliches Studiendesign bei Beachtung folgender Aspekte:
— Mit welchen Größen soll die motorische Entwicklung quantifiziert werden und welche Methoden wollen Sie verwenden?
— Welchen Umfang müssten die Probandengruppen haben?
— Welches sind die Einschluss- und Ausschlusskriterien?
— Auf welche Art der körperlichen Aktivität bezieht sich Ihre Studie? Wie ist diese zu charakterisieren?
— Welchen Gesamtzeitraum planen Sie und wie viele Messzeitpunkte?
— Welche statistischen Methoden sind geeignet, um Ihre Hypothese zu überprüfen?

- **Thema 2: Sport und Aktivitätsangebote**

Recherchieren Sie in Ihrem Umfeld zu Sportprogrammen oder Aktivitätsprogrammen für Seniorinnen und Senioren! Schauen Sie sich bei Vereinen oder auch bei Krankenkassen um. Welche Möglichkeiten gibt es? Charakterisieren Sie die Angebote unter folgenden Aspekten:
— Ziel des Trainings, Zielgruppe (z. B.: Alter, Vorerkrankung, Beschwerden, Anzahl der Teilnehmerinnen und Teilnehmer)
— Inhalte des Trainings
— Trainingshäufigkeit, Räumlichkeiten

Versuchen Sie, mindestens in einer Trainingsstunde zu hospitieren. Ergänzen Sie Ihre Ausarbeitungen!

- **Thema 3: Entwicklung eines Sportprogramms für Menschen im späteren Erwachsenenalter**

Konzipieren Sie für eine ausgewählte Zielgruppe ein Trainingsprogramm!

— Für welche Zielgruppe soll das Training konzipiert und welche Ziele sollen verfolgt werden?
— Begründen Sie, warum Sie ein koordinatives Programm, Krafttraining oder Ausdauertraining wählen. Erläutern Sie Möglichkeiten der Kombinationen.
— Auf welche Aspekte hinsichtlich körperlicher und kognitiver Voraussetzungen müssen Sie besonders achten?

– Stellen Sie geeignete Übungen zusammen! Welche Übungen sollten vermieden werden?
– Konkretisieren Sie die Belastung, indem Sie Anzahl der Wiederholungen, Pausen usw. quantifizieren! Wie könnten Sie eine individuelle Belastungsgestaltung erreichen?

Literatur

Baltes, P. (1990). Entwicklungspsychologie der Lebensspanne: Theoretische Leitsätze. *Psychologische Rundschau, 41,*1–24.

Baltes, P. B., & Smith, J. (2003). New frontiers in the future of aging: From successful aging of the young old to the dilemmas of the fourth age. *Gerontology, 49*(2), 123–135.

Bherer, L., Erickson, K. I., & Liu-Ambrose, T. (2013). A review of the effects of physical activity and exercise on cognitive and brain functions in older adults. *Journal of Aging Research.* ▶ https://doi.org/10.1155/2013/657508.

Blischke, K., & Schott, N. (2010). Fortbewegung im höheren Lebensalter. In N. Schott & J. Munzert (Hrsg.), *Motorische Entwicklung* (S. 89–102). Göttingen: Hogrefe.

Bock, O., & Girgenrath, M. (2006). Relationship between sensorimotor adaptation and cognitive functions in younger and older subjects. *Experimental Brain Research, 169*(3), 400–406.

Brach, M., & Schott, N. (2003). Motorisches Lernen im Alter. In H. Mechling & J. Munzert (Hrsg.), *Handbuch Bewegungswissenschaft – Bewegungslehre* (S. 461–474). Schorndorf: Hofmann Verlag.

Chase, J. A. D. (2013). Physical activity interventions among older adults: A literature review. *Research Theory Nursing Practice, 27*(1), 53–80.

Colcombe, S. J., & Kramer, A. F. (2003). Fitness effects on the cognitive function of older adults: a meta-analytic study. *Psychological Science, 14,*125–130.

Colcombe, S. J., Erickson, K. I., Scalf, P. E., Kim, J. S., Prakash, R., McAuley, E., et al. (2006). Aerobic exercise training increases brain volume in aging humans. *Journal of Gerontology: MEDICAL SCIENCES, 61A*(11), 1166–1170.

Eichberg, S., Aal, K., Vazin, D., & Wieching, R. (2016). Results from the EU-project iStoppFalls: Feasibility, effectiveness, user experience and acceptance of a new technology based approach for fall prevention. In A. Hökelmann, N. Müller, K. Witte, & T. Wolbers (Eds.), Active Healthy Aging. Proceedings of the International Conference of Sports and neuroscience, Magdeburg, Germany, S. 50–56.

Eichberg, S., & Mechling, H. (2009). Motorische Entwicklung im höheren Erwachsenenalter. In J. Baur, K. Bös, A. Conzelmann, & R. Singer (Hrsg.), *Handbuch motorische Entwicklung* (S. 333–350). Schorndorf: Hofmann-Verlag.

Godde, B., & Voelcker-Rehage, C. (2017). Cognitive resources necessary for motor control in older adults are reduced by walking and coordination training. *Frontiers in Human Neuroscience, 11,* Article 156. ▶ https://doi.org/10.3389/fnhum.2017.00156.

Hollmann, W., Strüder, H. K., & Mierau, J. (2011). Hochaltrigkeit und körperliche Aktivität. In H. G. Petzold, E. Horn, & L. Müller (Hrsg.), *Hochaltrigkeit* (S. 100–125). Wiesbaden: VS Verlag & Springer Fachmedien Wiesbaden GmbH.

Kolassa, I.-T., Glöckner, F., Leirer, V., & Diener, C. (2010). Neuronale Plastizität bei gesundem und pathologischem Altern. In N. Schott & J. Munzert (Hrsg.), *Motorische Entwicklung* (S. 41–65). Göttingen: Hogrefe-Verlag.

Literatur

Lecki, R. L., Weinstein, A., Hodzic, J. C., & Erickson, K. I. (2012). Potential moderators of physical activity on brain health. *Journal of Aging Research.* ▶ https://doi.org/10.1155/2012/948981.

Petzold, H. G., Horn, E., & Müller, L. (Hrsg.). (2011). *Hochaltrigkeit.* Wiesbaden: VS Verlag & Springer Fachmedien Wiesbaden GmbH.

Pliske, G., Emmermacher, P., Bandow, N., Piatek, S., Weinbeer, V., & Witte, K. (2017). Influence of age-related karate training on gait variability under dual-task conditions – a controlled study. *ARC Journal of Research in Sports Medicine, 2*(1), 34–42.

Pliske, G., Emmermacher, P., Weinbeer, V., & Witte, K. (2015). Changes in dual-task performance after 5 months of karate and fitness training for older adults to enhance fall prevention. *Aging Clinical and Experimental Research, 28*(6), 1179–1186. ▶ https://doi.org/10.1007/s40520-015-0508-z.

Rehfeld, K., Hökelmann, A., Kaufmann, J., & Müller, N. (2016). Effect of dance vs. fitness training on brain plasticity, balance performance and attention in healthy senniors – A new approach with SPM 12 for pairwise longitudinal group comparison. In A. Hökelmann, N. Müller, K. Witte, & T. Wolbers (Eds.), Active Healthy Aging. Proceedings of the International Conference of Sports and neuroscience, Magdeburg, Germany, 127–138.

Rogan, S., Taeymans, J., Radlinger, L., Naepflin, S., Ruppen, S., Bruelhart, Y., et al. (2017). Effects of whole-body vibration on postural control in elderly: An update of a systematic review and meta-analysis. *Archives of Gerontology and Geriatrics, 73*,95–112. ▶ https://doi.org/10.1016/j.archger.2017.07.022.

Rott, C. (2011). Zwischen Vitalität und Pflegebedürftigkeit: Stärken und Schwächen des hohen Alters. In H. G. Petzold, E. Horn, & L. Müller (Hrsg.), *Hochaltrigkeit* (S. 54–74). Wiesbaden: VS Verlag & Springer Fachmedien Wiesbaden GmbH.

Rupp, R. (2017). *Alterssport motivierend gestalten. Grundlagen und Beispiele einer bedürfnisorientierten Praxis.* Dissertation Pädagogische Hochschule Heidelberg, Springer Fachmedien Wiesbaden GmbH.

Saavedra, F. (2016). Older adults. Practical recommendations for prescribing exercises in the frail elderly. In A. Hökelmann, N. Müller, K. Witte, & T. Wolbers (Eds.), Active Healthy Aging. Proceedings of the International Conference of Sports and neuroscience, Magdeburg, Germany, 38–43.

Schlicht, W. (2010). Mit körperlicher Aktivität das Altern gestalten. In H. Häfner, K. Beyreuther, & W. Schlicht, (Hrsg.), *Altern gestalten. Medizin – Technik – Umwelt* (S. 25–38). Berlin: Springer.

Streffer, J. (2011). Das gesunde und das kranke Gehirn von Hochaltrigen. Neurobiologie des Gehirns im hohen Alter. In H. G. Petzold, E. Horn, & L. Müller (Hrsg.), *Hochaltrigkeit* (S. 78–89). Wiesbaden: VS Verlag & Springer Fachmedien Wiesbaden GmbH.

Sturzprävention im Alter iStoppFalls. (2014). Training an der Spielekonsole kann das Sturzrisiko senken. *Kurier – Hochschulzeitung der Deutschen Sporthochschule Köln, 37*(5), 1

Sun, F., Norman, I. J., & While, A. E. (2013). Physical activity in older people: a systematic review. *Public Health, 13,* 449. ▶ http://www.biomedcentral.com/1471-2458/13/449.

Tischer, U., Bock, O., & Hartmann-Tews, I. (2011). *Altersstereotype und motorische Fähigkeiten im Alter.* The Inquisitive Mind. ▶ http://de.in-mind.org/article/altersstereotype-und-motorische-faehigkeiten-im-alter. Zugegriffen: 26. Jan. 2018.

Westlake, K. P., Yushiao, W., & Culham, E. G. (2007). Sensory-specific balance training in older adults: Effect on position, movement, and velocity sense at the ankle. *Physical Therapy, 87*(5), 560–568.

Witte, K., Darius, S., Emmermacher, P., & Böckelmann, I. (2015). Changes of cognitive functioning with advancing age in older adults under consideration of physical activity and gender. *Australian International journal of Humanities and Social Studies* – Online ISSN: 1737-7912, Print ISSN: 1374-9172. 3–23.

Witte, K., Emmermacher, P., & Pliske, G. (2017). Improvement of balance and general physical fitness in older adults by karate: A randomized controlled trial. *Complementary Medicine Research, 24*(6), 390–393. ► https://doi.org/10.1159/000479151.

Witte, K., Kropf, S., Darius, S., Emmermacher, P., & Böckelmann, I. (2016). Comparing the effectiveness of karate and fitness training on cognitive functioning in older adults – a randomized controlled trial. *Journal of Sport and Health Science, 5*(4), 484–490. ► https://doi.org/10.1016/j.jshs.2015.09.006.

Wollesen, B., Voelcker-Rehage, C., Willer, J., Zech, A., & Mattes, K. (2015). Feasibility study of dual-task-managing training to improve gait performance of older adults. *Aging Clinical and Experimental Research, 27*(4), 447–455. ► https://doi.org/10.1007/s40520-014-0301-4.

Anwendung virtueller Realität im Sport

Katharina Petri und Kerstin Witte

6.1 Einführung – 100

6.2 Aspekte der Wahrnehmung – 102

6.3 Technologische Grundlagen – 103

6.4 Einsatzmöglichkeiten der VR im Sport – 107

6.5 Vorgehensweise für die Erstellung einer virtuellen Umgebung für den Sport – 110

6.6 Anforderungen an VR-Systeme – 114

6.7 Offene Fragen und Problemstellungen für zukünftige Forschungen – 118

6.8 Themen für Referate – 120

6.9 Anhang: Übersicht über weiterführende Studien und Übersichtsliteratur zur Anwendung von VR im Sport – 122

Literatur – 122

Virtuelle Realität ist den meisten Menschen aus dem Bereich der Unterhaltung bekannt. Doch zunehmend wird sie auch in anderen Bereichen eingesetzt, wie bspw. in der Architektur, Medizin und Ingenieurwissenschaften. Interessant ist dabei die Mensch-Computer-(VR)-Interaktion. In diesem Kapitel soll insbesondere der Frage nachgegangen werden, welche Möglichkeiten diese neue Technologie auch für den Sport und speziell für die Bewegungswissenschaft hat.

6.1 Einführung

Für den Begriff der virtuellen Realität (VR) gibt es keine einheitliche Definition. Sie baut auf der herkömmlichen Computergrafik auf, unterscheidet sich aber durch viele Aspekte, wie Interaktivität, Dreidimensionalität und Immersion.

Mit der Einführung der virtuellen Realität (VR) scheint ein neues Computerzeitalter angebrochen zu sein. Während herkömmliche Computergrafik durch den Nutzer auf einem Display betrachtet wird, taucht dieser nun in eine andere virtuelle Welt ein, mit der er bspw. durch Kopf- und Handbewegungen interagieren kann. Die Faszination von VR ist nicht nur in der Spieleindustrie zu verfolgen. VR wird zunehmend in vielen anderen Bereichen, wie Architektur, Medizin (Operationstechniken), Tourismus und therapeutischen Behandlungen eingesetzt. Eine bekannte Anwendung ist die Pilotenausbildung in Flugsimulatoren. In der Industrie verwendet man VR-Technologien zunehmend zur Erstellung von Prototypen, Produktionsplanungen, virtuellem Training und ergonomischen Untersuchungen.

Virtuelle Realität ist die Schaffung einer virtuellen (scheinbaren) Welt, in die der Nutzer eintaucht und mit der er in Echtzeit interagieren kann. Da damit der Begriff „virtuelle Realität" eigentlich schon einen Widerspruch in sich darstellt, werden als Synonyme häufig auch virtuelle Welt, virtuelle Umgebung oder virtual environment verwendet (Brill 2009). Auf Grund der sich rasant entwickelnden Hardware ist in der Literatur auch keine einheitliche Definition zu finden (Dörner et al. 2013).

> **VR-System**
>
> „VR-System nennen wir ein Computersystem, das aus geeigneter Hardware und Software besteht, um die Vorstellung einer virtuellen Realität zu realisieren. Den mit dem VR-System dargestellten Inhalt bezeichnen wir als virtuelle Welt. Die virtuelle Welt umfasst z. B. Modelle von Objekten, deren Verhaltensbeschreibung für das Simulationsmodell und deren Anordnung im Raum. Wird eine virtuelle Welt mit einem VR-System dargestellt, sprechen wir von einer virtuellen Umgebung für einen oder mehrere Nutzer." (Dörner et al. 2013, S. 7).

6.1 · Einführung

Es ist festzuhalten, dass VR auf der kommerziellen Computergrafik aufbaut, sich aber durch folgende Aspekte unterscheidet:
- Neben visueller Präsentation sind auch akustische und haptische Präsentationen möglich.
- Die Präsentation erfolgt in Echtzeit.
- Die Präsentation ist betrachterabhängig (egozentrische Perspektive).
- Der Betrachter kann in Echtzeit mit der VR in einem Umkreis bis zu 360° interagieren.
- Simulationen sind besonders ausgeprägt.
- Die Interaktionen sind dreidimensional und werden im Unterschied zur herkömmlichen Computergrafik (Tastatur, Maus) über Körperbewegungen, Datenhandschuhe, Gestik und Sprache realisiert (Wang 2012).
- Die Präsentation ist, außer bei Verwendung eines Desktops, immersiv (d. h., der Betrachter taucht in die VR ein).

Die unterschiedliche Interaktion des Menschen an einem herkömmlichen PC-Arbeitsplatz und in der VR wird in der ◘ Abb. 6.1 demonstriert.

Das Eintauchen in eine virtuelle Welt (Immersion) ist aber nur möglich, wenn das Gehirn „überlistet" wird, denn es glaubt, was es sieht. Damit sind natürlich auch gewisse Gefahren verbunden, da die Wahrnehmung eine andere ist als die in der Realität. Noch wird bspw. nicht vollständig verstanden, welche Unterschiede im Verhalten des Menschen in einer virtuellen Welt im Vergleich zur realen Welt bestehen.

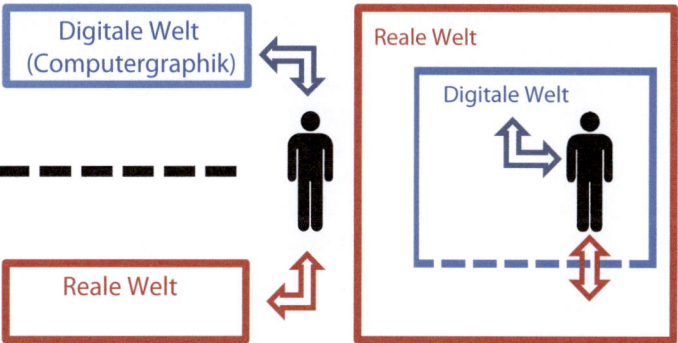

◘ **Abb. 6.1** Schematische Darstellung der Interaktion eines Nutzers mit der herkömmlichen Computergrafik (links) und in der virtuellen Realität (VR) (rechts). (Mod. nach Dörner et al. 2013)

Mittels VR können reale Situationen nachgestellt oder Manipulationen durchgeführt werden, die in der Realität nicht möglich sind (Zaal und Bootsma 2011). Es können aber auch Umweltbedingungen verändert werden, indem bspw. verschiedene Wetterbedingungen simuliert werden, wodurch auch eine Kombination von In- und Outdoorsportarten möglich ist. Die Vorteile der VR sind vielfältig und werden zunehmend auch in der Sportwissenschaft/Bewegungswissenschaft und in der Sportpraxis eingesetzt: Immersion durch 3D-Stereoskopie und Interaktion, standardisierte Bedingungen, unter denen ein weitestgehend natürliches Handeln möglich ist und kontrollierbare Manipulationsmöglichkeiten (Bandow et al. 2012). Durch die Tiefeninformation können Distanzen und auch Objektgrößen im Vergleich zu herkömmlichen Videomaterial besser eingeschätzt werden. Nutzer sind nicht passive Beobachter, sondern können aktiv die VR steuern (Plass et al. 2009).

Demzufolge wird zunehmend über Anwendungen von VR im Sport und in der Sportwissenschaft berichtet. Diese werden nachfolgend vorgestellt sowie Möglichkeiten und momentane Grenzen erläutert. Für ein besseres Verständnis soll aber zunächst auf physiologische und technologische Grundlagen eingegangen werden.

6.2 Aspekte der Wahrnehmung

Wahrnehmungsprozesse werden für die Optimierung der VR ausgenutzt. Cybersickness kann durch unterschiedliche Wahrnehmungen in VR und in der Realität auftreten.

Ein wichtiger Aspekt von VR besteht darin, dass dem Nutzer seine Anwesenheit in der virtuellen Welt suggeriert wird. Wie gut dies gelingt, liegt an den verwendeten Technologien, aber auch an den menschlichen Wahrnehmungsprozessen. So können Grenzen der menschlichen Wahrnehmung ausgenutzt werden, um die Qualität der VR zu verbessern (Dörner und Steinicke 2013). Ein wesentlicher Faktor, sich „präsent" in der VR zu fühlen, ist die Immersion als Vorgang oder Zustand des Ein- bzw. Untertauchens (Pietschmann 2009). Dabei wird die Immersion als psychischer Zustand beschrieben, wodurch der Nutzer den Eindruck hat, Bestandteil dieser virtuellen Umgebung zu sein (Bredl et al. 2017). In der Literatur findet man auch oft die Bezeichnung „being there", wodurch der Begriff der Immersion sehr treffend charakterisiert wird (Brill 2009).

Ein wesentlicher Gesichtspunkt der VR ist das stereoskopische Sehen als Grundlage für die Dreidimensionalität. In der Realität wird das räumliche Sehen durch die binokuläre Disparität erreicht. Durch die beiden Augen, die leicht nach innen rotiert sind (Vergenz) und die Linse, die stetig fokussiert, um ein scharfes Bild zu generieren (Akkomodation), gelangen zwei stabile, aber leicht unterschiedliche zweidimensionale Bilder ins Gehirn, das daraus ein dreidimensionales Bild „errechnet". Für VR muss dieser Prozess technisch nachgebildet werden (siehe ▶ Abschn. 6.3). Aber auch andere Effekte (engl. depth cues) werden genutzt, um dem Gehirn eine räumliche Wahrnehmung zu suggerieren: Disparität (räumlicher Versatz der beiden optischen Abbildungen), Verdeckung von Objekten, Schattenbildung und Bewegungsparallaxe (unterschiedliche Geschwindigkeitswahrnehmung von Objekten, die verschiedene Entfernungen zum Beobachter haben) (Dörner und Steinicke 2013). Angemerkt sei jedoch, dass es unterschiedliche Auffassungen darüber gibt, inwiefern die Bewegungsparallaxe der tatsächlichen Tiefenwahrnehmung dient.

Wahrnehmungsprozesse können aber auch bewusst eingesetzt werden, um die zur Verfügung stehenden Ressourcen optimal einzusetzen (Dörner und Steinicke 2013). So wissen wir, dass nicht alles aus der Umwelt bewusst wahrgenommen wird. Nicht alle Sinnesreize werden gleichermaßen verarbeitet und so in das Arbeits- und später in das Langzeitgedächtnis weitergeleitet. Dies hängt wesentlich von der Bedeutung der Reize ab. Salienz bedeutet, dass Objekte sich nun gezielt von der Umgebung abheben sollen, damit sie wahrgenommen werden. Dies kann bspw. durch Farbe, Bewegung o. Ä. realisiert werden. Entsprechend der spezifischen Anwendung kann dann abgeschätzt werden, welche Objekte besonders oder überhaupt dargestellt werden müssen, um vom Nutzer wahrgenommen zu werden. Ein weiterer von Dörner und Steinicke (2013) beschriebener Aspekt ist die Nutzerführung. In den meisten Fällen ist die virtuelle Umgebung, in der der Nutzer tatsächlich agieren kann, deutlich kleiner als die VR, die er wahrnimmt. Somit sind zusätzliche Geräte notwendig, die verhindern, dass der Nutzer sich aus dem VR-Bereich hinausbewegt (z. B.: Cyberlaufbänder oder bogenförmige Gangbahnen).

Ein letzter wichtiger Aspekt, der durch die unterschiedliche Wahrnehmung in VR auftreten kann, ist die Cybersickness oder Simulatorkrankheit, bei der dem Nutzer schwindlig oder übel wird. Diese resultiert daraus, dass durch visuelle Wahrnehmung Bewegungen oder Positionen vorgetäuscht werden, die nicht mit vestibulär-propriozeptiven Informationen übereinstimmen. Diese Symptome können bspw. bei Verwendung eines Head Mounted Displays (HMD, deutsch: ein auf dem Kopf getragenes visuelles Ausgabegerät) auftreten, wenn die Bilddarstellung zeitlich nicht mit der Bewegung des Kopfes übereinstimmt, so dass das Gehirn Unterschiede zwischen der registrierten Bewegung und den visuellen Veränderungen der Umwelt registriert.

6.3 Technologische Grundlagen

Ein VR-System besteht aus einer VR-Engine inkl. Datenbank, peripheren Dateneingabegeräten und verschiedenen Möglichkeiten der Datenausgabe. Weit verbreitet ist das Head Mounted Display (HMD).

Die zentrale Einheit eines VR-Systems ist die VR-Engine (Hochleistungsrechner) mit der entsprechenden Software und Datenbank (siehe ◘ Abb. 6.2). Die VR-Engine erhält die eingehenden Befehle zur Steuerung, greift auf die Datenbank entsprechend der Aufgabenstellung zu und setzt die Befehle so um, dass die VR sich gemäß der Aufgabe sofort, also in Echtzeit, ändert. Der Nutzer steuert das System mit Hilfe entsprechender peripherer Eingabegeräte. Durch die gleichzeitige Reaktion der VR entsteht der Eindruck für den Nutzer, dass er sich in dieser virtuellen Umgebung befindet.

Als periphere Dateneingabegeräte kommen verschiedene Systeme und deren Integration zum Einsatz: Datenhandschuhe sowie Datenhelme mit Druck- oder Beschleunigungssensoren, optische Trackingsysteme, die sich auf verschiedene Körperteile beziehen, aber auch Mikrofone und Tiefenkameras.

Ausgabemedien können in vier Kategorien eingeteilt werden: Desktop-VR, semi-immersive und voll-immersive VR und Augmented Reality (AR). Desktop-VR ist die einfachste und kostengünstigste Form der VR. Der Nutzer sieht die VR auf einem Computerbildschirm zweidimensional, hat demnach kaum Möglichkeiten, komplett in die VR einzutauchen auf Grund der geringen Bildschirmgröße und der fehlenden Stereoskopie. Desktop-VR wird oft im Rahmen von Videospielen/Exergames verwendet.

Ein semi-immersives Ausgabegerät für VR ist eine Powerwall (◘ Abb. 6.3 links), eine große Leinwand, auf die mittels Beamer und Rechnercluster eine lebensgroße VR-Umgebung projiziert wird. Voll-immersive Ausgabegeräte für VR sind eine CAVE (Cave Automatic Virtual Environment, ◘ Abb. 6.3 Mitte) oder ein HMD (Head Mounted Display, ◘ Abb. 6.3 rechts). Bei einer CAVE handelt es sich um ein würfelförmiges Projektionssystem

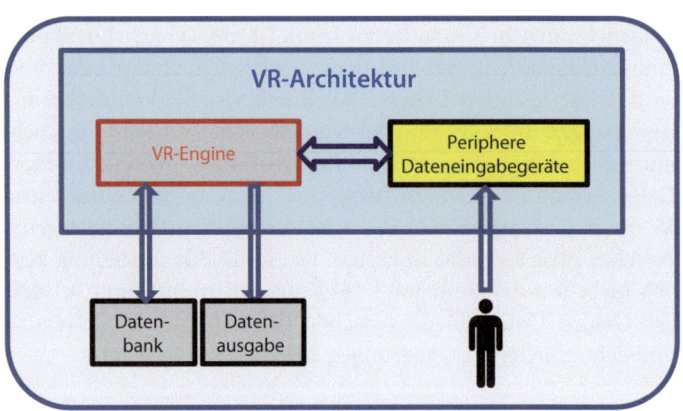

◘ **Abb. 6.2** Struktureller Aufbau eines VR-Systems

mit einer Kantenlänge bspw. von 2–3 m. Den Nutzer umgeben mehrere Leinwände, so dass er mittig in der CAVE platziert ist. Er hat somit das Gefühl, dass die virtuelle Umgebung hinter ihm weitergeht. Sowohl bei einer Powerwall als auch bei einer CAVE trägt der Nutzer eine kabelfreie Stereoskopie-Brille (see-through eyewear system, Witkowski et al. 2016), die das Tiefensehen ermöglicht. Bei einem HMD (siehe ◘ Abb. 6.4) werden zwei separate Bilder direkt auf die Augen des Nutzers projiziert. Damit erhält der Nutzer keine visuellen Reize aus der realen Umgebung, wodurch der Immersionsgrad und das Präsenzgefühl bei einem HMD am größten ist (Komura et al. 2015). Petri et al. (2017) untersuchten, welches voll-immersive Ausgabegerät im Sport zu bevorzugen ist und kamen zu dem Schluss, dass ein HMD auf Grund des Preises und der größeren Bewegungsfreiheit einer CAVE vorzuziehen ist.

Augmented Reality (AR) ist eine Mischform von Realität und virtuellen Objekten. Mittels einer VR-Brille oder eines Smartphones oder Tablets mit eingebauter Kamera sieht man die Realität, aber es können zusätzliche Objekte oder Informationen

◘ **Abb. 6.3** Verschiedene visuelle VR-Datenausgabemedien. Links: Powerwall. Mitte: CAVE. Rechts: HMD. Bei einer Powerwall und in der CAVE trägt der Nutzer eine Stereoskopie-Brille

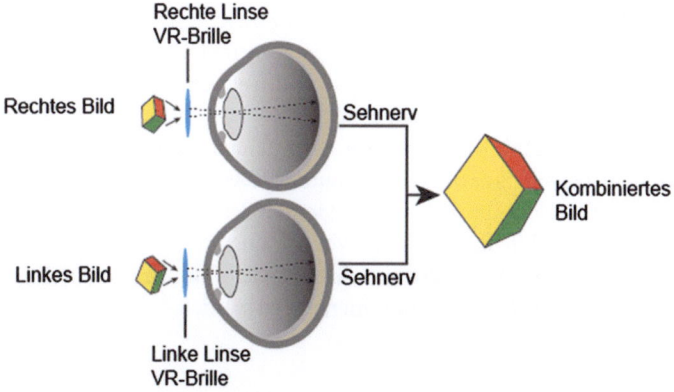

◘ **Abb. 6.4** Funktionsweise einer stereoskopischen HMD-Brille

eingeblendet werden. Eine andere Möglichkeit zur Erstellung von AR ist ein Sensor-Kinect-System (Hardware zur Steuerung von Videospielen) oder ein interaktives Whiteboard (Computer-Beamer-Sensor-Einheit) (Carnegie und Rhee 2015; Miles et al. 2012). Ein Beispiel zur AR ist das Spiel Pokémon Go (interaktives Spiel mit virtuellen Phantasiewesen).

- **HMD-Brille**

Da das HMD das zukünftig wichtigste VR-Ausgabesystem zu sein scheint, soll darauf kurz eingegangen werden. Analog zum natürlichen dreidimensionalen Sehen werden zwei Display-Bilder, die von einem Computerprogramm simuliert werden und sich leicht voneinander unterscheiden, vor den Augen erzeugt (◘ Abb. 6.4). Damit hat das Gehirn die Aufgabe, das dreidimensionale Bild zu errechnen. Die hierfür verwendeten Linsen (siehe ◘ Abb. 6.4) müssen dabei so beschaffen sein, dass sie das kurz vor den Augen (Entfernung nur wenige Zentimeter) erzeugte Bild scharf auf der Netzhaut des jeweiligen Auges abbilden.

Wovon ist nun die Qualität des visuellen Bildes der HMD-Brille abhängig? Das sind zunächst die Bildfrequenz (also zeitliche Auflösung) und die räumliche Auflösung. Geht man davon aus, dass das menschliche Auge nicht mehr als 35 Bilder pro Sekunde verarbeiten kann, sollte für eine laufruhige HMD-Darstellung mindestens mit einer Bildrate von 60 Hz gearbeitet werden. Je größer die zeitliche Auflösung ist, desto höher sind aber auch die Anforderungen an die Rechnerkapazität hinsichtlich Bilderzeugung und Übertragung an die HMD-Brille.

Auch an der Verbesserung der räumlichen Auflösung (angegeben in Pixel) muss zukünftig noch gearbeitet werden, da nur eine sehr scharfe Darstellung auch den Grad der Immersion entsprechend erhöhen kann. Auch hier stößt die Rechentechnik noch an ihre Grenzen, insbesondere wenn man berücksichtigt, dass die Bilder an die Bewegung des Nutzers anzupassen sind.

Ein weiterer begrenzender Faktor stellt das Sichtfeld dar. Während man beim Menschen von einem horizontalen Sichtfeld von 180° ausgeht, beträgt das Sichtfeld von HMD-Brillen ca. 80°. Auch die Umsetzung von fovealem und peripherem Sehen ist bisher noch nicht ausgereift.

Neben HMD-Brillen werden aktuell auch sogenannte head-mounted Smartphones genutzt (◘ Abb. 6.5). Die mit einer entsprechenden App erzeugten Bilder auf dem Smartphone-Display können mit Hilfe dieser Linsen-Vorrichtung vom Nutzer betrachtet werden, indem die separaten Bilder wieder vom Gehirn zu einem dreidimensionalen Bild zusammengesetzt werden.

- **Eyetracking mit HMD**

Eine weitere Möglichkeit der Eingabesteuerung ist die Blicksteuerung. Technologisch wird dies dadurch gelöst, dass in die

6.3 · Technologische Grundlagen

HMD-Brille ein Eyetracking-System integriert wird (Abb. 6.6). Dabei ist die Eyetracking-Kamera so angebracht, dass diese sich auf die Pupille fokussieren kann. Die übertragene Augenszene wird mit Hilfe eines Algorithmus so bearbeitet, dass daraus die Blickrichtung hinsichtlich eines Objekts aus der VR ermittelt werden kann (Grimm et al. 2013).

Neben der Hardware wird eine spezielle Software benötigt, die folgende Aufgaben zu erfüllen hat: Erstellung von dreidimensionalen Welten aus zweidimensionalen Bildern mit einer möglichst hohen zeitlichen und räumlichen Auflösung, Erzeugung von virtuellen Objekten unter Einbeziehung anderer Software, zusätzliche Bild- und evtl. auch Tonbearbeitung sowie Interaktivität durch den Nutzer.

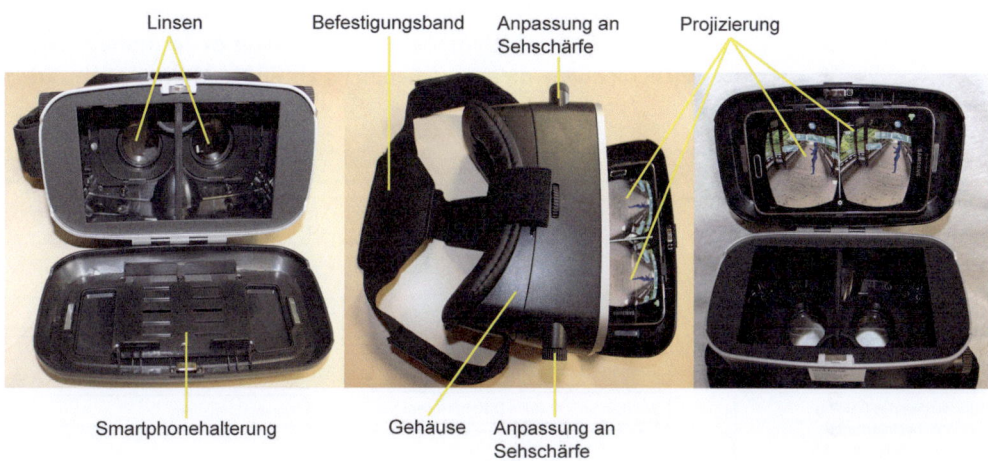

Abb. 6.5 Head-mounted Smartphone

Abb. 6.6 HMD-Brille mit integriertem Eyetracking. Links: Probandin mit HMD-Brille mit integriertem Eyetracking. Rechts: Sicht der Probandin auf einen virtuellen Athleten. Der blaue Kreis stellt den fixierten Körperbereich des virtuellen Athleten dar

6.4 Einsatzmöglichkeiten der VR im Sport

Der Einsatz der VR im Sport ist vielseitig: Therapie und Rehabilitation, Freizeit- und Leistungssport und sportwissenschaftliche Forschung.

Die Anwendung der VR im Sport ist und kann auch zukünftig sehr verschieden sein. Eine Systematik zeigt die (◘ Abb. 6.7). So wird zwischen praktischen Anwendungen in Therapie und Rehabilitation und Freizeit- und Leistungssport und sportwissenschaftlicher Forschung unterschieden. Die Übersicht (◘ Abb. 6.7) enthält hierzu die entsprechend genutzten Vorteile der VR. Weiterhin werden konkrete Einsatzgebiete aufgeführt.

Im Gesundheitssport und speziell in der Therapie und Rehabilitation gibt es bereits einige Studien, die darauf hindeuten, dass der Einsatz von VR sinnvoll ist, da die VR individuell gestaltbar und damit die Motivation der Patienten höher ist und sie längere Trainingseinheiten absolvieren als im konventionellen Training. Das standardisierte Training ermöglicht eine einfachere Kontrolle und somit kann es der Entlastung des Therapeuten dienen (Cheung et al. 2014; Molina et al. 2014).

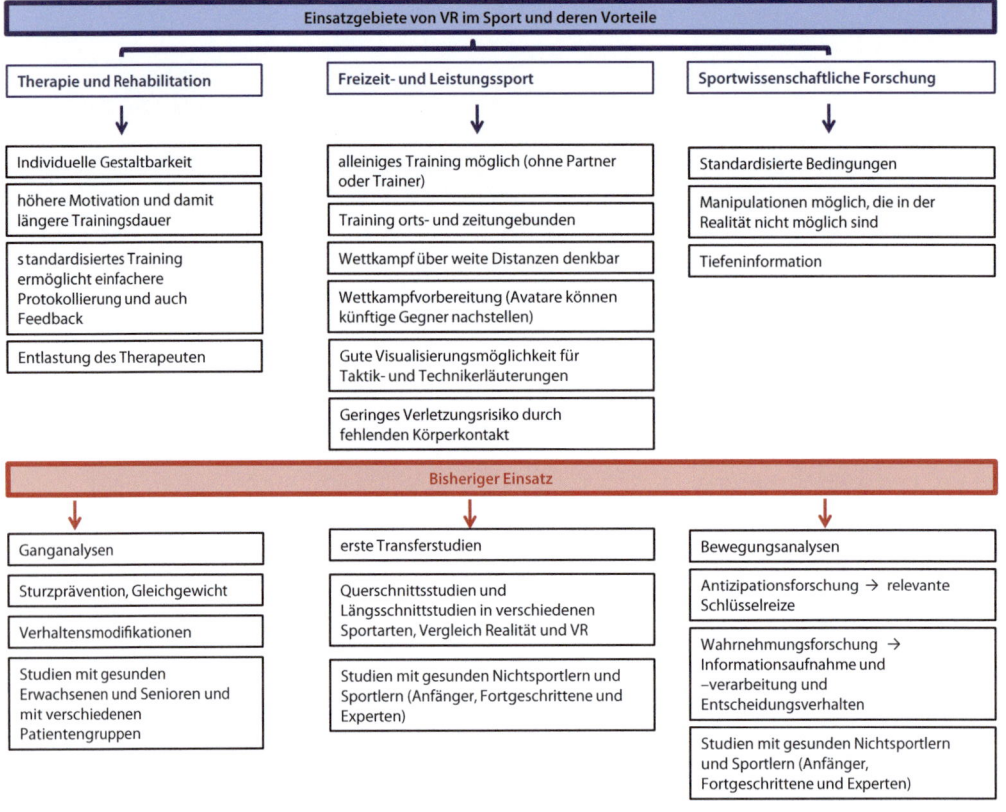

◘ Abb. 6.7 Einsatz von VR im Sport und deren Vorteile in Therapie und Rehabilitation, Freizeit- und Leistungssport und in der sportwissenschaftlichen Forschung. Im unteren Bereich sind die bereits vorhandenen Realisierungen dargestellt

Bisherige Studien haben sich vor allem mit Ganganalysen, Sturzprävention und Gleichgewicht und Verhaltensmodifikationen (z. B.: Therapien zur Raucherentwöhnung, zur Gewichtskontrolle und zur Behandlung von Ängsten) beschäftigt. Eine Übersicht über spezielle Studien und Review (Literaturübersichten) sind im ▶ Abschn. 6.9 zu finden.

Für den Freizeit- und Leistungssport bietet VR die Vorteile des alleinigen Trainings und der Zeit- und Ortsungebundenheit. Es wäre sogar möglich, Training oder Wettkampf in VR über weite Distanzen durchzuführen, unter der technologischen Voraussetzung, mehrere reale Nutzer in VR einzubinden. Für einen Trainer stellt die VR ein ideales Tool dar, um Taktikerläuterungen im Training durchzuführen, da VR sich gut für Visualisierungen und Simulationen eignet (Plass et al. 2009). Durch ein Training allein ist auch die Gefahr einer Kollisionsverletzung reduziert. Bisherige Studien im Freizeit- und Leistungssport analysierten u. a. unterschiedliche Lernbedingungen mit verschiedenen Perspektiven, Distanzeinschätzungen und Formen von Feedback. Bisher gibt es erste Transferstudien, die der Frage nachgingen, ob ein Training in VR auch die Fertigkeiten in der Realität verbessern (z. B. Gray 2017). Des Weiteren gibt es Quer- und Längsschnittstudien, die Training und Fertigkeiten in VR im Vergleich zur Realität untersuchen. Ergänzend sind im ▶ Abschn. 6.9 Übersichten zu Studien in VR im Freizeit- und Leistungssport und bisherige Review-Artikel in diesem Bereich zu finden.

VR bietet aber auch gute Bedingungen für die sportwissenschaftliche Forschung, wie bspw. unter Einbeziehung von weiteren Messinstrumentarien. So lassen sich Bewegungsanalysen durchführen oder im Rahmen der Antizipationsforschung kann VR mit Okklusionen (Verdeckungen) oder Eyetracking gekoppelt werden (Witte et al. 2016), um relevante Schlüsselreize in den Bewegungen von Gegnern oder Mitspielern zu entdecken. Solche Schlüsselreize könnten später durch spezielle Visualisierungen und Manipulationen auch in die Trainingspraxis einfließen. Weiterhin besteht die Möglichkeit, die Wahrnehmung mit dem einhergehenden Entscheidungsverhalten zu untersuchen. Es kann analysiert werden, welche Körperareale besonders betrachtet werden, wie die Blickverläufe sind und welche Reize zu welchen Entscheidungen führen (Craig 2013). Im Rahmen der Kognitionsforschung sollte VR genutzt werden, um Gehirnareale zu detektieren, die bei bestimmten Bewegungen oder Reizen in der Signalverarbeitung involviert sind (Tidoni et al. 2016). ◘ Tab. 6.1 und 6.2 im ▶ Abschn. 6.9 zeigen eine Auswahl an Studien in VR in der sportwissenschaftlichen Forschung und geben einen Überblick über bisherige Review-Artikel auf diesem Gebiet.

6.5 Vorgehensweise für die Erstellung einer virtuellen Umgebung für den Sport

Die Erstellung einer VR für den Sport erfolgt in drei wesentlichen Schritten: Erstellung der Umgebung und des Charakters (Avatars), Wahl des Ausgabemediums und Evaluierung des Gesamtsystems.

Wenn man für eine Anwendung im Sport bzw. speziell auch in der Bewegungswissenschaft eine virtuelle Umgebung entwickeln möchte, wird folgende Vorgehensweise empfohlen (◘ Abb. 6.8).

Im ersten Schritt werden die VR-Umgebung und mögliche virtuelle Charaktere (nachfolgend wird oft der Begriff Avatar verwendet) erstellt, im zweiten Schritt wird das adäquate Ausgabemedium gewählt und im dritten Schritt wird die VR evaluiert.

Zur Erstellung benötigt man eine leistungsstarke Hardware und die entsprechende Software. Die VR-Umgebung kann durch Foto- oder Filmmaterial (z. B. 360°-Kameras) oder durch eigene Programmierung bzw. kommerzielle Umgebungen erstellt werden. Derzeit gibt es keine Komplettlösungen für VR-Systeme im Sport; viele Systeme werden mittels kommerzieller Software und Open-Source-Programmen, oft mittels der Programmiersprache C++, selbst erstellt (Argelaguet und Andujar 2013; Wang 2012). Die Erstellung der virtuellen Charaktere erfolgt häufig durch Motion Capturing und der Aufnahme der anthropometrischen Daten (einfache Längen- oder Umfangsmessungen oder 3D-Body-Scans). Pronost et al. (2008) empfehlen große Bewegungsdatenbanken für die virtuellen Charaktere für möglichst vielfältige und natürliche Bewegungen. Eine andere Möglichkeit wäre die Aufnahme von wenigen Bewegungen in Kombination mit selbstlernenden Algorithmen. Motion Capturing kann allerdings auch, je nach Anwendung, zur Erkennung der Bewegungen des Nutzers verwendet werden. Der Nutzer

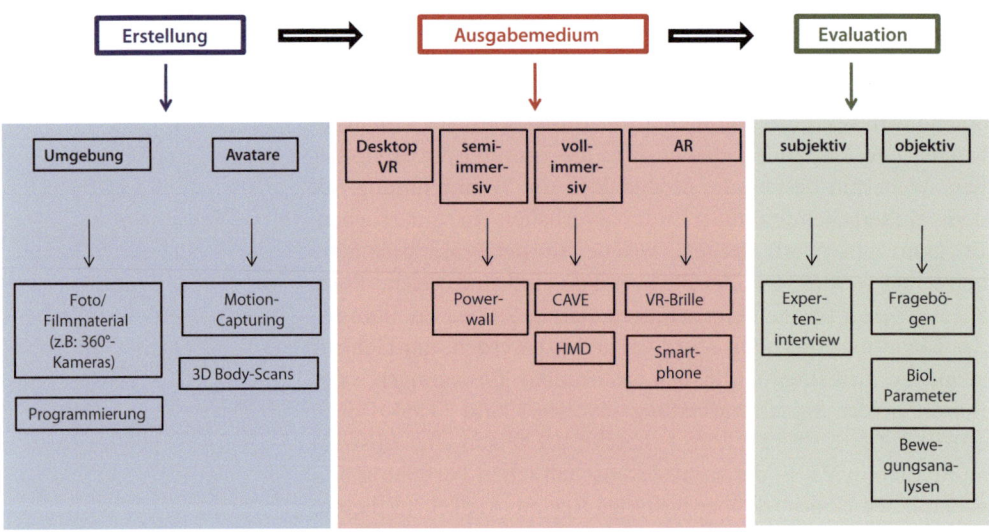

◘ Abb. 6.8 Vorgehensweise zur Entwicklung einer VR für Einsatzgebiete im Sport

trägt hier optische Marker oder Targets, die vom System erkannt werden, und anhand dieser Daten können die Nutzerposition im Raum und die Bewegungen identifiziert werden. Shotton et al. (2011, 2012) stellen hierzu einen Ansatz zur 3D-Lokalisation von Segmenten und Gelenken auf Basis einzelner Posen vor. Mittels Entscheidungsbäumen können so auch Bewegungsvorhersagen getroffen werden. Allerdings erzeugt jegliche zusätzliche Datenverarbeitung eine erhöhte Rechenzeit und verlangsamt dadurch die VR. Daher schlagen Cummins und Craig (2016) und Miles et al. (2012) hybride Trackingsysteme (optisches Tracking in Kombination mit Inertialsensoren) vor, um eine Echtzeit-Interaktion gewährleisten zu können. In virtuellen Umgebungen (VE) kann z. B. durch Regelwerke eine künstliche Intelligenz eingebaut werden. So sind VE oder deren virtuelle Charaktere in der Lage, selbstständig adäquate Aktionen auszuführen. Tanaka (2017) stellt als Alternative zu den Bewegungsaufnahmen die Erstellung von virtuellen Charakteren auf Grundlage eines einzelnen Bildes vor.

Über mögliche Ausgabemedien wurde bereits im ▶ Abschn. 6.3 berichtet.

Jede VR sollte nach der Erstellung evaluiert werden. Hierzu bieten sich verschiedene Methoden an. Zu subjektiven Methoden zählen Experteninterviews oder auch Diskussionen in Kleingruppen. Objektiven Methoden umfassen bereits validierte Fragebögen, z. B. Simulator Sickness Questionnaire (SSQ) (Kennedy et al. 1993) oder Igroup Presence Questionnaire (IPQ) (Schubert et al. 2001), Rating-Skalen, die Messung von biologischen Parametern, wie z. B. Blutdruck, Herzfrequenz oder Hauttemperatur oder Bewegungsanalysen zur Untersuchung von Bewegungs- oder Reaktionsverhalten von Nutzern in VR im Vergleich zur Realität (Rebenitsch und Owen 2016; Schuemie et al. 2001).

6.6 Anforderungen an VR-Systeme

Die Anforderungen an VR-Systeme im Sport kann man unterteilen in Anforderungen an die Technik und Anforderungen, die gegeben sein müssen, damit der Sportler sich in der VR natürlich verhalten kann (menschliche Anforderungen) (◘ Abb. 6.9). Technische Anforderungen umfassen Hardware, Software, Grafik und Rendering (Darstellung der grafischen Inhalte auf dem Ausgabemedium), Reduktion der Latenzen (Verzögerungen), realistische Erstellung des virtuellen Charakters und Immersion. Dabei muss die grafische Umsetzung der VR-Umgebung und besonders der Avatare so realistisch sein wie möglich, damit sich die Anwender (hier also die realen Sportler) in der virtuellen Umgebung genauso wie in der Realität verhalten (Brand et al. 2016; Vignais et al. 2009). Zur besseren Distanzeinschätzung

VR-Systeme im Sport zeichnen sich zunehmend durch die Einbeziehung von Avataren und der Virtualisierung des eigenen Körpers aus. Dies stellt an die Technologie erhöhte Ansprüche.

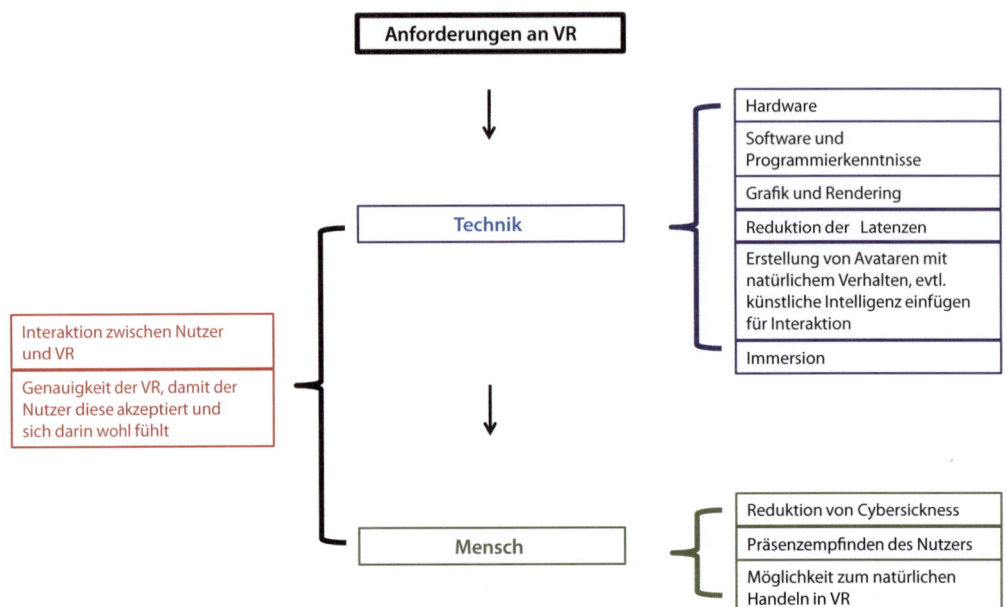

◨ Abb. 6.9 Anforderungen an VR-Systeme im Sport

sollten stets Avatare oder zusätzliche Objekte eingefügt werden, allerdings erfordern realistische und detailreiche VR-Umgebungen eine höhere Rechenleistung.

Latenzen entstehen durch Hardware (Computer, Beamer, Kameras, Verbindungen etc.), Software und der grafischen Darstellung der VR-Szene. Untersuchungen haben ergeben, dass höchstens Latenzen bis 150 ms oder 200 ms zu tolerieren sind, da bei längeren Latenzen (sowohl Latenz zwischen der eigenen Bewegung und der Anpassung der VR-Szene als auch zwischen der eigenen Bewegung und der Reaktion von Avataren) Athleten ihre Bewegungsausführung verändern und „Wartestrategien" entwickeln (Argelaguet und Andujar 2013; Waltemate et al. 2015, 2016). Bei schnellkräftigen Sportarten oder auch bei Sportlern mit hoher Expertise und kurzen Reaktionszeiten sollten die Latenzzeiten deutlich unter 100 ms liegen. Andererseits wäre es sinnvoll, Latenzen zu entwickeln, die mit den individuellen sportartspezifischen Reaktionszeiten übereinstimmen, um VR-Sportsysteme zu Trainingszwecken zu nutzen. Aber auch Systeme, die kürzere Latenzzeiten hätten, wären für ein Schnelligkeitstraining einsetzbar.

Die Immersion hängt von der Software, dem Ausgabemedium und der Interaktion ab. Weitere Einflussfaktoren sind das Sichtfeld, Bildschirmgröße, Auflösung, Stereoskopie, Echtzeit-Szenenanpassung in Abhängigkeit von den Kopfbewegungen, Lichteffekte, Bildfrequenz und Aktualisierungsrate. Je mehr Immersion die VR bietet, umso größer ist in der Regel das subjektive Präsenzgefühl des Sportlers, das Gefühl tatsächlich in der VR zu sein und somit die Akzeptanz (Bowman und McMahan 2007; Schuemie et al. 2001).

Zu den Anforderungen in Bezug zum Menschen zählen die Reduktion der Cybersickness (Simulatorkrankheit), die Verbesserung des Präsenzgefühls des Nutzers und die Möglichkeit zum natürlichen Handeln in VR. Symptome von Cybersickness kann man in drei Kategorien einteilen: Desorientierung, Okulomotor-Prozesse und Übelkeit. Typische Symptome sind Kopfschmerz, Unwohlsein bis hin zu Übelkeit und Erbrechen, kalte Schweißausbrüche, Ermüdung, Benommenheit und Blässe. Es gibt einige Faktoren, die die Entstehung von Cybersickness begünstigen: Geschlecht, Alter, Krankheit und Ängste. Es ist sinnvoll, den Nutzern der VR zu ermöglichen, sich frei zu bewegen und selbst die VR erkunden zu können, Formen von Feedback einzubauen und einen stabilen Hintergrund und Referenzpunkte zur besseren Orientierung zu implementieren (Fernandes und Feiner 2016; LaViola 2000; Rebenitsch und Owen 2016).

> **Cybersickness**
> Es gibt derzeit vier Theorien zur Entstehung von Cybersickness (LaViola 2000). Die erste Theorie ist der Vergenz-Akkomodations-Konflikt: Wahrgenommene Distanz und tatsächliche Objektdistanz sind nicht gleich, wodurch Kopfschmerz, Ermüdung und Augenanstrengung resultieren können. Die zweite Theorie ist die Mismatch-Theorie: Durch Latenzen kommt es zu unterschiedlichen Informationen von Bewegungssensoren und visuellem Sensor beim Nutzer. Der eigene Körper hat sich bereits bewegt, aber es kommt zu Verzögerungen im Szenenbild. Diese Inkongruenz kann das Gehirn nicht korrekt verarbeiten und es kann zu Unwohlsein kommen. Die dritte Theorie ist die Gift-Theorie und erklärt die Entstehung aus evolutionärer Sicht. Die Einnahme von Gift führt zu Schwindel, der Körper reagiert mit Erbrechen, um das Gift loszuwerden. In VR wird hier die VR als das Gift wahrgenommen und der Körper reagiert mit einer selbstreinigenden Reaktion. Im Embodiment-Ansatz (Storch et al. 2011) wird auch deutlich, dass Kopf und Körper eine Einheit bilden. Bei Prozessen und Mechanismen, die die Psyche, die Emotionen oder die Wahrnehmung beeinflussen, reagiert der gesamte Körper. Die vierte Theorie ist die posturale Instabilitäts-Theorie. Menschen möchten die eigene Stabilität erhalten. Bei Instabilität reagiert der Körper mit Symptomen wie Unwohlsein oder Kopfschmerz, um einen Abbruch der VR zu erzwingen, zur Ruhe zu kommen und die Stabilität wieder zu erlangen.

Es ist weiterhin wichtig, dass den Sportlern in der virtuellen Welt auch die Möglichkeit gegeben wird, natürlich zu handeln und zu reagieren (Milner und Goodale 2008; Pinder et al. 2011; van der Kamp et al. 2008). Es gibt bisher verschiedene Reaktionsmöglichkeiten für den Nutzer: schriftlich, verbal, per Knopfdruck (sportartunspezifisch) oder auch durch natürliche Bewegung (sportartspezifisch). Die letztere Variante ist sowohl für das sportliche Training als auch für Untersuchungen zum Bewegungsverhalten von besonderem Interesse, stellt aber an die Technik eine besondere Herausforderung. Erfahrene Sportler sind immer schneller und besser in ihren jeweiligen Sportarten im Vergleich zu Anfängern, aber diese Expertise zeigt sich noch deutlicher, wenn die Möglichkeit für sportartspezifische Bewegungen und Reaktionen gegeben ist. Daher sollte in VR auch der Aktionsradius groß genug sein.

Das subjektive Präsenzgefühl des Nutzers sollte hoch sein. Dies ist meist der Fall, wenn die Möglichkeit zur Interaktion gegeben ist und der Sportler die Möglichkeit der aktiven Kontrolle über die VR hat. Letztendlich sollte in einer VR immer eine Interaktion gegeben sein, und die VR ist realistisch und genau zu gestalten, damit der Nutzer diese künstliche Welt als eine neue reale Welt akzeptiert und nicht nur als ein Medium, in der eine Abfolge von Bildern präsentiert wird (Bowman und McMahan 2007).

Welche Arten von VR-Umgebungen es speziell für den Sport gibt, ist schematisch in der ◘ Abb. 6.10 dargestellt.

Es gibt zum einen VR, in der die virtuelle Umgebung (VE) ohne Avatare zu sehen ist. Manchmal werden noch Sportgeräte oder Sportmaterial implementiert. Im Freizeit- und Leistungssport sind derzeit noch ein knappes Drittel der VR ohne Avatare, weil die Erstellung und Interaktion mit einem Avatar technisch sehr aufwendig ist. Eine wichtige Bedeutung kommt aber dem Avatar (Gegner oder Mitspieler) zu. Hierbei kann man zwischen passiven Avataren und autonomen Avataren unterscheiden. Passive Avatare sind Avatare, auf die ein Sportler natürlich reagieren kann, jedoch führen diese Avatare ihre Bewegungen unabhängig vom Nutzer durch. Autonome Avatare hingegen vollführen ihre Aktionen in Abhängigkeit von der Nutzerposition im Raum und den Bewegungen des Nutzers. Dies ist möglich durch künstliche Intelligenz (z. B. Regelwerke) und das permanente Tracken des Nutzers im Raum. Derzeit sind die meisten Avatare passiv, da der Einbau von Regelwerken o. Ä. sehr aufwendig ist.

Avatare im Sport können verschiedene Funktionen haben: Gegner, Mitspieler, Trainer, Schiedsrichter oder Publikum. Meist wird in der VR nur ein Avatar erstellt mit auch nur einer Funktion. Bisherige Studien zeigen, dass die meisten Avatare im Ballsport erstellt worden sind (Miles et al. 2012). Avatare sind aber sehr wichtig für eine natürliche Interaktion (Gonzalez-Franco und Lanier 2017). Sie werden als menschliche Wesen

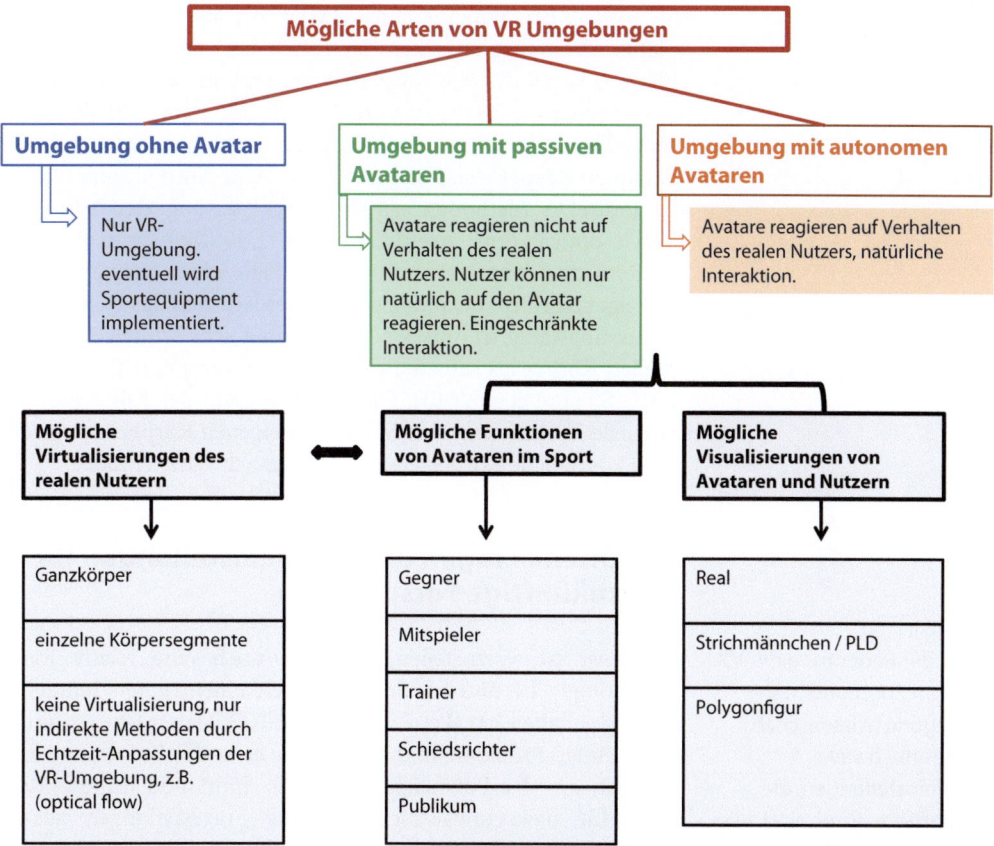

Abb. 6.10 Mögliche Arten von VR-Umgebungen, Avatar-Funktionen und die Visualisierungsmöglichkeiten von Avatar und Nutzer

wahrgenommen und im Umgang mit ihnen halten Nutzer die soziokulturellen Normen ein, die sie auch in der Realität pflegen (z. B. Wahrung der interpersonellen Distanz). Ebenso helfen sie bei der besseren Distanzeinschätzung, da die Person diese als Referenzpunkt nutzen kann und somit auch eine bessere Bewegungsqualität (z. B. im Kampfsport) möglich ist (Camporesi und Kallmann 2016).

Eine bisher nicht gelöste Frage ist, ob es notwendig ist, dass die Avatare über eine Mimik verfügen. Will man einen möglichst natürlichen Avatar erzeugen, kann ein 3D-Laserscanning von realen Gesichtern eingesetzt werden (Ida 2015). Eine eigene Studie deutet allerdings darauf hin, dass die Implementierung einer Mimik bei schnellkräftigen Sportarten (z. B. Karate) nicht notwendig ist. Im Ergebnis zeigte es sich, dass Athleten Angriffe besser erkennen und schneller darauf reagieren konnten, wenn die Mimik des Angreifers nicht sichtbar war. Demnach enthält die Mimik keine antizipatorischen Signale.

Im Fall der Nutzung eines HMDs, bei der es zu einer kompletten Trennung zwischen der realen und der virtuellen Welt kommt, ist es für das Körperbewusstsein sinnvoll, den Körper des Sportlers ebenfalls zu virtualisieren und damit für den Nutzer selbst sichtbar zu machen. Hier kann man entweder den gesamten Körper visualisieren oder einzelne Körpersegmente.

Indirekte Methoden zur Echtzeitanpassung der VE kann durch optical flow erreicht werden (z. B. Mohler et al. 2007; Ferreira dos Santos et al. 2016). Im Falle einer Virtualisierung des eigenen Körpers konnte gezeigt werden, dass das Gehirn sehr anpassungsfähig ist und der Nutzer somit sehr schnell einen virtuellen Körper als seinen eigenen Körper akzeptiert (Slater et al. 2010; Steptoe et al. 2013). Dies ist auch dann der Fall, wenn der virtuelle Körper nicht den Maßen des eigenen Körpers entspricht oder zusätzliche Körperteile (z. B. einen Schwanz) enthält.

6.7 Offene Fragen und Problemstellungen für zukünftige Forschungen

Trotz der Bedeutung der VR auch im Sport und in der Bewegungswissenschaft, gibt es noch viele Problemstellungen, die zukünftig zu lösen sind, wie bspw.: Distanzeinschätzung, Bewegungsverhalten, motorisches Lernen und Trainingstransfer in die Realität.

Zunächst ist festzustellen, dass VR noch eine relativ junge Technologie ist und im Sport erst seit einem guten Jahrzehnt Einzug gehalten hat (Petri und Witte 2016). Daher gibt es immer noch einige Probleme und Fragen, die es in der Zukunft zu klären gilt, um das Potenzial von VR im Sport und insbesondere auch für bewegungswissenschaftliche Fragestellungen auszuschöpfen:

- So bestehen immer noch Probleme mit der richtigen Distanzeinschätzung in VR, allerdings variieren diese Distanzwerte je nach Analyseart (Bailenson et al. 2003; Grechkin et al. 2010; Lin und Woldegiorgis 2017).
- Weitestgehend ungeklärt ist der Transfer von VR in die Realität. Sind Bewegungsverhalten und die Wahrnehmung tatsächlich gleich unter beiden Bedingungen? Denn nur wenn diese Voraussetzung erfüllt ist, kann man tatsächliche sportwissenschaftliche Forschung betreiben und ein sportpraktisches Training in VR durchführen.
- Im Unterschied zu Lernprozessen auf anderen Gebieten, gibt es nur wenige und teilweise kontroverse Studien zum motorischen Lernen in der VR (Gray 2017; Kehoe und Rice 2016). Bisher gibt es erste Studien, die Bewegungen und Training in VR und Realität untersuchen, aber Transferstudien gibt es noch zu wenige im Sportbereich.
- Ebenso existieren bisher kaum Studien, die das Blickverhalten in VR untersuchen. Gerade für den Gesundheitssport und die Rehabilitation ist es wichtig zu wissen, woraus die positiven Motivationseffekte in VR resultieren.

6.7 · Offene Fragen und Problemstellungen für zukünftige Forschungen

- Eine weitere nicht beantwortete Fragestellung ist, ob VR tatsächlich Schmerzen durch die Ablenkung leichter vergessen lässt oder ob dies nur kurzzeitige Motivationseffekte durch die Neuheit der Technologie sind.
- Derzeit gibt es keine konkreten Trainingsempfehlungen für ein Training in VR. Die VR soll lediglich abwechslungsreich und herausfordernd gestaltet sein (de Bruin et al. 2013), aber über weitere, vor allem sportartspezifische Empfehlungen und auch zeitliche Angaben über den Aufenthalt in VR wird nicht berichtet.
- Viele Studien führten ein Training in VR bislang zusätzlich zum realen Training durch. Es ist noch unklar, ob ein Training in VR ein reales Training ersetzen kann oder ob ein VR-Training tatsächlich immer nur zusätzlich, z. B. zum Trainieren bestimmter Inhalte, stattfinden sollte.
- Es ist zwar möglich und sinnvoll Feedbackformen für Sportler in VR zu implementieren, z. B. ein akustisches Feedback in Form von Schritt- oder Ballgeräuschen oder auch Sprache oder ein haptisches Feedback für Körper- oder Ballkontakte. Aber Art, Dosierung und Zeitpunkte des Feedbacks sind noch unklar. Der technologische Aufwand ist zurzeit noch sehr hoch.
- Bislang gibt es keine Standards bezüglich der Evaluierung von VR-Systemen, insbesondere hinsichtlich Validierung und Sicherheit der Nutzer. Dies erschwert auch die Vergleichbarkeit der Systeme untereinander.
- Zwar ist die technische Entwicklung sehr schnell, aber VR-Systeme im Sport genügen oft noch nicht den Anforderungen der Sportler. Gerade in schnellkräftigen Sportarten (z. B. Kampf- und Spielsportarten) ist es sehr schwer, VR Systeme zu erstellen, die geringe Latenzen haben, so dass VR die Realität adäquat nachstellen kann.
- Auch das Problem bzw. die Umgehung von Cybersickness ist noch nicht geklärt. Zwar gibt es mittlerweile verschiedene technische Ansätze, um Cybersickness zu reduzieren (z. B. Fernandes und Feiner 2016), aber dennoch tritt sie auf, was zum Abbruch durch die Probanden in VR führt.
- Mittlerweile gibt es vermehrt Studien mit HMDs, da diese kostengünstig und immersiv sind. Allerdings kommt es durch das HMD zu einer kompletten Trennung von VR und Realität, so dass der Nutzer, wenn er das HMD trägt, nicht einmal mehr seinen eigenen Körper sieht. Hier besteht die Möglichkeit und ggf. die Notwendigkeit der Virtualisierung des eigenen Körpers, wodurch auch die Cybersickness reduziert werden kann. Unklar ist noch, welche Körperteile tatsächlich zu visualisieren sind.
- Auch ist es unklar, ob und wie eine Eingewöhnungsphase bei einem HMD erforderlich ist. Es ist möglich, dass junge

Probanden mit technischen Vorerfahrungen (Erfahrungen mit VR oder interaktiven Computerspielen) keine oder kürzere Eingewöhnungszeiten benötigen als ältere Probanden und Probanden ohne diese technischen Vorerfahrungen (Deleuze et al. 2017).

6.8 Themen für Referate

- **Thema 1: Entwicklung eines Simulators im Sport**

Stellen Sie sich vor, dass Sie einen virtuellen Simulator oder eine VR mittels App und VR-Brille für eine Sportart entwickeln sollen. Entscheiden Sie sich für eine Disziplin (z. B.: Rodeln, Bob, Slalom, Skispringen). Überlegen Sie, wo und welche Wahrnehmungsaspekte beachtet werden müssen. Welche Probleme sind zu erwarten? Wo kann man bei der technischen Realisierung des Simulators bzw. der VR-App Wahrnehmungsaspekte ausnutzen?

- **Thema 2: Evaluation eines VR-Systems**

Anmerkung: Die praktische Durchführung ist allerdings nur möglich, wenn Ihnen eine VR zur Verfügung steht. Wenn das nicht der Fall sein sollte, ist es dennoch sinnvoll, sich über die Vorgehensweise der Evaluierung in Form eines Experteninterviews bzw. von Fragebögen zu informieren.

Variante 1: Experteninterview
Durchführung: Es werden spezifische Fragen zur vorliegenden VR überlegt und diese Fragen können in Komplexe aufgeteilt werden (z. B. Petri et al. 2017; Petri et al. 2016). Es ist sinnvoll, sich auch als Testleiter einmal in die VR zu begeben, um sich die Fragen besser überlegen zu können. Während des Interviews werden die Fragen schriftlich protokolliert und zusätzlich für eine genaue qualitative Analyse aufgezeichnet. Anhand von Schlüsselworten kann man die Antworten in eigene Kategorien der Auswertung einsortieren (Mieg und Näf 2005).

Variante 2: Fragebögen
Durchführung: Hier sollte man nur Fragebögen verwenden, die bereits validiert sind (z. B. SSQ oder IPQ). Die Stichprobe sollte mindestens 30 Probanden umfassen. Anhand der bestehenden Auswerteroutinen (Kennedy et al. 1993; Schubert et al. 1999) kann jeweils Cronbach's alpha ermittelt werden.

Variante 3: Bewegungsanalyse
Durchführung: Hier ist es sinnvoll, VR mit der Realität zu vergleichen. Beide Bedingungen müssen nun gleich kreiert werden und die Probanden bekommen dieselben Instruktionen. Bei kleinen Stichprobengrößen (z. B. $n < 20$) sollten alle Probanden beide Bedingungen durchlaufen, aber die Reihenfolge sollte randomisiert werden (Within-Subject-Design). Bei sehr großen Stichproben wäre es auch möglich, jede Gruppe nur eine Bedingung durchlaufen zu lassen (Between-Subject-Design). Die Bewegungsanalyse kann z. B. mittels Motion Capturing oder einer Videoanalyse erfolgen. Festgelegte Parameter (z. B. Bewegungszeit o. Ä.) werden in beiden Bedingungen miteinander verglichen. Die Daten können mittels einer ANOVA oder einem Friedman-Test mit Berechnung von möglichen Post-hoc-Tests und deren Effektstärken statistisch ausgewertet werden. Es ist für die eigene Diskussion sinnvoll, hier noch einen Feedbackbogen an die Probanden zu verteilen.

- **Thema 3: Einsatz von VR in der Rehabilitation, im Freizeit- und Leistungssport und für die Lösung von sport- bzw. bewegungswissenschaftlichen Problemstellungen**

Theoretischer Ansatz
Wählen Sie einen Bereich aus, in dem VR eingesetzt werden kann: Rehabilitation, Freizeit- und Leistungssport oder Lösung von sport- bzw. bewegungswissenschaftlichen Problemstellungen! Verwenden Sie hierzu die in der ◘ Tab. 6.1 enthaltenen Studien und die in der ◘ Tab. 6.2 enthaltenen Reviews. Diskutieren Sie die gewonnenen Ergebnisse hinsichtlich Vor- und Nachteile des Einsatzes der VR! Welche Forschungsdefizite bestehen?

Entwicklung eines Untersuchungsdesigns
Entwickeln Sie ein eigenes Untersuchungsdesign für Ihren gewählten Bereich der Anwendung von VR!

Gehen Sie dabei im ersten Schritt auf das Forschungsdefizit ein und stellen Sie eigene Zielstellungen bzw. Fragestellungen und Hypothesen auf. Erläutern Sie Ihr methodisches Vorgehen hinsichtlich der Anforderungen an die zu realisierende VR, Probanden, Details der Untersuchungen/Untersuchungsverfahren, Tests, zeitlicher Plan sowie Auswerteverfahren!

Falls Ihnen eine VR zur Verfügung steht bzw. Sie die Möglichkeit ihrer Entwicklung haben, versuchen Sie Ihre Studie praktisch umzusetzen.

6.9 Anhang: Übersicht über weiterführende Studien und Übersichtsliteratur zur Anwendung von VR im Sport

Tab. 6.1 Zusammenstellung von Beispielen zur Anwendung von VR in den Bereichen Rehabilitation, Freizeit- und Leistungssport und sportwissenschaftlicher Forschung (ab 2010)

Anwendungsbereich	Spezielles Thema, Bewegung, Sportart
Rehabilitation	Gang – Von gesunden Seniorinnen und Senioren (Mukherjee et al. 2011; Neth 2012; Thompson und Franz 2017) und – Von Schlaganfallpatienten (Calabro et al. 2017; Plummer 2017)
	Gleichgewicht (De Vries et al. 2018; Duque et al. 2013; Robert et al. 2016; Saldana et al. 2017)
	Sturzprophylaxe (Lee et al. 2017; Plummer 2017; Singh et al. 2012)
	Trainieren von Alltagssituationen bei Erwachsenen mit Depressionen (Dehn et al. 2018)
	Unspezifische Bewegungsaufgaben bei Kindern mit Aufmerksamkeitsproblemen (Bonney et al. 2017)
Freizeit- und Leistungssport	Erstellen von VR-Systemen – Im Tanzen (Chan et al. 2011) – Im Rugby (Cummins und Craig 2016), – Zum Erlernen von Kniebeugen (de Kok et al. 2015; Hülsmann et al. 2016) und – Zur Leistungsverbesserung im Golf (Kelly et al. 2010)
	Training und Transfer in die Realität – Im Ski/Snowboard (Colley et al. 2015), – Baseball (Gray 2017), – Jonglieren (Lammfromm und Gopher 2011), – Darts (Tirp et al. 2015) und – Rudern (Rauter et al. 2013; Ruffaldi und Filippeschi 2013; Ruffaldi et al. 2013; Varlet et al. 2013; Sigrist et al. 2015)
	Trainingsanalysen – Zum Einfluss von Stress beim Pistolenschießen (Argelaguet et al. 2015), – Zum Einfluss unterschiedlicher Betrachtungsperspektiven im Basketball (Covaci et al. 2015)

◘ **Tab. 6.1** (Fortsetzung)

Anwendungsbereich	Spezielles Thema, Bewegung, Sportart
Sportwissenschaftliche Forschung	Technische Problemstellungen – Bewegungsanalysen in VR im Vergleich zu zweidimensionalem Filmmaterial im Handball (Vignais et al. 2009), – Distanzeinschätzung in VR bei Rugby (Miles et al. 2014), – Haptische und virtuelle Interaktionen (Invitto et al. 2016)
	Antizipation und Entscheidungsverhalten – Im Karate (Bandow et al. 2014; Petri et al. 2017; Witte et al. 2012; Zhang et al. 2018), – Im Rugby und Handball (Bideau et al. 2010; Brault et al. 2012; Correia et al. 2012; Watson et al. 2011), – Im Cricket (Dhawan et al. 2016)
	Motorisches Lernen – Bewegungslernen am Beispiel von Greifbewegungen (Anglin et al. 2017; Yanovich und Ronen 2015), – Vergleich von Lernmethoden im Baseball (Kojima et al. 2014)
	Einfluss äußerer Faktoren – Wetterbedingungen beim Ski (Aleshin et al. 2012), – Spineffekt beim Fußball (Craig et al. 2011; Dessing und Craig 2010)
	Einfluss psychischer Faktoren – Höhenangst (Cleworth et al. 2016)

◘ **Tab. 6.2** Übersichtsartikel zu VR in der Rehabilitation und im Sport

Anwendungsbereich	Spezielles Thema, Bewegung, Sportart
Rehabilitation	Bewegungstherapie allgemein (de Bruin et al. 2010; Molina et al. 2014)
	Technische Gestaltung (Lutz et al. 2015)
	Schlaganfallpatienten (Adamovich et al. 2009)
	Patienten mit kognitiven Defiziten (Cheung et al. 2014)
	Angst- und Stresstherapie, Drogenentzug und Patienten mit Aufmerksamkeitsdefiziten (Bordnick et al. 2011)
Freizeit- und Leistungssport	VR als umfassendes Trainingstool für Seniorinnen und Senioren (Donath et al. 2016)
	VR als Trainingsmöglichkeit im Ballsport (Miles et al. 2012)
	VR im Wettkampfsport (Wang 2012)
Sportwissenschaftliche Forschung	Technische Problemstellungen – Technische Anforderungen an VR (Argelaguet und Andujar 2013), – Visualisierungsmöglichkeiten von Avataren und Nutzern (Ferreira dos Santos et al. 2016), – Embodiment, Illusionsmöglichkeiten in VR (Blanke et al. 2015; Gonzalez-Franco und Lanier 2017; Kilteni et al. 2012)
	Interaktion Mensch–VR – Bewegungsverhalten in VR (Ida 2015), – Distanzeinschätzung in VR (Lin und Woldegiorgis 2015; Renner et al. 2013)
	VR als Mittel zur Untersuchung von Wahrnehmung, Handeln und Entscheidung (Zaal und Bootsma 2011)
	Cybersickness (Rebenitsch und Owen 2016)

Literatur

Adamovich, S. V., Fluet, G. G., Tunik, E., & Merians, A. S. (2009). Sensorimotor training in virtual reality: A review. *Neurorehabilitation, 25*(1), 29–44. ▶ https://doi.org/10.3233/nre-2009-0497.

Aleshin, V., Afanasiev, V., Bobkov, A., Klimenko, S., Kuliev, V., & Novgorodtsev, D. (2012). Visual 3D perception of motion environment and visibility factors in virtual space. In D. Hutchison, et al. (Eds.), *Lecture notes in computer science. transactions on computational science* XVI, (S. 17–33). Berlin: Springer. ▶ https://doi.org/10.1007/978-3-642-32663-9_2.

Anglin, J. M., Sugiyama, T., & Liew, S. L. (2017). Visuomotor adaptation in head-mounted virtual reality versus conventional training. *Scientific Reports, 4*(7), 45469. ▶ https://doi.org/10.1038/srep45469.

Argelaguet, S. F., & Andujar, C. (2013). A survey of 3D object selection techniques for virtual environments. *Computer und Graphics, 37*,121–136.

Argelaguet, S. F., Multon, F., & Lécuyer, A. (2015). A methodology for introducing competitive anxiety and pressure in VR sports training. *Frontiers in Robotics and AI, Frontiers, 2*(10), 11. ▶ https://doi.org/10.3389/frobt.2015.00010.

Bailenson, J. N., Blascovich, J., Beall, A. C., & Loomis, J. M. (2003). Interpersonal distance in immersive virtual environments. *Personality and Social Psychology Bulletin, 29*(7), 819–833. ▶ https://doi.org/10.1177/0146167203029007002.

Bandow, N., Emmermacher, P., Stucke, C., Masik, S., & Witte, K. (2014). Comparison of a video and a virtual based environment using the temporal and spatial occlusion technique for studying anticipation in karate. *International Journal of Computer Science in Sport, 13*(1), 44–56.

Bandow, N., Witte, K., & Masik, S. (2012). Development and evaluation of a virtual test environment for performing reaction tasks. *International Journal of Computer Science in Sport, 10*(1), 4–15.

Bideau, B., Kulpa, R., Vignais, N., Brault, S., Craig, C., & Multon, F. (2010). Using virtual reality to analyze sports performance. *IEEE Computer Graphics and Applications, 30*(2), 14–21. ▶ https://doi.org/10.1109/mcg.2009.134.

Blanke, O., Slater, M., & Serino, A. (2015). Behavioral, neural, and computational principles of bodily self-conciousness. *Neuron, 88,*145–166. ▶ https://doi.org/10.1016/j.neuron.2015.09.029.

Bonney, E., Jelsma, L. D., Ferguson, G. D., & Smits-Engelsman, B. C. M. (2017). Learning better by repetition or variation? Is transfer at odds with task specific training? *PLoS ONE, 12*(3), e0174214. https://doi.org/10.10.1371/journal.pone.0174214.

Bordnick, P. S., Carter, B. L., & Traylor, A. C. (2011). What virtual reality research in addictions can tell us about the future of obesity assessment and treatment. *Journal of Diabetes Science and Technology, 5*(2), 265–271.

Bowman, D. A., & McMahan, R. P. (2007). Virtual reality: How much immersion is enough? *Computer, 40*(7), 36–42.

Brand, J., Piccirelli, M., Hepp-Reymond, M. C., Morari, M., Michels, L., & Eng, K. (2016). Virtual hand feedback reduces reaction time in an interactive finger reaching task. *PLoS ONE, 1*(5), e0154807. ▶ https://doi.org/10.1371/journal.pone.0154807.

Brault, S., Bideau, B., Kulpa, R., & Craig, C. M. (2012). Detecting deception in movement: The case of the side-step in rugby. *PLoS ONE, 7*(6), e37494. ▶ https://doi.org/10.1371/journal.pone.0037494.

Bredl, K., Bräutigam, B., & Herz, D. (2017). Avatar-basierte Beratung in virtuellen Räumen. Die Bedeutung Virtueller Realität bei helfenden Beziehungen für Berater, Coaches und Therapeuten. Wiesbaden: Springer Fachmedien Wiesbaden GmbH.

Literatur

Brill, M. (2009). *Virtuelle Realität*. Berlin: Springer.

Calabro, R. S., Naro, A., Russo, M., Leo, A., De Luca, R., Balletta, T., et al. (2017). The role of virtual reality in improving motor performance as revealed by EEG: a randomized controlled trial. *Journal of NeuroEngineering and Rehabilitation, 14*(1), 53. ► https://doi.org/10.1186/s12984-017-0268-4.

Camporesi, C., & Kallmann, M. (2016). The effects of avatars, stereo vision and display size on reaching and motion reproduction. *IEEE Transactions on Visualization and Computer Graphics, 22*(5), 1592–1604. ► https://doi.org/10.1109/tvog.2015.2440231.

Carnegie, K., & Rhee, T. (2015). Reducing visual discomfort with HMDs using dynamic depth of field. *IEEE Computer Graphics and Applications, 35*(5), 34–41. ► https://doi.org/10.1109/mcg.2015.98.

Chan, J. C. P., Leung, H., Tang, J. K. T., & Komura, T. (2011). A virtual reality dance training system using motion capture technology. *IEEE Transactions on Learning Technologies, 4*(2), 187–195. ► https://doi.org/10.1109/tlt.2010.27.

Cheung, K. L., Tunik, E., Adamovich, S. V., & Boyd, L. A. (2014). Neuroplasticity and Virtual Reality. In P. L. T. Weiss, et al. (eds.), Virtual reality for physical and motor rehabilitation, virtual reality technologies for health and clinical applications. New York: Springer. ► https://doi.org/10.1007/978-1-4939-0968-1_2.

Cleworth, T. W., Chua, R., Inglis, J. T., & Carpenter, M. G. (2016). Influence of virtual height exposure on postural reactions to support surface translations. *Gait und Posture, 47*,96–102. ► https://doi.org/10.1016/j.gaitpost.2016.04.006.

Colley, A., Väyrynen, J., & Häkkila, J. (2015). *Skiing in a blended virtuality – an in-the-wild experiment*. AcademicMindTrek, 22–24, Tampere. ► https://doi.org/10.1145/2818187.2818288.

Correia, V., Araùjo, D., Cummins, A., & Craig, C. M. (2012). Perceiving and action upon spaces in a VR rugby task: Expertise effects in affordance detention and task achievement. *Journal of Sport und Exercise Psychology, 32*,305–321.

Covaci, A., Olivier, A. H., & Multon, F. (2015). Visual perspective and feedback guidance for VR free-throw training. *IEEE Computer Graphics and Applications, 35*(5), 55–65. ► https://doi.org/10.1109/mcg.2015.95.

Craig, C. (2013). Understanding perception and action in sport: How can virtual reality technology help? *Sports Technology, 6*(4), 161–169. ► https://doi.org/10.1080/19346182.2013.855224.

Craig, C. M., Bastin, J., & Montagne, G. (2011). How information guides movement: Intercepting curved free kicks in soccer. *Human Movement Science, 30*(5), 931–941. ► https://doi.org/10.1016/j.humov.2010.08.007.

Cummins, A., & Craig, C. (2016). Design and implementation of a low cost virtual rugby decision making interactive. In Augmented Reality, Virtual Reality and Computer Graphics: Third International Conference, AVR 2016. Proceedings, Part I, Vol. 9768, 16–32, Springer Publishing. ► https://doi.org/10.1007/978-3-319-40621-3_2.

de Bruin, E. D., Schoene, D., Pichierri, G., & Smith, S. T. (2010). Use of virtual reality technique for the training of motor control in the elderly. Some theoretical considerations. *Zeitschrift für Gerontologie und Geriatrie, 43*,229–234. ► https://doi.org/10.1007/s00391-010-0124-7.

Dehn, L. B., Kater, L., Piefke, M., Botsch, M., Driessen, M., & Beplo, T. (2018). Training in a comprehensive everyday-like virtual reality environment compared to computerized cognitive training for patients with depression. *Computers in Human Behavior, 79*,40–52. ► https://doi.org/10.1016/j.chb.2017.10.019.

de Kok, I., Hough, J., Hülsmann, F., Waltemate, T., Botsch, M., Schlangen, D., & Kopp, S. (2015). Demonstrating the Dialogue System of the Intelligent

Coaching Space. In C. Howes, & S. Larsson (eds.), *SemDial,* (S. 168–169). Gothenburg: University of Gothenburg.

Deleuze, J., Christiaens, M., Nuyens, F., & Billieux, J. (2017). Shoot at first sight! First person shooter players display reduced reaction time and compromised inhibitory control in comparison to other video game players. *Computers in Human Behavior, 72,* 570–576. ▶ https://doi.org/10.1016/j.chb.2017.07.027.

Dessing, J. C., & Craig, C. M. (2010). Bending it like Beckham: How to visually fool the goalkeeper. *PLoS ONE, 5*(10), 1–8. ▶ https://doi.org/10.1371/journal.pone.0013161.s004.

De Vries, A. W., Faber, G., Jonkers, I., Van Dieen, J. H., & Verschueren, S. M. P. (2018). Virtual reality balance training for elderly: similar skiing games elicit different challenges in balance training. *Gait und Posture, 59,* 111–116. ▶ https://doi.org/10.1016/j.gaitpost.2017.10.006.

Dhawan, A., Cummins, A., Spratford, W., Dessing, J. C., & Craig, C. (2016). Development of a Novel Immersive Interactive Virtual Reality Cricket Simulator for Cricket Batting. Proceedings of the 10th International Symposium on Computer Science in Sports (ISCSS), Advances in Intelligent Systems and Computing, 392, 203–210. ▶ https://doi.org/10.1007/978-3-319-24560-7_26.

Dörner, R., Jung, B., Grimm, P., Broll, W., & Göbel, M. (2013). Einleitung. In R. Dörner, W. Broll, P. Grimm, & B. Jung (Hrsg.), *Virtual und Augmented Reality (VR/AR). Grundlagen und Methoden der Virtuellen und Augmentierten Realität* (S. 1–31). Berlin: Springer.

Dörner, R., & Steinicke, F. (2013). Wahrnehmungsaspekte von VR. In R. Dörner, W. Broll, P. Grimm, & B. Jung (Hrsg.), *Virtual und Augmented Reality (VR/AR). Grundlagen und Methoden der Virtuellen und Augmentierten Realität* (S. 33–63). Berlin: Springer.

Donath, L., Rössler, R., & Faude, O. (2016). Effects of Virtual Reality training (exergaming) compared to alternative exercise training and passive control on standing balance and functional mobility in health community-dwelling seniors: A meta-analytical review. *Sports Medicine, 46*(9), 1293–1309. ▶ https://doi.org/10.1007/s40279-016-0485-1.

Duque, G., Boersma, D., Loza-Diaz, G., Hassan, S., Suarez, H., Geisinger, D., et al. (2013). Effects of balance training using a virtual-reality system in older fallers. *Clinical Interventions in Aging, 8,* 257–263. ▶ https://doi.org/10.2147/cia.s41453.

Fernandes, A. S., Feiner, S. K. (2016). Combatting VR Sickness through Subtle Dynamic Field-Of-View Modification. In: Proceedings of the IEEE Symposium on 3D User Interfaces, Greenville, SC, USA, 19–20 March 2016. ▶ https://doi.org/10.1109/3dui.2016.7460053.

Ferreira dos Santos, L., Christ, O., Mate, K., Schmidt, H., Krüger, J., & Dohle, C. (2016). Movement visualization in virtual reality rehabilitation of the lower limb: A systematic review. *Biomedical Engineering OnLine, 15*(3), 144. ▶ https://doi.org/10.1186/s12938-016-0289-4.

Gonzalez-Franco, M., & Lanier, J. (2017). Model of illusions and virtual reality. *Frontiers in Psychology, 30*(8), 1125. ▶ https://doi.org/10.3389/fpsyg.2017.01125.

Gray, R. (2017). Transfer of training from virtual to real baseball batting. *Frontiers in Psychology, 8,* 2183. ▶ https://doi.org/10.3389/fpsyg.2017.02183.

Grechkin, T. Y., Nguyen, T. D., Plumert, J. M., Cremer, J. F., & Kearny, J. K. (2010). How does presentation method and measurement protocol affect distance estimation in real and virtual environments? *ACM Transactions on Applied Perception, 7*(4), 1–18. ▶ https://doi.org/10.1145/1823738.1823744.

Grimm, P., Herold, R., Hummel, J., & Broll, W. (2013). VR-Eingabegeräte. In R. Dörner, W. Broll, P. Grimm, & B. Jung (Hrsg.), *Virtual und Augmented*

Reality (VR/AR). Grundlagen und Methoden der Virtuellen und Augmentierten Realität (S. 97–126). Berlin: Springer.

Hülsmann, F., Frank, C., Schack, T., Kopp, S., & Botsch, M. (2016). Multi-Level Analysis of Motor Actions as a Basis for Effective Coaching in Virtual Reality. In P. Chung, A. Soltoggio, C. W. Dawson, Q. Meng, M. Pain, M. (eds.), Advances in Intelligent Systems and Computing. Proceedings of the 10th International Symposium on Computer Science in Sports (ISCSS) Vol. 392, S. 211–214. Cham: Springer International Publishing.

Ida, H. (2015). Visuomotor behavior in computer-simulated display. In T. Heinen (ed.), *Advances in Visual Perception Research*, (S. 233–367). ISBN: 978-1-63482-455-2.

Invitto, S., Faggiano, C., Sammarco, S., De Luca, V., & De Paolis, L. T. (2016). Haptic, Virtual Interaction and Motor Imagery: Entertainment Tools and Psychophysiological Testing. *Sensors, 16*(3). Pii: E394. ▶ https://doi.org/10.3390/S.16030394.

Kehoe, R., & Rice, M. (2016). Reality, virtual reality, and imagery: Quality of movement in novice dart players. *British Journal of Occupational Therapy, 79*(4), 244–251. ▶ https://doi.org/10.1177/0308022615616820.

Kelly, P., Healy, A., Moran, K., & O'Connor, N. E. (2010). A virtual coaching environment for improving golf swing technique. In: SMVC 2010-ACM Workshop on Surreal Media and Virtual Cloning. Firenze, Italy. ISBN: 978-1-4503-0175-6.

Kennedy, R. S., Lane, E., Berbaum, K. S., & Lilienthal, M. G. (1993). Simulator sickness questionnaire: An enhanced method for quantifying simulator sickness. *The International Journal of Aviation Psychology, 3*(3), 203–220. ▶ https://doi.org/10.1207/s15327108ijap03033.

Kilteni, K., Groten, R., & Slater, M. (2012). The sense of embodiment in virtual reality. *Presence, 21*(4), 373–387.

Kojima, T., Hiyama, A., Miura, T., & Hirose, M. (2014). Training Archived Physical Skill through Immersive Virtual Environment. In D. Hutchison, T. Kanade, J. Kittler, J. M. Kleinberg, A. Kobsa, F. Mattern, J. C. Mitchell, M. Naor, O. Nierstrasz, C. P. Rangang, B. Steffen, D. Terzopulos, D. Tygar, G. Weikum, & S. Yamamoto (Eds.), *Lecture notes in computer science. Human interface and the management of information. Information and knowledge in applications and services* (S. 51–58). Cham: Springer International Publishing.

Komura, T., Lau, R. W. H., Lin, M. C., Majumder, A., Manocha, D., & Xu, W. W. (2015). Virtual reality software and technology. *IEEE Computer Graphics and Applications, 35*(5), 20–21. ▶ https://doi.org/10.1109/mcg.2015.102.

Lammfromm, R., & Gopher, D. (2011). Transfer of skill from a virtual reality trainer to real juggling. *BIO Web of Conferences, 1*,00054. ▶ https://doi.org/10.1051/bioconf/20110100054.

LaViola, J., Jr. (2000). A discussion of cybersickness in virtual environments. *ACM SIGCHI Bulletin, 32*(1), 47–56.

Lee, Y., Choi, W., Lee, K., Song, C., & Lee, S. (2017). Virtual reality training with three-dimensional video games improves postural balance and lower extremity strength in community-dwelling older adults. *Journal of Aging and Physical Activity, 19*,1–7. https://doi.org/11.1123/apa.2015-0271.

Lin, C. J., Woldegiorgis, B. H. (2015). Interaction and visual performance in stereoscopic displays: A review. *Journal of Society for Information Display, 23*, 319–332. https://doi.org/10.10002/jsid.378.

Lin, C. J., & Woldegiorgis, B. H. (2017). Egocentric distance perception and performance of direct pointing in stereoscopic displays. *Applied Ergonomics, 64*,66–74. https://doi.org/10.1016/j.apergo.2017.05.007.

Lutz, O. H. M., Schmidt, H., & Krüger, J. (2015). Nutzerzentrierte Gestaltung von VR-Systemen für die motorische Neurorehabilitation. In

A. Weisbecker, M. Burmester, & A. Schmidt (Hrsg.), *Mensch und Computer 2015 Workshopband* (S. 141–143). Stuttgart: Oldenburg Wissenschaftsverlag.

Mieg, H. A., & Näf, M. (2005). *Experteninterviews* (2. Aufl.). ETH Zürich: Institut für Mensch-Umwelt-Systeme (HES).

Miles, H. C., Pop, S. R., Watt, S. J., Lawrence, G. P., & John, N. W. (2012). A review of virtual environments for training in ball sports. *Computer & Graphics, 36,* 714–726.

Miles, H. C., Pop, S. R., Watt, S. J., Lawrence, G. P., John, N. W., Perrot, V., Mallet, P., Mestre, D. R., & Morgan, K. (2014). Efficacy of a Virtual Environment for Training Ball Passing Skills in Rugby. In M. L. Gavrilova, C. J. Kenneth Tan, Xiaaoyang Mao, & Lichan Hong (Eds.), *Transactions on Computational Science* XXIII (S. 98–117). Berlin: Springer.

Milner, A. D., & Goodale, M. A. (2008). Two visual systems re-viewed. *Neuropsychologia, 46,* 774–785. ► https://doi.org/10.1016/j.neuropsychologia.2007.10.005.

Mohler, B. J., Thompson, W. B., Creem-Regehr, S. H., Pick, H. L., Jr., & Warren, W. H., Jr. (2007). Visual flow influences gait transition speed and preferred walking speed. *Experimental Brain Research, 181*(2), 221–228. ► https://doi.org/10.1007/s00221-007-0917-0.

Molina, K. I., Ricci, N. A., de Moraes, S. A., & Perracini, M. R. (2014). Virtual reality using games for improving physical functioning in older adults: a systematic review. *Journal of NeuroEngineering and Rehabilitation, 15*(11), 156. ► https://doi.org/10.1186/1743-0003-11-156.

Mukherjee, M., Siu, K. C., Katsavelis, D., Fyaad, P., & Stergiou, N. (2011). The influence of visual perception of self-motion on locomotor adaptation to unilateral limb loading. *Journal of Motor Behavior, 43*(2), 101–111.

Neth, C. T., Souman, J. L., Engel, D., Kloos, U., Bülthoff, H. H., & Mohler, B. J. (2012). Velocity-dependent dynamic curvature gain for redirected walking. *IEEE Transactions on Visualization and Computer Graphics, 18*(7), 1041–1052. ► https://doi.org/10.1109/tvcg.2011.275.

Petri, K., & Witte K. (2016). Virtuelle Realität im Sport: Möglichkeiten und Grenzen. In K. Witte, N. Bandow, & J. Edelmann-Nusser (Hrsg.), *Sportinformatik* XI (S. 125–131). Shaker Verlag. ISBN: 978-3-8440-4955-8.

Petri, K., Mattert, S., Heinisch, P., Salb, S., Bandow, N., Emmermacher, P., Masik, S., Danneberg, M., Zhang, L., Brunnett, G., & Witte, K. (2016). Evaluation eines autonom interagierenden Gegners (AIG) in Virtueller Realität (VR) im Karate-Kumite. In K. Witte, N. Bandow, & J. Edelmann-Nusser, (Hrsg.), *Sportinformatik* XI (S. 143–149). Shaker Verlag. ISBN: 978-3-8440-4955-8.

Petri, K., Witte, K., Bandow, N., Emmermacher, P., Masik, S., Danneberg, M., Salb, S., Zhang, L., & Brunnett, G. (2017). Development of an autonomous character in karate kumite. Proceedings of the 11th International Symposium on Computer Science in Sport (IACSS 2017), Advances in Intelligent Systems and Computing 663. Springer International Publishing. ISBN: 978-3-319-67845-0. ► https://doi.org/10.1007/978-3-319-67846-1_13.

Pietschmann, D. (2009). *Das Erleben virtueller Welten. Involvierung, Immersion und Engagement in Computerspielen.* Boizenburg: Hülsbusch.

Pinder, R. A., Davids, K., Renshaw, I., & Araùjo, D. (2011). Representative learning design and functionality of research and practice in sport. *Journal of Sport and Exercise Psychology, 33*(1), 146–155.

Plass, J. L., Homer, B. D., & Hayward, E. O. (2009). Design factors for educationally effective animations and simulations. *Journal of Computing in Higher Education, 21*(1), 31–61. ► https://doi.org/10.1007/s12528-009-9011-x.

Plummer, P. (2017). Gait and balance training using virtual reality is more effective for improving gait and balance ability after stroke than conventional training without virtual reality. *Journal of Physiotherapy, 63,* 114. ► https://doi.org/10.1016/j.jphys.2017.02.010.

Pronost, N., Multon, F., Li, Q., Geng, W., Kulpa, R., Domont, G. (2008). *Interactive animation of virtual characters: Application to virtual kung-fu fighting*. Proceedings of the International Conference on Cyberworlds, Hangzhou, China 2008. ▶ https://doi.org/10.1109/cw.2008.33.

Rauter, G., Sigrist, R., Koch, C., Crivelli, F., van Raai, M., Riener, R., & Wolf, P. (2013). Transfer of complex skill learning from virtual to real rowing. *PLOS ONE, 8*(12), e82145. ▶ https://doi.org/10.1371/journal.pone.0082145.

Rebenitsch, L., & Owen, C. (2016). Review on cybersickness in applications and visual displays. *Virtual Reality, 20*, 101–125. ▶ https://doi.org/10.1007/S.10055-016-0285-9.

Renner, R. S., Velichkovsky, B. M., & Helmert, J. R. (2013). The perception of egocentric distances in Virtual Environments – a Review. *ACM Computing Surveys, 46*(2), 23, 1–40. ▶ https://doi.org/10.1145/2543581.2543590.

Robert, M. T., Ballaz, L., & Lemay, M. (2016). The effect of viewing a virtual environment through a head-mounted display on balance. *Gait & Posture, 48*, 261–266. ▶ https://doi.org/10.1016/j.gaitpost.2016.06.10.

Ruffaldi, E., & Filippeschi, A. (2013). Structuring a virtual environment for sport training: A case study on rowing technique. *Robotics and Autonomous Systems, 61*,390–397.

Ruffaldi, E., Filippeschi, A., Varlet, M., Hoffmann, C., & Bardy, B. (2013). Design and evaluation of a multimodal virtual reality platform for rowing training. In M. Bergamasco, B. Bardy, & D. Gopher (eds.), *Skill Training in Multimodal Virtual Environments* (S. 173–186). ▶ https://doi.org/10.1201/b12704-16.

Saldana, S. J., Marsh, A. P., Rejeski, W. J., Haberl, J. K., Wu, P., Rosenthal, S., et al. (2017). Assessing balance through the use of a low-cost head-mounted display in older adults: a pilot study. *Clinical Interventions in Aging, 12*,1363–1370.

Schubert, T. W., Friedmann, F., & Regenbrecht, H. T. (1999). *Decomposing the sense of presence: Factor analytic insights*. 2nd International Workshop on Presence, University of Essex, UK, 6–7 April 1999.

Schuemie, M. J., van der Straaten, P., Krijn, M., & van der Mast, C. A. P. G. (2001). Research on presence in virtual reality: A survey. *Cyber psychology & Behavior, 4*(2), 183–201. ▶ https://doi.org/10.1089/109493101300117884.

Shotton, J., Fitzgibbon, A., Cook, M., Sharp, T., Finocchio, M., Moore, R., Kipman, A., & Blake, A. (2011). *Real-Time Human Pose Recognition in Parts from a Single Depth Image*. Proceedings of the IEEE Conference Computer Vision and Pattern Recognition (CVPR), S. 1297–1304.

Shotton, J., Girshick, R., Fitzgibbon, A., Sharp, T., Cook, M., Finocchio, M., et al. (2012). Efficient human pose estimation from single depth images. *IEEE Transactions on Pattern Analysis and Machine Intelligence, 35*(12), 2821–2840. ▶ https://doi.org/10.1109/tpami.2012.241.

Sigrist, R., Rauter, G., Marchal-Crespo, L., Riener, R., & Wolf, P. (2015). Sonification and haptic feedback in addition to visual feedback enhances complex motor task learning. *Experimental Brain Research, 233*(3), 909–925. ▶ https://doi.org/10.1007/s00221-014-4167-7.

Singh, D. K. A., Rajaratnam, B. S., Palaniswamy, V., Pearson, H., Raman, V. P., & Bong, P. S. (2012). Participating in a virtual reality balance exercise program can reduce risk and fear of falls. *Maturitas, 73*,239–243. ▶ https://doi.org/10.1016/j.maturitas.2012.07.011.

Slater, M., Spanling, B., Sanchez-Vives, M. V., & Blanke, O. (2010). First person experience of body transfer in virtual reality. *PLoS ONE, 5*(5), e10564. ▶ https://doi.org/10.1371/journal.pone.0010564.

Steptoe, W., Steed, A., & Slater, M. (2013). Human tails: Ownership and control of extended humanoid avatars. *IEEE Transactions on Visualization and Computer Graphics, 19*(4), 583–590.

Storch, M., Benita, C., Hüther, G., & Tschacher, W. (2011). *Embodiment – Die Wechselwirkung von Körper und Psyche verstehen und nutzen.* Bern: Huber. (HOGEFE Verlagsgruppe), ISBN: 978-3-456-84837-2.

Tanaka, K. (2017). *3D action reconstruction using virtual reality to assist training.* Proceedings of IEEE Virtual Reality, 395–396. ▶ https://doi.org/10.1109/vr.2017.7892343.

Thompson, J. D., & Franz, J. R. (2017). Do kinematic metrics of walking balance adapt to perturbed optical flow? *Human Movement Science, 54,* 34–40. ▶ https://doi.org/10.1016/j.humov.2017.03.004.

Tidoni, E., Scandola, M., Orvalho, V., Candidi, M. (2016). Apparent biological motion in first and third person perspective. *I-Perception,* 1–6. ▶ https://doi.org/10.1177/204/6695/6669156.

Tirp, J., Steingrover, C., Wattie, N., Baker, J., & Schorer, J. (2015). Virtual realities as optimal learning environment in sport – A transfer study of virtual and real dart throwing. *Psychological Test and Assessment Modeling, 57,* 57–69.

Varlet, M., Filippeschi, A., Ben-Sadun, G., Ratto, M., Marin, L., Ruffaldi, E., et al. (2013). Virtual reality as a tool to learn interpersonal coordination: Example of team rowing. *Presence: Teleoperators and Virtual Environments, 22*(3), 202–215. ▶ https://doi.org/10.1162/pres_a_00151.

van der Kamp, J., Rivas, F., van Doorn, H., & Savelsbergh, G. (2008). Ventral and dorsal system contributions to visual anticipation in fast ball sports. *International Journal of Sport Psychology, 39*(2), 100–130.

Vignais, N., Bideau, B., Craig, C., Brault, S., Multon, F., Delamarche, P., et al. (2009). Does the level of graphical detail of a virtual handball thrower influence goalkeeper's motor response? *Journal of Sports Science and Medicine, 8,* 501–508.

Waltemate, T., Hülsmann, F., Pfeiffer, T., Kopp, S., Botsch, M. (2015). *Realizing a Low-latency Virtual Reality Environment for Motor Learning.* Proceedings of ACM Symposium on Virtual Reality Software and Technology (S. 139–147). ACM.

Waltemate, T., Senna, I., Hülsmann, F., Rohde, M., Kopp, S., Ernst, M., & Botsch, M. (2016). *The impact on perceptual judgements and motor performance in closed-loop interactions in Virtual Reality.* VRST 2016 Garching, Germany. ISBN: 978-1-4503-4491-3/16/11. ▶ https://doi.org/10.1145/2993369.2993381.

Wang, J. (2012). Research on Application of Virtual Reality Technology in Competitive Sports. *Procedia Engineering, 29,* 3659–3662.

Watson, G., Brault, S., Kulpa, R., Bideau, B., Butterfield, J., & Craig, C. (2011). Judging the „passability" of dynamic gaps in a virtual rugby environment. *Human Movement Science, 30,* 942–956. ▶ https://doi.org/10.1016/j.humov.2010.08.004.

Witkowski, K., Sobecki, J., Maslinski, J., Cieslinski, W. B., Rokita, A., & Kalina, R. M. (2016). The use of augmented-reality technology to improve judo techniques. Premises, assumptions, methodology, research tools, preliminary scenarios – the first stage of the study. *Archieves of Budo, 12,* 355–367.

Witte, K., Emmermacher, P., Bandow, N., & Masik, S. (2012). Usage of virtual reality technology to study reactions in karate-kumite. *International Journal of Sports Science and Engineering, 6*(1), 017–024.

Witte, K., Salb, S., Petri, K., Bandow, N., Emmermacher, P., Zhang, L., Brunnett, G., & Masik, S. (2016). *Analysis of anticipation by integration of Eye-Tracking in virtual reality – a future method.* ECSS 2016, Vienna.

Yanovich, E., & Ronen, O. (2015). The use of virtual reality in motor learning: a multiple pilot study review. *Advances in Physical Education, 5,* 188–193. ▶ https://doi.org/10.4236/ape.2015.53023.

Zaal, F. T. J. M., & Bootsma, R. J. (2011). Virtual reality as a tool for the study of perception-action: The case of running to catch fly balls. *Presence: Teleoperators and Virtual Environments, 20*(1), 93–103. ▶ https://doi.org/10.1162/pres_a_00037.

Zhang, L., Brunnett, G., Petri, K., Danneberg, M., Masik, S., Bandow, N., et al. (2018). KaraKter: An autonomously interacting karate kumite character for VR-based training and research. *Computer & Graphics, 72*, 59–69. ▶ https://doi.org/10.1016/j.cag.2018.01.008.

Antizipation

Nicole Bandow und Kerstin Witte

7.1 Einführung und Begriffsbestimmung – 132

7.2 Untersuchungsmethoden – 135
7.2.1 Okklusionsmethoden – 135
7.2.2 Erfassung der Reaktionen auf Okklusionen und Auswertungsmöglichkeiten – 138
7.2.3 Erfassung des Blickverhaltens – 140
7.2.4 Art der Stimuluspräsentation – 143

7.3 Unterschiede in der Antizipationsfähigkeit von Freizeit- und Leistungssportlern – 145

7.4 Training der Antizipation – 146

7.5 Themen für Referate – 149

Literatur – 150

© Springer-Verlag GmbH Deutschland, ein Teil von Springer Nature 2018
K. Witte, *Ausgewählte Themen der Sportmotorik für das weiterführende Studium (Band 2)*,
https://doi.org/10.1007/978-3-662-57876-6_7

Obwohl der Begriff der Antizipation jedem Sportler als Vorwegnahme oder Erahnen bspw. der Bewegungsabsicht des Gegners bekannt ist, ist bisher noch nicht vollständig geklärt, welche Prozesse im Detail dabei durchlaufen werden. Wie kann erklärt werden, dass der Torhüter einen Elfmeterball hält, obwohl die Zeit des Schusses für die visuelle Wahrnehmung bis zur motorischen Reaktion nicht ausreichend ist. Dieses Phänomen findet man nicht nur in den Sportspielen, sondern auch im Kampfsport. In diesem Abschnitt soll insbesondere auf mögliche Untersuchungsverfahren eingegangen werden, mit denen es möglich ist, antizipatorische Schlüsselreize sportart- und individualspezifisch zu identifizieren.

7.1 Einführung und Begriffsbestimmung

Antizipation ist besonders in den Sportspielen und im Kampfsport ein leistungsbestimmender Faktor. Man unterscheidet zwischen Wahrnehmungs- und Erfahrungsantizipation.

Der Begriff Antizipation ist heute ein mehrfach definierter Terminus der sich je nach Fachgebiet (z. B. Psychologie, Philosophie, Sportwissenschaft) und deren jeweiligen Gegebenheiten verschieden definieren lässt. Die Antizipation wird im Sport zu den kognitiven Leistungsmerkmalen im Bereich der visuellen Wahrnehmung gezählt (◘ Abb. 7.1).

Zunächst kann festgestellt werden, dass die Vorwegnahme der Aktionsabsicht des Gegners eine Schlüsselrolle für den Erfolg spielt (Loffing und Cañal-Bruland 2017).

Antizipation spielt daher, vor allem in Sportarten, bei denen unter hohem Zeitdruck eine erfolgreiche Lösung (z. B. eine adäquate Bewegungsreaktion besonders in taktischen Situationen) getroffen werden muss, eine wichtige Rolle. Unter Antizipation versteht man daher die Vorwegnahme von zukünftigen Geschehnissen, wie bspw. eigene und fremde Bewegungen von

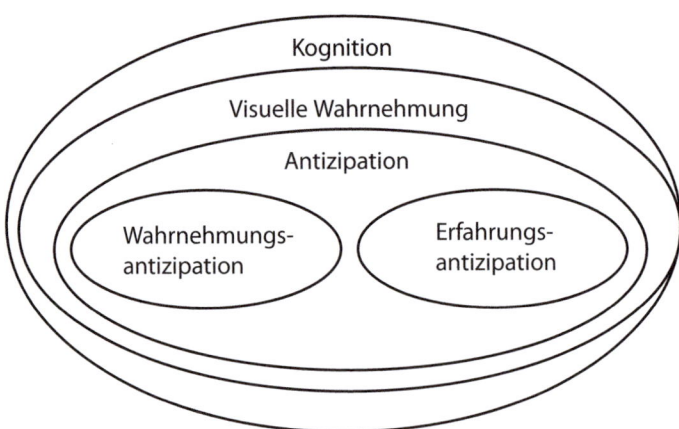

◘ Abb. 7.1 Einordnung der Antizipation, Wahrnehmungs- und Erfahrungsantizipation in den Bereich Kognition und der visuellen Wahrnehmung

7.1 · Einführung und Begriffsbestimmung

Mensch oder Sportgerät in unmittelbarer Umgebung und die sich daraus erschließenden aktuellen Gegebenheiten oder taktischen Situationen (Schnabel und Thieß 1993; Loosch 1999).

Auf Basis der Annahme von zukünftigen Geschehnissen werden dann eigene Aktionen oder Reaktionen gewählt, die als am geeignetsten eingestuft werden. Wichtig ist die Antizipation vor allem in zeitkritischen Situationen, bei der schnelle Entscheidungen getroffen und Handlungen bzw. Bewegungen ausgeführt werden müssen. Je früher eine Situation erkannt wird, desto länger hat man zur Ausübung der Handlung bzw. zur Entscheidung über die auszuwählende Handlung Zeit. Eine Handlung bzw. Reaktion ist somit meist erfolgreicher, wenn sie rechtzeitig ausgeführt wird, wie am Beispiel der Sportart Tennis ersichtlich wird: Da die Reaktions- und Bewegungszeit (von mindestens 200 ms) länger ist als der Ball bei einer Fluggeschwindigkeit von ca. 200 km/h vom Verlassen des Balls vom Schläger bis zum Auftreffen auf dem Boden benötigt, muss die Schlagrichtung und der Auftreffpunkt des Balls bereits vor dem Schlag auf Basis von Körpermerkmalen des gegnerischen Tennisspielers antizipiert werden (Williams 2009). Für eine erfolgreiche Antizipation müssen also frühzeitig relevante Bewegungsmerkmale bzw. visuelle Informationen erfasst und darauf basierend eigene Bewegungshandlungen gewählt und durchgeführt werden (Mecheri et al. 2011). Bei der Beurteilung der aktuellen Situation und der daraus resultierenden Vorwegnahme von zukünftigen Ereignissen nehmen vor allem die Wahrnehmungs- und die Erfahrungsantizipation eine wichtige Rolle ein (Abb. 7.1). Die Wahrnehmungsantizipation ist abhängig von den situativ verfügbaren wahrnehmbaren Informationen (z. B. Position des Gegners auf dem Spielfeld, Ballgeschwindigkeit usw.), während die Erfahrungsantizipation auf bestehendem Wissen basiert (Shim et al. 2006). Das Wissen entsteht einerseits durch vorherige Analysen des Gegners (z. B. taktisches Verhalten) und andererseits durch eine Verkettung von bereits erfahrenen Situationen und dabei durchgeführten Handlungen. Diese erlebten Aktionen bzw. Reaktionen werden mit positiven oder negativen Auswirkungen verknüpft, wodurch eine Art Präferenzliste von möglichen Handlungen auf bestimmte bekannte Aktionen oder Reize erstellt wird. Das heißt, wurde eine Bewegungshandlung erfolgreich durchgeführt, wird diese mit der wahrgenommenen Situation verknüpft und als Wissen abgespeichert. Ein wichtiger Teil dieser Situationsanalyse ist zudem die interne Auflistung von Eintrittswahrscheinlichkeiten von möglichen Szenarien, gegnerischen Aktionen bzw. Handlungszielen (Sonnenschein 1987). Dieses Wissen wird dann für die nächste Antizipation verwendet und bei jeder neuen erfolgreichen Handlung erweitert und somit weiterentwickelt (Abb. 7.2). Neben den visuell wahrnehmbaren Bewegungsmerkmalen werden aber auch situative Faktoren und

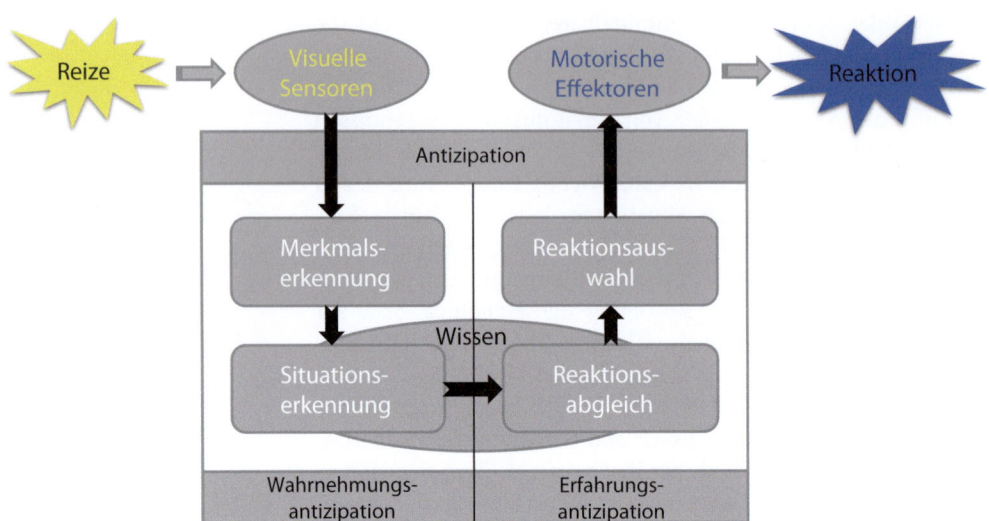

Abb. 7.2 Prozesse von der Reizaufnahme bis zur physischen Reaktion unter besonderer Berücksichtigung der Antizipation

individuelle Eigenschaften der Sportler bei der Antizipation mit einbezogen (Williams 2009).

Je nach dem Erfahrungsgrad haben Sportler eine gut ausgeprägte Wahrnehmungs- und Erfahrungsantizipation. So besitzen vor allem erfahrene Sportler die Fähigkeit, frühzeitig Merkmale bzw. Schlüsselreize, die nachfolgend als Cues bezeichnet werden sollen, wahrzunehmen, zu identifizieren und besser zu antizipieren als unerfahrene Sportler. Dies kann bei erfahrenen Sportlern zu kürzeren Reaktionszeiten als bei unerfahrenen führen (Shim et al. 2005). Oftmals lassen sich erfahrene Sportler auf Grund der frühen Bewegungsmerkmalserkennung Zeit für ihre Reaktion und reagieren erst dann, wenn der Zeitdruck es erfordert (Dicks et al. 2010). Somit ist es möglich, weitere Informationen zu sammeln, um eine optimale Entscheidung zu treffen (Schorer 2007). Eine weitere Möglichkeit besteht aber auch darin, die beabsichtigte Reaktion möglichst lange zu verschleiern oder/und situationsangepasste Finten durchzuführen (Sonnenschein 1987). Erfahrene Sportler in den Spielsportarten zeichnen sich weiterhin auch dadurch aus, dass sie ihre Bewegungskoordination der antizipierten kurvenförmigen Balltrajektorie und der Flugdauer des Balles anpassen können (Sarpeshkar et al. 2017). Damit hängt Antizipation sowohl von der visuellen als auch von der motorischen Expertise des Sportlers ab (Loffing und Cañal-Bruland 2017).

7.2 Untersuchungsmethoden

Welche Bewegungsmerkmale für die Antizipation genutzt werden und zu welchen Zeitpunkten, kann anhand verschiedener Untersuchungsmethoden analysiert werden. Hierzu zählen vor allem die zeitliche und räumliche Okklusion (gezieltes Ausblenden von Teilen des präsentierten Bild- oder Videomaterials) und die Erfassung der Blickbewegung (Eyetracking).

Für die Diagnostik der Antizipationsfähigkeit werden räumliche und zeitliche Okklusion, das Eyetracking sowie deren Kombination verwendet. Dabei wird gleichzeitig auch die Reaktion des Athleten erfasst.

7.2.1 Okklusionsmethoden

Okklusionsmethoden werden häufig in Untersuchungen zur Antizipationsfähigkeit von Sportlern eingesetzt (Kibele 2006; Williams 2009). Man unterscheidet zwischen zeitlicher und räumlicher Okklusion (◘ Abb. 7.3). Okklusionen können im Labor mit Bilderreihen, zweidimensionalen und dreidimensionalen Videopräsentationen und in virtuellen Umgebungen erstellt werden. Zeitliche Okklusionen sind sogar im Feld möglich, d. h. bei der Ausübung der Sportart selbst, mit Hilfe von liquid crystal spectacles (LCS, Shutter-Brillen, die durch das Schalten von Flüssigkristallen zu bestimmten Zeitpunkten durchsichtig oder undurchsichtig gestellt werden können).

Allgemein werden bei einer Okklusion gezielt Teile des Bild- oder Videomaterials ausgeblendet bzw. mit dem Hintergrund ersetzt, in VR die Sichtbarkeit von Objekten ausgeschalten oder bei Felduntersuchungen die Sicht mittels LCS verdeckt. Bei der zeitlichen Okklusion werden die visuellen Informationen ab festgelegten Zeitpunkten entweder progressiv oder als Moving Window (temporäre Zeitfenster) ausgeblendet (◘ Abb. 7.4).

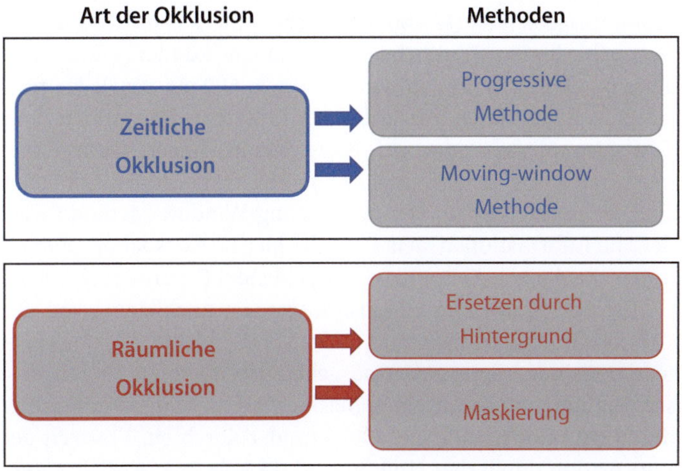

◘ **Abb. 7.3** Übersicht über die Arten und die dazugehörigen Methoden der Okklusion

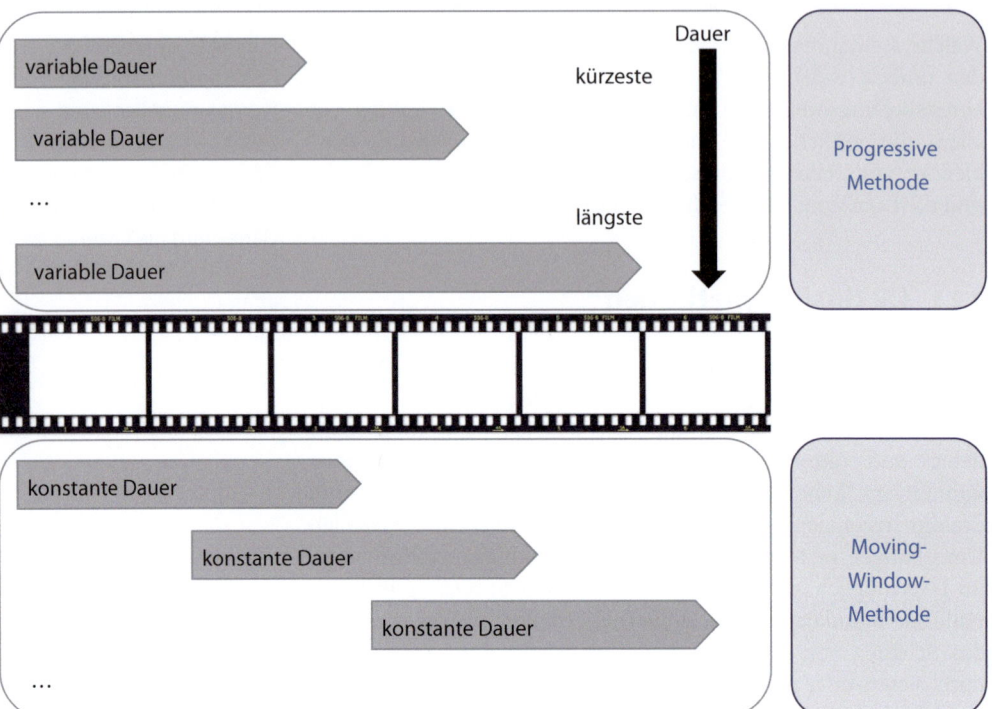

Abb. 7.4 Schematische Darstellung der zeitlichen Okklusionsmethoden. Oben: progressive Methode mit variablen, stetig längeren Präsentationen. Unten: Moving-Window-Methode mit fester Präsentationsdauer und variablen Startzeitpunkten

Die progressive Methode wird am häufigsten eingesetzt. Hierbei werden die Informationen in der Regel stets ab einem festgelegten Zeitpunkt und sukzessiv über immer längere Zeiträume ausgeblendet (◘ Abb. 7.4). Dabei gibt es keine festgelegten Abbruchkriterien. Zeitliche Okklusionen können nach festgelegten Zeiten (z. B. 1000 ms, 800 ms, 600 ms usw.), zu festgelegten Zeitpunkten vor und nach kritischen Situationen oder Bewegungsphasen oder auf Basis von wichtigen Bewegungsmerkmalen, die in einzelnen zeitlichen Okklusionen enthalten sind, definiert werden. Bei der Moving-Window-Methode werden die Informationen stets über die gleiche Zeitspanne, aber ab unterschiedlichen Zeitpunkten ausgeblendet (Farrow et al. 2005).

Bei der räumlichen Okklusion werden, unabhängig von der Zeit, bestimmte Bildbereiche oder in VR Objekte (z. B. Körperteile, Ball oder Sportgerät) ausgeblendet (◘ Abb. 7.5). Bei dieser Methode kann mit einer Maskierung, d. h. der Verdeckung durch ein undurchsichtiges Objekt, oder durch ein Ersetzen der Information durch den Hintergrund (◘ Abb. 7.6) gearbeitet werden. Die Maskierung wird in diesem Zusammenhang allerdings

7.2 · Untersuchungsmethoden

Abb. 7.5 Die drei Abbildungen A, B und C zeigen beispielhaft drei progressive zeitliche Okklusionen eines videobasierten Karateangriffs (Gyaku-Zuki). Die Präsentation der ersten zeitlichen Okklusion (A) wird direkt zu Beginn der Angriffseinleitung beendet, (B) während der Angriffsdurchführung und (C) zu Beginn der Stoßeinleitung abgebrochen. (Bandow et al. 2014)

Abb. 7.6 Beispielhafte Darstellung für eine räumliche Okklusion durch Ersetzen mit dem Hintergrund. Links: Karateathlet mit okkludierter Hüfte. Rechts: Karateathlet mit okkludiertem vorderen Bein

nicht empfohlen, da z. B. durch eine Maskierung eines herannahenden Balls dennoch dessen Flugbahn erkannt wird. Bei einem Ersetzen der visuellen Information mit dem Hintergrund hat man dagegen in diesem Beispiel zu keiner Zeit Informationen über die Position des Balls (Mecheri et al. 2011).

Um genauere Informationen über das zeitliche und das räumliche Auftreten von Bewegungsmerkmalen zu erhalten, können diese beiden Methoden auch kombiniert angewandt werden, d. h., es werden z. B. Körperteile zu bestimmten Zeitpunkten ausgeblendet. Aus dem Verhalten des Athleten lassen sich daraus Rückschlüsse auf die Relevanz der vorenthaltenen Bewegungsmerkmale in den einzelnen Bewegungsphasen und damit auf die antizipatorischen Cues treffen.

7.2.2 Erfassung der Reaktionen auf Okklusionen und Auswertungsmöglichkeiten

Um herauszufinden, welche Bewegungsmerkmale für die Antizipation von Bedeutung sein können, sind die Reaktionen der Sportler auf die okkludierten Bild- bzw. Videoinformationen oder auf die präsentierte virtuelle Umgebung auszuwerten. Die Reaktionen können mündlich, schriftlich oder motorisch erfolgen (◘ Abb. 7.7). Bei einer mündlichen Reaktion soll bspw. im Karate das getroffene Körperteil vorhergesagt werden, wobei die

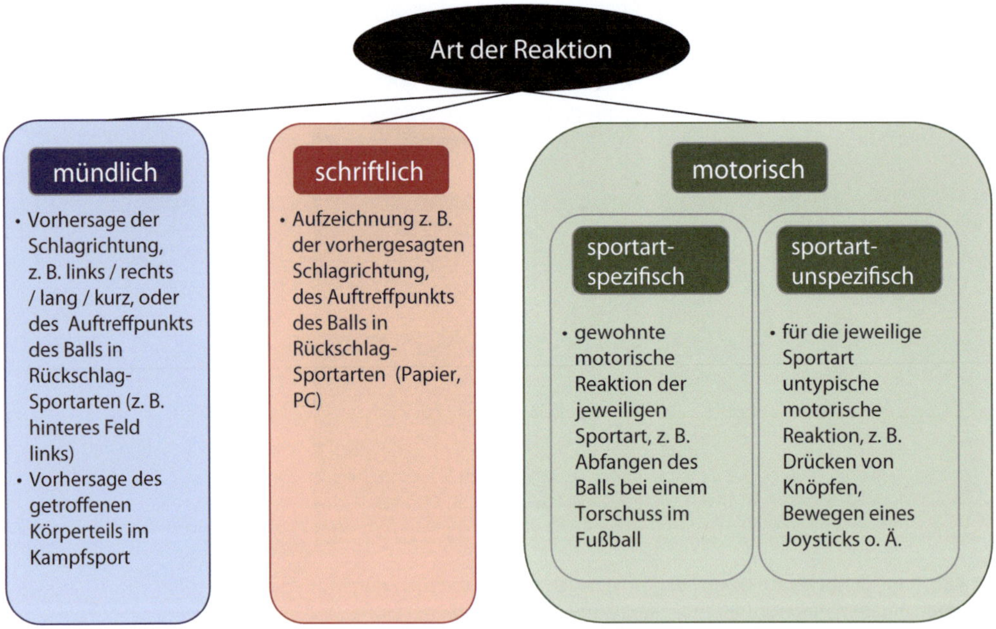

Art der Reaktion

mündlich
- Vorhersage der Schlagrichtung, z. B. links / rechts / lang / kurz, oder des Auftreffpunkts des Balls in Rückschlag-Sportarten (z. B. hinteres Feld links)
- Vorhersage des getroffenen Körperteils im Kampfsport

schriftlich
- Aufzeichnung z. B. der vorhergesagten Schlagrichtung, des Auftreffpunkts des Balls in Rückschlag-Sportarten (Papier, PC)

motorisch

sportartspezifisch
- gewohnte motorische Reaktion der jeweiligen Sportart, z. B. Abfangen des Balls bei einem Torschuss im Fußball

sportartunspezifisch
- für die jeweilige Sportart untypische motorische Reaktion, z. B. Drücken von Knöpfen, Bewegen eines Joysticks o. Ä.

◘ **Abb. 7.7** Überblick über mögliche Reaktionen auf okkludierte visuelle Informationen

7.2 · Untersuchungsmethoden

Videosequenz zeitlich so okkludiert war, dass der Angriff nur bis kurz vor dem eigentlichen Stoß oder Tritt präsentiert wurde (Mori et al. 2002).

Die Bewertung kann bspw. nach der Anzahl der korrekten Vorhersagen erfolgen. Bei schriftlichen Reaktionen muss der Sportler, z. B. in Rückschlagsportarten, die genaue Auftreffposition eines geschlagenen Balls im eigenen Feld einzeichnen. Für eine Bewertung wird dann die Fehlerdistanz vom eingezeichneten zum tatsächlichen Auftreffpunkt im Feld berechnet (Abernethy und Zawi 2007). Bei der mündlichen und schriftlichen Reaktion gibt es weiterhin noch die Möglichkeit, die Sportler direkt nach ihrer Meinung über wichtige Informationen, die sie für die Antizipation von Situationen verwenden, zu befragen. Diese Befragungen sind aber sehr subjektiv und können daher Untersuchungen nur unterstützen, vor allem dahingehend herauszufinden, welche Informationen sie als wichtig erachten. Es muss auch davon ausgegangen werden, dass viele Informationen von den Athleten nicht bewusst wahrgenommen werden und es ihnen somit nicht möglich ist, diese anschließend zu benennen.

Bei der motorischen Reaktion wird zwischen sportartspezifischer und sportartunspezifischer motorischer Reaktion unterschieden (Savelsbergh et al. 2005; Müller et al. 2009). Bei sportartunspezifischen einfachen motorischen Reaktionen müssen die Sportler bspw. durch Drücken von Knöpfen oder Bewegen eines Joysticks reagieren. Bei Wahlreaktionen ist zusätzlich eine Entscheidung (welcher Knopf oder die bestimmte Reihenfolge des Drückens von Knöpfen) notwendig. Diese Tests werden vornehmlich an einem PC durchgeführt. Hier stehen standardisierte Tests zur Verfügung. Es sind auch andere motorische Aktionen, die nichts mit der jeweiligen Sportart zu tun haben, möglich, wie bspw. das Betreten einer Kontaktmatte.

Eine sportartspezifische motorische Reaktion entspricht der Reaktion, die in dieser Sportart üblich ist, wie z. B. das Abwehren eines Torschusses im Fußball, oder eine passende Abwehr-, Konter- oder Blockbewegung auf einen Angriff im Kampfsport. Da die sportartspezifische Reaktion aus der Sportart selbst resultiert, gibt es keine standardisierten Vorgaben. Im Gegensatz zu der mündlichen, schriftlichen und sportartunspezifischen motorischen Reaktion besitzt die sportartspezifische motorische Reaktion die höchste ökologische Validität, d. h. die höchste empirische Gültigkeit, und sollte daher bei Untersuchungen zur Antizipationsfähigkeit bevorzugt verwendet werden. Untersuchungen mit Profisportlern haben gezeigt, dass diese nur bei sportartspezifischen Reaktionen ihre Überlegenheit gegenüber Novizen oder Fortgeschrittenen zeigen konnten (Farrow und Abernethy 2003; Farrow et al. 2005). Die Auswertung kann bei sportartunspezifischen motorischen Reaktionen z. B. durch die

Ermittlung der Reaktions- und Bewegungszeit, durch die Häufigkeit des Erfolgs der ausgewählten Reaktion (z. B. wurde der richtige Knopf gedrückt oder der Joystick in die richtige Richtung bewegt) ermittelt werden. Bei sportartspezifischen motorischen Reaktionen können zusätzlich Bewegungsanalysen, Häufigkeit des Erfolgs einer Reaktion (wie oft wurde der Ball beim Handball gehalten oder nicht) und die Effizienz oder Angemessenheit der Art der Reaktionen (z. B. wurde die richtige oder eine falsche Konterbewegung im Kampfsport verwendet) für eine Beurteilung herangezogen werden. Um Rückschlüsse anhand der Reaktionen auf die Bedeutung der okkludierten Informationen ziehen zu können, werden die Ergebnisse der Reaktionen auf die okkludierten visuellen Informationen untereinander bzw. mit Reaktionen auf nicht okkludierte visuelle Informationen verglichen. Es wird davon ausgegangen, dass je schlechter die Reaktion der Sportler ist, desto bedeutsamer ist die okkludierte Information für die Antizipation. Dies wird damit begründet, dass durch die Okklusion von wichtigen Reizen bzw. visuellen Informationen die Situation nicht korrekt eingeschätzt werden kann und es somit zu falschen Antizipationen kommt (Elliott und Farrow 2009).

7.2.3 Erfassung des Blickverhaltens

Eine weitere Möglichkeit der Untersuchung der Antizipationsfähigkeit im Sport ist die Erfassung des Blickverhaltens durch Eyetracking-Methoden. Da die Akteure sich im Sport viel bewegen, kommen überwiegend mobile Eyetracker zum Einsatz. Diese ermöglichen das Erfassen des Blickverhaltens direkt bei der Ausübung der Sportarten. Die heutigen Eyetracker sind in speziellen etwas breiteren Brillengestellen verbaut (Abb. 7.8).

Die Technik zur Erfassung der Blickbewegung, in der Regel von beiden Augen, also eine binokulare Blickbewegungserfassung, ist in die Brille integriert. Die mobilen, binokularen

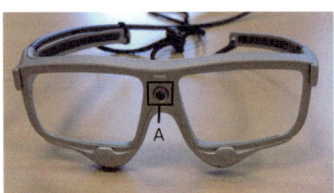 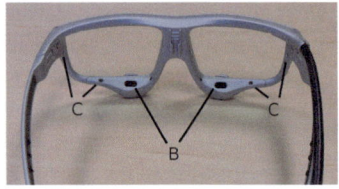

 Abb. 7.8 Mobiler Eyetracker der Firma SMI. Links: Frontansicht mit Feldkamera bzw. Szenenkamera (A), die sich mittig zwischen beiden Brillengläsern befindet. Rechts: Rückansicht, verbaute Augenkameras (B) befinden sich jeweils unten mittig im Brillenrahmen, die Infrarotlichtquellen (C) befinden sich rund um beide Brillengläser

Eyetracker verfügen über eine Kamera (B) für jedes Auge sowie einen oder mehrere Infrarotstrahler (C), die ebenfalls im Rahmen der Brillen verbaut sind (siehe ◘ Abb. 7.8, rechtes Bild). Eine weitere Kamera (A), die sogenannte Feld- oder Szenenkamera (siehe ◘ Abb. 7.8, linkes Bild), erfasst die Umgebung aus Sicht des Probanden. Zur Blickbewegungserfassung wird nun die Cornea-Reflex-Methode verwendet, wobei das Infrarotlicht auf die Augen gestrahlt wird. Durch die Reflexion der Infrarotstrahlen durch die Hornhaut und deren Position zur Pupille (die über die Augenkamera [B] erfasst wird) erfolgt die Ermittlung der Augenstellung. Anhand einer Kalibrierung des Systems, d. h. der Augenstellung und des Szenenbilds, kann nun bestimmt werden, wohin der Sportler seinen Blick richtet. Die Kalibrierung erfolgt in der Form, dass der Nutzer bestimmte Punkte in seinem Blickfeld fokussieren muss, die auch von der Feld- bzw. Szenenkamera erfasst werden. Anhand der Augenstellung und dem Wissen, wohin sich nun der Blick des Nutzers richtet, erkennt das System, worauf der Blick des Sportlers fokussiert ist (Duchowski 2007).

Mit dem Eyetracking-Verfahren ist es nun möglich, unterschiedliche Blickbewegungsparameter zu erfassen. Für den Sport sind vor allem Fixationen (Punkte, die mindestens 100–200 ms betrachtet werden), Sakkaden (schnelle Augenbewegungen, bei der kurz ein neuer Fixationspunkt von 10–100 ms Dauer anvisiert wird) und Augenfolgebewegungen (Verfolgung eines Objektes mit den Augen) interessant (Duchowski 2007). Die meisten Untersuchungen im Sport befassen sich mit der Erfassung von Fixationen während der Ausübung der jeweiligen Sportart. Anhand der Fixationen ist es möglich herauszufinden, wie lange und wohin ein Sportler während einer bestimmten Situation schaut. Bisherige Studien fanden heraus, dass die Anzahl und Dauer der Fixationen sich zwischen Anfängern und Leistungssportlern unterscheiden. Je nach Sportart und Leistungsniveau werden auch unterschiedliche gegnerische Körperteile fixiert (Mann et al. 2007). Auf Basis der fokussierten Körperteile oder Bereiche aus dem Blickfeld der Sportler können dann Schlussfolgerungen gezogen werden, welche visuellen Informationen vom Sportler Aufmerksamkeit erhalten und vermutlich für die Antizipation verwendet werden, also vermeintliche antizipatorische Schlüsselreize (Cues) darstellen. Weiterhin können auf Basis der Fixationen sogenannte optimale visuelle Suchstrategien nachvollzogen werden, d. h., in welcher Reihenfolge bestimmte Regionen betrachtet werden (Dicks et al. 2010). Ein Beispiel demonstriert die ◘ Abb. 7.9.

Ein großer Nachteil der Blickbewegungserfassungen besteht darin, dass nur foveale (Informationen die sich im scharfen Sichtfeld befinden), aber keine peripheren visuellen Informationen (d. h. Informationen, die nicht im scharfen Sichtfeld liegen),

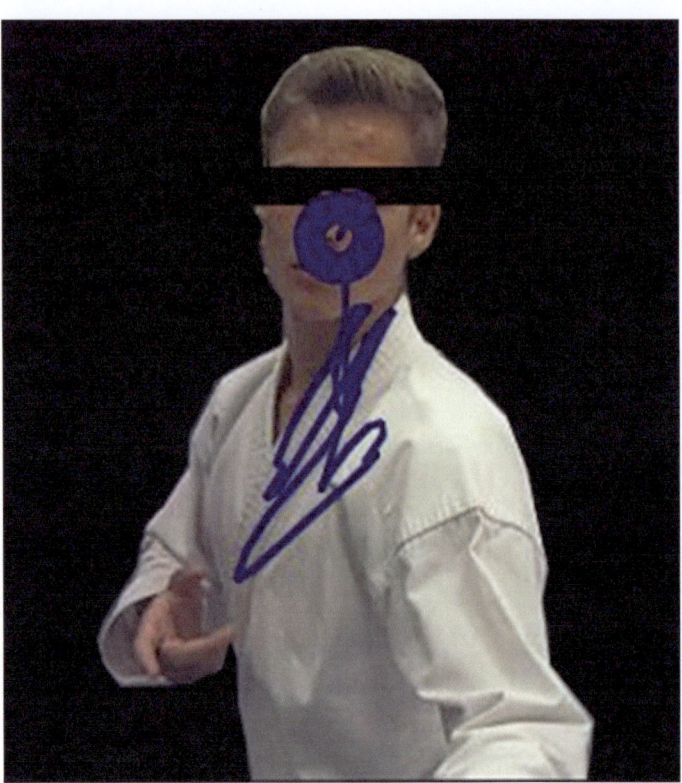

Abb. 7.9 Visuelle Suchstrategien bei einem Karateathleten, dargestellt mit Hilfe des Eyetracking-Verfahrens

erfasst werden. Peripheres Sehen ist aber z. B. bei Sportspielen (Memmert 2014) zur Einordnung von taktischen Spielzügen von besonderer Bedeutung. Eine Möglichkeit, die Nutzung von peripheren Informationen in Untersuchungen zu kontrollieren, besteht in der Verwendung der Okklusionsmethode in Kombination mit dem Eyetracking. Dabei kann herausgefunden werden, wohin der Sportler in einer bestimmten Situation schaut, während zeitliche und/oder räumliche Informationen okkludiert sind. Anhand der Reaktionen der Sportler zusammen mit den fixierten visuellen Informationen sind schließlich Rückschlüsse auf wichtige Bewegungsmerkmale für die Antizipation möglich.

Blickbewegungserfassung in Spielsportarten
Interessant ist es in vielen Spielsportarten, wann und wie das Bewegungsziel visuell fixiert wird. ◘ Abb. 7.10 zeigt am Beispiel des Basketball-Freiwurfes die visuelle Fixierung des Korbes durch den Probanden, die durch eine spezielle Eyetracking-Software dargestellt werden kann (unterer Teil des Bildes). Während es sich beim Basketball-Freiwurf um relativ standardisierte Bedingungen

7.2 · Untersuchungsmethoden

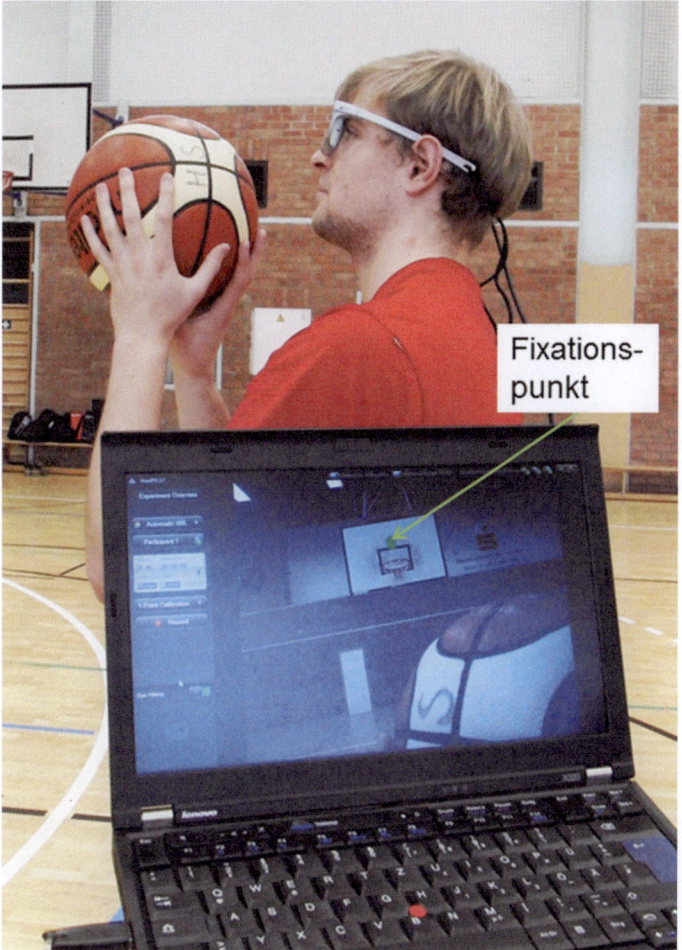

Abb. 7.10 Eyetracking beim Basketball-Freiwurf mit Darstellung der visuellen Fixierung des Korbes. (Mit freundlicher Genehmigung von A. Prinz)

handelt, ist es durchaus untersuchenswert, wie sich das Blickverhalten unter dynamischen Bedingungen und unter Einfluss des Gegners ändert (■ Abb. 7.11).

7.2.4 Art der Stimuluspräsentation

Neben den eigentlichen Untersuchungsverfahren spielt auch die Art der Präsentation der visuellen Information für die Antizipation eine Rolle. Die ersten Studien zur Antizipationsfähigkeit verwendeten Bildmaterial zur Präsentation von Bewegungen oder Aktionen (Abernethy 1987). Nachteil bei dieser Art der Präsentation sind die fehlenden dynamischen Informationen,

Abb. 7.11 Eyetracking unter dynamischen Bedingungen und unter Einfluss eines Gegners. (Mit freundlicher Genehmigung von A. Prinz und Dr. K. Rehfeld)

wie Bewegungsgeschwindigkeiten und -beschleunigungen des präsentierten Sportlers oder das Bewegungsverhalten zwischen Sportler und dem zu analysierenden Probanden (bspw. Distanzverhalten).

Eine weitere, in Studien oft genutzte Möglichkeit ist die Verwendung von zweidimensionalen Videos, die entweder auf einem Computermonitor oder einer Videoleinwand präsentiert werden. Ein Nachteil ist hierbei, dass nur geringe Ausschnitte der sportlichen Umgebung gezeigt werden können, die dadurch zu einem nicht ganz realistischen Untersuchungsszenario führen (Williams et al. 1994). Weitere Nachteile bestehen in der recht aufwendigen Bildbearbeitung, um visuelle Informationen zeitlich oder räumlich zu okkludieren (Hagemann et al. 2006) und in der fehlenden dritten Dimension bzw. Tiefeninformation (Williams et al. 2002). Tiefeninformationen spielen im Sport eine entscheidende Rolle, da anhand dieser Distanzen und Geschwindigkeiten eingeschätzt werden können. Eine Darstellung von Tiefeninformationen bei Untersuchungen der Antizipationsfähigkeit ist daher von großer Bedeutung. Die Präsentation von Tiefeninformationen werden heute teilweise durch 3D-Videos und Stereoskopie oder durch virtuelle dreidimensionale Welten erzeugt (Savelsbergh et al. 2002).

Eine weitere Möglichkeit besteht in Felduntersuchungen, die auch der Realität am nächsten sind. Durch ihre hohe ökologische Validität sollte diese Art von Untersuchungsumgebung, vor allem bei der Untersuchung von realistischem Verhalten und Reaktionen, d. h. auch bei Antizipationsuntersuchungen, verwendet werden (Lidor et al. 1998; Williams et al. 2002). Die Nachteile dieser Untersuchungsumgebung sind kaum standardisierte Bedingungen, unkontrollierbare äußere Umwelteinflüsse und oftmals nicht oder nur schwer im Feld umsetzbare Untersuchungsdesigns (z. B. zeitliche und räumliche Okklusion, Manipulation von gegnerischen Bewegungen usw.).

Eine andere Möglichkeit ist der Einsatz der virtuellen Realität. Hierbei können die Vorteile von einfachen Manipulationen der gegnerischen Bewegung, standardisierte Bedingungen und die Darstellung von Tiefeninformationen genutzt werden, wie Studien z. B. im Handball (Bideau et al. 2004), Fußball (Craig et al. 2006) und Karate (Bandow 2016) zeigen.

Während sich bisherige Untersuchungen ausschließlich auf visuelle Stimuluspräsentationen beschränken, sollten zukünftig auch akustischen Reize mit einbezogen werden. So zeigt bspw. eine Studie von Cañal-Bruland et al. (2018), dass aktionsbezogene akustische Cues signifikant die Vorhersage des Tennisschlages beeinflussen können.

7.3 Unterschiede in der Antizipationsfähigkeit von Freizeit- und Leistungssportlern

Schon früh haben Studien gezeigt, dass Leistungssportler im Gegensatz zu Freizeitsportlern eine bessere Antizipationsfähigkeit besitzen und daher genauere Voraussagen über zukünftige sportliche Ereignisse treffen können (Abernethy und Russell 1987; Jones und Miles 1978). So können z. B. professionelle Fußballtorhüter bereits vor dem eigentlichen Schuss des Balls anhand der Körperposition und Kinematik des Schützen (Hüftstellung, Standbein und Bewegung des Schussbeines) vorhersagen, wohin der Ball geschossen wird (Savelsbergh et al. 2005). So besitzen Leistungssportler auf Grund ihrer Erfahrungen eine bessere Erfahrungsantizipation. Das führt dazu, dass sie bereits frühzeitig die für die Antizipation wesentlichen visuellen

> Leistungssportler zeichnen sich durch bessere Wahrnehmungs- und auch Erfahrungsantizipation aus.

Informationen erfassen und verarbeiten können. Leistungssportler verwenden, neben kinematischen Informationen, auch situative Wahrscheinlichkeitsinformationen bzw. kontextspezifische Informationen, d. h., dass z. B. auf Grund der Spielerposition im Feld bereits eine Auswahl an möglichen Aktionen antizipiert werden kann (Abernethy et al. 2001; Loffing und Hagemann 2014). Weitere Informationen, die von den Leistungssportlern zur Antizipation genutzt werden, sind sportlerspezifische Informationen, wie z. B. Präferenz der Schussrichtung von bestimmten Positionen im Feld oder die aktuelle Spielsituation (z. B. Punkte im Rückstand) (Farrow und Reid 2012).

Ergebnisse aus Eyetracking-Studien haben gezeigt, dass das Blickverhalten generell von der Sportart und den daraus resultierenden Anforderungen abhängt. Im Allgemeinen führen Freizeitsportler mehr Fixationen von kürzerer Dauer aus und fixieren mehr Bereiche als Leistungssportler (Mann et al. 2007; Milazzo et al. 2014). Dies liegt darin begründet, dass Leistungssportler bereits wissen, wonach sie suchen bzw. worauf sie achten sollen, sie also ihre Erfahrungsantizipation besser nutzen können. Weiterhin verwenden diese in der Regel einen visuellen „Ankerpunkt" (visual pivot), d. h., sie fixieren häufig zentrale visuelle Informationen bzw. proximale Körperteile (z. B. Oberkörper, Kopf), um dadurch über peripheres Sehen weitere relevante Informationen erfassen zu können (Abernethy et al. 2001; Smeeton und Huys 2011). Freizeitsportler hingegen fixieren meist Bewegungen von distalen Körperteilen oder Sportequipment (z. B. Arm, Bein, Schläger, Ball), da diese sich am prägnantesten verändern. Dadurch leidet aber oftmals das periphere Sehvermögen und somit die periphere Informationsaufnahme.

7.4 Training der Antizipation

Das Antizipationstraining nutzt meist die Methode des expliziten Lernens. Auf Grund der verschiedenen Möglichkeiten des Medieneinsatzes kann der Trainer gezielt auf antizipatorische Cues eingehen und diese bei verschiedenen Situationen vom Athleten trainieren lassen.

Das Ziel eines Antizipationstrainings ist es, die Athleten für wichtige visuelle Informationen frühzeitig in sportlichen Situationen zu sensibilisieren. So sollen bei einem sportartspezifischen Wahrnehmungstraining zu einem frühen Zeitpunkt innerhalb von gegnerischen Bewegungsphasen (oder Spielsituationen) relevante Informationen erkannt werden. Diese sind mit unterschiedlichen Handlungsintentionen zu assoziieren, um schließlich darauf basierend eine adäquate Aktion oder Reaktion durchzuführen. Das heißt, die Athleten lernen, welche Informationen wichtig sind, um das Eintreten von Situationen vorherzusagen. Im Allgemeinen werden zwei unterschiedliche Lernstrategien im Sport eingesetzt: das explizite und das implizite Lernen. Beim expliziten Lernen werden den Sportlern gezielt verbale oder visuelle Anweisungen gegeben, auf welche Reize sie zu bestimmten Zeitpunkten achten sollen. Beispielsweise sollte im Tennis bis 1200 ms vor dem Schläger-Ball-Kontakt auf die Standposition und Körperhaltung geachtet werden und von da ab bis zum Kontakt auf die Arm- und Schlägerbewegung (Goulet et al. 1989). Implizites Lernen verfolgt dagegen das Ziel, selbst und ohne explizite Anweisungen die relevanten Informationen zu erkennen und für die Antizipation zu nutzen, z. B. durch wiederholtes Betrachten von bestimmten Spielsituationen. Um solche Trainingsprogramme, vor allem für das explizite Lernen zu erstellen, müssen die relevanten visuellen Informationen anhand von wissenschaftlichen Studien, wie bereits beschrieben, identifiziert werden und daher bekannt sein (Farrow und Abernethy 2002; Savelsbergh et al. 2002).

Eine Möglichkeit für ein explizites Lernen ist die Cueing-Methode. Bei dieser Methode werden mit Hilfe von ergänzendem Videotraining (Williams und Grant 1999) wichtige Informationen visuell (durch Einkreisen der Information) oder verbal durch einen Kommentator hervorgehoben. Oftmals werden auch zeitliche Okklusionen eingesetzt, um vor allem das Erkennen von frühzeitigen Bewegungsinformationen zu schulen. Anhand des Wissens über relevante Informationen werden diese über kognitive Verarbeitungsprozesse mit der im Zusammenhang stehenden Situation verbunden. Bei einem wiederholten Auftreten dieser oder ähnlicher Situationen kommt es schließlich zu einer schnelleren Wiedererkennung und dadurch besseren Antizipation, wodurch die resultierenden Reaktionen verbessert werden (Elliott und Farrow 2009). Vorteile derartiger Videotrainings sind vor allem die Wiederholbarkeit, geringe materielle und personelle Ressourcen sowie der mögliche Einsatz in Rehabilitationsphasen (z. B. bei Verletzungen) (Williams und Grant 1999). Durch die sich schnell verbreitende Anwendung von virtueller Realität im Sport können auch mit dieser Technologie spezielle sportartspezifische und realitätsnahe Trainingsumgebungen geschaffen werden. So haben erste Untersuchungen zum Einsatz von VR für das Antizipationstraining (◘ Abb. 7.12) positive Effekte in Bezug auf das Reaktionsverhalten (Reaktionszeit und Qualität der Reaktion) im Karate-Kumite gezeigt (Petri et al. 2017).

Welche Lernmethode die beste Variante darstellt, ist bisher umstritten. So gibt es vor allem im Hinblick auf den Einsatz von explizitem Lernen bei Leistungssportlern unterschiedliche Ansichten. Es wird angenommen, dass bei Leistungssportlern ein explizites Training nicht immer einen positiven Effekt aufzeigt. So wurde beispielsweise in einer Studie festgestellt, dass professionelle Handballtorhüter durch ein explizites Wahrnehmungstraining, d. h. das Erlernen über die Wurfpräferenzen von Handballschützen (in welche bevorzugte Ecke die einzelnen Athleten werfen), in ihrer Antizipationsfähigkeit gestört werden, sobald die Schützen den Ball in die nicht erwartete Ecke des Tors

Abb. 7.12 Antizipationstraining mit VR. Abbildung vorn: Sicht des Probanden durch die VR-Brille. (Mit freundlicher Genehmigung durch den „Hatsuun Jindo" Karate-Club Magdeburg-Barleben e. V.)

werfen. Es wird davon ausgegangen, dass dieses Wissen außerdem die automatisierten Prozesse über die erlernte Wahrnehmungs- und Erfahrungsantizipation stören (Mann et al. 2014).

Allgemein zeigen die Studien, dass anhand von videobasiertem, sportartspezifischem Wahrnehmungstraining sich die Antizipationsfähigkeit verbessert und diese sich auch in die Praxis übertragen lässt. So konnte z. B. eine Studie von Williams et al. (2003) zeigen, dass sich die Antizipationsleistung von Hockeytorhüterinnen auch im Feld durch ein videobasiertes Wahrnehmungstraining verbesserte. Anzumerken ist allerdings, dass die Felduntersuchungen teilweise auch zu Einschränkungen der realen sportspezifischen Situation führten, wodurch die Aussagekraft über den Transfer in die Praxis etwas gemindert ist (Loffing et al. 2014).

7.5 Themen für Referate

- **Thema: Entwicklung eines Testinstrumentariums zur Bestimmung von antizipatorischen Cues**

Zielstellung
Diese Thematik soll Sie insbesondere mit dem Verfahren der zeitlichen Okklusion vertraut machen.

Vorgehensweise bei der Videoaufnahme
- Wählen Sie eine für Sie geeignete Bewegungstechnik! Zu empfehlen ist bspw. der Aufschlag beim Tennis, Badminton oder einer anderen Rückschlagsportart.
- Zeichnen Sie Videos aus Sicht des Gegners auf! Verwenden Sie eine Highspeed-Kamera mit Shutter. Achten Sie auf einen guten Kontrast zum Hintergrund und eine optimale Bildqualität durch eine entsprechende Ausleuchtung.
- Die Aufnahmen sollten einmal mit einem erfahrenen Sportler und einmal mit einem Freizeitsportler erfolgen. Sie sollten wenigstens fünf Videos pro Person (z. B. mit unterschiedlichen Aufschlägen) aufnehmen.

Vorgehensweise für die zeitliche Okklusion
- Entscheiden Sie sich für eine Methode der zeitlichen Okklusion und begründen Sie diese. Wenn Sie sich für die progressive Methode entschieden haben, ist eine zeitliche Einteilung der Bewegung notwendig (z. B. beim Tennisaufschlag: Ausholphase, Schlagphase, Ausschwungphase). Sie werden bemerken, dass diese Einteilung zu grob ist, um einzelne Bewegungsmerkmale konkret zuordnen zu können. Versuchen Sie eine detailliertere Phaseneinteilung, die für beide Probanden auch zutrifft. Wir empfehlen vier bis fünf Phasen.
- Schneiden Sie Ihr Videomaterial entsprechend Ihrer Einteilung. Sie erhalten also Okklusionsmaterial für fünf Bewegungen pro Proband.

Erprobung des Testmaterials
- Präsentieren Sie Ihr Material mindestens einer Versuchsperson. Beginnen Sie bei der kürzesten Sequenz. Erst zum Schluss sollte das fast vollständige Video präsentiert werden. Sie können auch randomisiert arbeiten.
- Fordern Sie Ihren Probanden auf, nach der Präsentation die Art des Aufschlages vorauszusagen (flacher Aufschlag, Topspin-Aufschlag, Slice-Aufschlag)
- Auswertung: Zählen Sie die richtigen Antworten für jede Videosequenz aus.

– In welcher Bewegungsphase war sich Ihr Proband am sichersten? Gab es Unterschiede zwischen den Präsentationen vom erfahrenen Sportler und vom Freizeitsportler?
– Welche Schlussfolgerungen für eine diesbezügliche Studie können Sie aus Ihren eigenen Ergebnissen ziehen? Vergleichen Sie mit der Literatur!

Zusatzaufgabe: räumliche Okklusion
– Versuchen Sie ein geeignetes Verfahren zur räumlichen Okklusion für Ihr Videomaterial zu finden.
– Erproben Sie dieses, indem Sie wahlweise einzelne Körperteile (z. B. Schlagarm) oder Schläger okkludieren.
– Bedenken Sie, dass nun zwei Faktoren die Antizipation beeinflussen: zeitlich und räumlich. Entsprechend empfehlen wir Ihnen zunächst nur unterschiedliche räumliche Okklusionen bei dem fast vollständigen Video vorzunehmen.
– Ggf. können Sie nun Ihre kleine Pilotstudie wiederholen. Welche Ergebnisse gibt es?

Literatur

Abernethy, B. (1987). Anticipation in sport: A review. *Physical Education Review, 10*(1), 5–16.

Abernethy, B., Gill, D. P., Parks, S. L., & Packer, S. T. (2001). Expertise and the perception of kinematic and situational probability information. *Perception, 30*(2), 233–252.

Abernethy, B., & Russell, D. G. (1987). Expert-novice differences in an applied selective attention task. *Journal of Sport Psychology, 9*, 326–345.

Abernethy, B., & Zawi, K. (2007). Pickup of essential kinematics underpins expert perception of movement patterns. *Journal of Motor Behavior, 39*(5), 353–367.

Bandow, N. (2016). Bestimmung der Antizipationsfähigkeit im Karate-Kumite unter Nutzung der virtuellen Realität. Dissertation (1. Aufl.). Berlin: epubli.

Bandow, N., Emmermacher, P., Stucke, C., Masik, S., & Witte, K. (2014). Comparison of a video and virtual based environment using the temporal and spatial occlusion technique for studying anticipation in karate. *International Journal of Computer Science in Sport, 13*(1), 44–56.

Bideau, B., Multon, F., Kulpa, R., Fradet, L., Arnaldi, B., & Delamarche, P. (2004). Using virtual reality to analyze links between handball thrower kinematics and goalkeeper's reactions. *Neuroscience Letters, 372*(1–2), 119–122.

Cañal-Bruland, R., Müller, F., Lach, B., & Spence, C. (2018). Auditory contributions to visual anticipation in tennis. *Psychology of Sport and Exercise*. ▶ https://doi.org/10.1016/j.psychsport.2018.02.001.

Craig, C. M., Berton, E., Rao, G., Fernandez, L., & Bootsma, R. J. (2006). Judging where a ball will go: The case of curved free kicks in football. *Naturwissenschaften, 93*(2), 97–101.

Dicks, M., Davids, K., & Button, C. (2010). Individual differences in the visual control of intercepting a penalty kick in association football. *Human Movement Science, 29*(3), 401–411.

Literatur

Duchowski, A. T. (2007). *Eye tracking methodology: Theory and practice* (2. Aufl.). London: Springer.

Elliott, B., & Farrow, D. (2009). Application of biomechanics in the improvement of sport performance. In T. R. Ackland, B. Elliott, & J. Bloomfield (Hrsg.), *Applied anatomy and biomechanics in sport* (2. Aufl., S. 301–310). Champaign: Human Kinetics.

Farrow, D., Abernethy, B., & Jackson, R. C. (2005). Probing expert anticipation with the temporal occlusion paradigm: Experimental investigations of some methodological issues. *Motor Control, 9*(3), 332–351.

Farrow, D., & Abernethy, B. (2002). Can anticipatory skills be learned through implicit video based perceptual training? *Journal of Sports Sciences, 20*(6), 471–485.

Farrow, D., & Reid, M. (2012). The contribution of situational probability information to anticipatory skill. *Journal of science and medicine in sport, 15*(4), 368–373.

Goulet, C., Bard, C., & Fleury, M. (1989). Expertise differences in preparing to return tennis serve: A visual information processing approach. *Journal of Sport & Exercise Psychology, 11*, 382–398.

Hagemann, N., Strauss, B., & Canal-Bruland, R. (2006). Training perceptual skill by orienting visual attention. *Journal of Sport & Exercise Psychology, 28*, 143–158.

Jones, C., & Miles, J. (1978). Use of advance cues in predicting the flight of a lawn tennis ball. *Journal of Human Movement Studies, 4*, 231–235.

Kibele, A. (2006). Non-consciously controlled decision making for fast motor reactions in sports – A priming approach for motor responses to non-consciously perceived movement features. *Psychology of Sport and Exercise, 7*(6), 591–610.

Lidor, R., Argov, E., & Daniel, S. (1998). An exploratory study of perceptual-motor abilities of women: Novice and skilled players of team handball. *Perceptual and Motor Skills, 86*(1), 279–288.

Loffing, F., & Cañal-Bruland, R. (2017). Anticipation in sport. *Current Opinion in Psychology, 16*, 6–11. ► https://doi.org/10.1016/j.copsyc.2017.03.008.

Loffing, F., Cañal-Bruland, R., Hagemann, N. (2014). Antizipationstraining im Sport. In K. Zentgraf (Ed.), *Sportpsychologie: Bd. 8. Kognitives Training im Sport* (1. Aufl., S. 137–161). Göttingen: Hogrefe.

Loffing, F., & Hagemann, N. (2014). On-court position influences skilled tennis players' anticipation of shot outcome. *Journal of Sport & Exercise Psychology, 36*(1), 14–26.

Loosch, E. (1999). *Allgemeine Bewegungslehre. UTB für Wissenschaft: Vol. 2100*. Wiebelsheim: Limpert.

Mann, D. T. Y., Williams, A. M., Ward, P., & Janelle, C. M. (2007). Perceptual-cognitive expertise in sport: A meta-analysis. *Journal of Sport & Exercise Psychology, 29*, 457–478.

Mann, D. L., Schaefers, T., & Cañal-Bruland, R. (2014). Action preferences and the anticipation of action outcomes. *Acta Psychologica, 152*, 1–9.

Mecheri, S., Gillet, E., Thouvarecq, R., & Leroy, D. (2011). Are visual cue masking and removal techniques equivalent for studying perceptual skills in sport? *Perception, 40*(4), 474–489.

Memmert, D. (2014). *Training der Aufmerksamkeitsausrichtung und -lenkung im Sportspiel*. In K. Zentgraf (Ed.), *Sportpsychologie, Bd. 8. Kognitives Training im Sport* (1. Aufl., S. 117–136) Göttingen: Hogrefe.

Milazzo, N., Farrow, D., & Fournier, J. (2014). Enhancing the decision making of skilled karate athletes with a „no-feedback" perceptual training program. *Archives of Budo, 10*, 295–302.

Mori, S., Ohtani, Y., & Imanaka, K. (2002). Reaction times and anticipatory skills of karate athletes. *Human Movement Science, 21*(2), 213–230.

Müller, S., Abernethy, B., Reece, J., Rose, M., Eid, M., McBean, R., ... & Abreu, C. (2009). An in-situ examination of the timing of information pick-up for interception by cricket batsmen of different skill levels. *Psychology of Sport and Exercise, 10*(6), 644–652.

Petri, K., Bandow, N., Salb, S., Emmermacher, P., Masik, S., Zhang, L., Brunnett, G., & Witte, K. (2017). Wie kann virtuelle Realität im Hochleistungssport genutzt werden? In I. Fichtner (Hrsg.), *Technologien im Leistungssport 2: Tagungsband zur 18. Frühjahrsschule am 13./14. April 2016 in Leipzig (Schriftenreihe für Angewandte Trainingswissenschaft, 6)* (S. 45–56). Aachen: Meyer & Meyer.

Sarpeshkar, V., Mann, D. L., Spratford, W., & Abernethy, B. (2017). The influence of ball-swing on the timing and coordination of a natural interceptive task. *Human Movement Science, 54*,82–100. ▶ https://doi.org/10.1016/j.humov.2017.04.003.

Savelsbergh, G. J. P., van der Kamp, J., Williams, A. M., & Ward, P. (2005). Anticipation and visual search behaviour in expert soccer goalkeepers. *Ergonomics, 48*(11–14), 1686–1697.

Savelsbergh, G. J., Williams, A. M., van der Kamp, J., & Ward, P. (2002). Visual search, anticipation and expertise in soccer goalkeepers. *Journal of Sports Sciences, 20*(3), 279–287.

Schnabel, G., & Thieß, G. (1993). *Lexikon sportwissenschaft* (1. Aufl.). Berlin: Sportverlag.

Schorer, J. (2007). *Höchstleistung im Handballtor – Eine Studie zur Identifikation, den Mechanismen und der Entwicklung senso-motorischer Expertise*. Heidelberg University Library.

Shim, J., Carlton, L. G., Chow, J. W., & Chae, W. S. (2006). Perception of kinematic characteristics of tennis strokes for anticipating stroke type and direction. *Research Quarterly for Exercise and Sport, 77*(3), 326–339.

Shim, J., Carlton, L. G., Chow, J. W., & Chae, W. S. (2005). The use of anticipatory visual cues by highly skilled tennis players. *Journal of Motor Behavior, 37*(2), 164–175.

Smeeton, N., & Huys, R. (2011). Anticipation of tennis-shot direction from whole-body movement: The role of movement amplitude and dynamics. *Human Movement Science, 30*(5), 957–965.

Sonnenschein, I. (1987). *Wahrnehmung und taktisches Handeln im Sport: Entwicklung von Konzepten zur Verbesserung der Wahrnehmungsfähigkeit* (1. Aufl.). Köln: BPS-Verlag.

Williams, A. M., & Grant, A. (1999). Training perceptual skill in sport. *International Journal of Sport Psychology, 30*(2), 194–220.

Williams, A. M., Davids, K., Burwitz, L., & Williams, J. G. (1994). Visual Search Strategies in Experienced and Inexperienced Soccer Players. *Research Quaterly for Exercise and Sport, 65*(2), 127–135.

Williams, A. M., Ward, P., Knowles, J. M., & Smeeton, N. J. (2002). Anticipation skill in a real-world task: Measurement, training and transfer in tennis. *Journal of Experimental Psychology: Applied, 8*(4), 259–270.

Williams, A. M. (2009). Perceiving the intentions of others: how do skilled performers make anticipation judgments? In M. Raab, J. G. Johnson, & H. R. Heekeren (Eds.), *Progress in brain research: Bd. 174. Mind and motion: The bidirectional link between thought and action* (S. 73–83). New York: Elsevier.

Williams, A. M., Ward, P., & Chapman, C. (2003). Training perceptual skill in field hockey: is there transfer from the laboratory to the field? *Research Quarterly for Exercise and Sport, 74*(1), 98–103.

Kognitive Robotik

8.1 Einführung – 154

8.2 Kognitive Architektur – 155

8.3 Kognitive Robotik – 156
8.3.1 Exoskelett – 156
8.3.2 Humanoide Roboter – 158
8.3.3 Neurorobotik – 159
8.3.4 Sportrobotik – 160

8.4 Themen für Referate – 161

Literatur – 162

© Springer-Verlag GmbH Deutschland, ein Teil von Springer Nature 2018
K. Witte, *Ausgewählte Themen der Sportmotorik für das weiterführende Studium (Band 2)*,
https://doi.org/10.1007/978-3-662-57876-6_8

Bereits aus der Filmwelt sind Roboter bekannt, die sich wie Menschen bewegen. Fast erschreckend ist ihr menschenähnliches Verhalten. Doch wie funktioniert das? Was muss bedacht werden, wenn menschliches Verhalten auf Roboter oder andere technische Systeme übertragen werden soll? Ist es auch möglich, Roboter zu nutzen, um über unser Bewegungsverhalten mehr zu lernen?

8.1 Einführung

Die Entwicklung von Robotern reicht vom einfachen Industrieroboter bis zum kognitiven Roboter, der bereits über einen hohen Autonomiegrad verfügt und somit eigenständig Aufgaben lösen kann.

Roboter integrieren sich zunehmend in die Lebenswelt des Menschen. So gibt es Staubsaugerroboter, Freizeitroboter, Transportroboter, Industrieroboter, Greifroboter und Erkundungsroboter, um nur einige Beispiele zu nennen (Haun 2013). Seit den 1960er Jahren werden Roboter zunehmend auch in der Rehabilitation eingesetzt. Vorteile sind die vielen möglichen Wiederholungen und die objektive Kontrolle durch Messungen (Xie 2016).

Auch in der Chirurgie werden Roboter auf Grund ihrer Präzision und Unermüdbarkeit verwendet, um bspw. Knochen so für die künstlichen Gelenke auszufräsen, dass eine perfekte Einpassung des Gelenks und lange Haltbarkeit garantiert werden kann. Doch diese scheinbare Genialität hatte auch oft ihren Preis, da auch Roboter Fehler machten, indem sie Nerven und Muskeln durchtrennten, so dass der Einsatz derartiger Roboter in diesem Umfang nicht vertretbar ist (Haun 2013). Das zeigt aber auch, dass Roboter nicht nur mechanisch einwandfrei arbeiten müssen, sondern über eine gewisse künstliche Intelligenz verfügen sollten. Damit kommen wir zu dem Gebiet der kognitiven Robotik, die eine konsequente Weiterentwicklung der klassischen Robotik ist. Sie stellt eine neue Generation dar (siehe ◘ Abb. 8.1), die neben der Simulationstechnik auf die Technologien des Cognitive Computing zugreift (Haun 2013). Kognitive Roboter zeichnen sich durch einen hohen Grad an Komplexität und Autonomie aus.

Doch was bedeuten Robotersysteme mit intrinsischen (eigenen) kognitiven Fähigkeiten? Sie müssen viele Anforderungen erfüllen: Zur Nachahmung menschlicher Bewegungen bzw. Arbeitsweisen kommt insbesondere auch die Autonomie bei der Lösung von Teilaufgaben und Problemen hinzu. Damit muss zunehmend ein Augenmerk auf die Entwicklung der Sensortechnik und auf das kognitive Verhalten gelegt werden (Haun 2013).

Unter dem Aspekt des kognitiven Verhaltens wollen wir uns zunächst mit dem Begriff der kognitiven Architektur menschlicher Bewegungen beschäftigen.

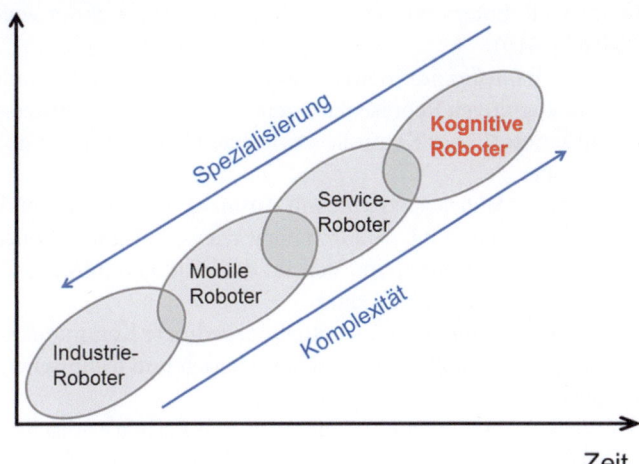

Abb. 8.1 Entwicklung der Robotik mit zunehmender Komplexität. (Mod. nach Haun 2013)

8.2 Kognitive Architektur

Zunächst kann davon ausgegangen werden, dass die kognitive Architektur menschlicher Bewegungen in Verbindung mit „intelligenten" technischen Systemen von großer Bedeutung ist (Schack 2010). Kognitive Architektur verfolgt das Ziel, die Erkenntnisse der kognitiven Psychologie in einem umfassenden Computermodell zusammenzufassen. Damit ist es wichtig, dass diese Erkenntnisse in einer weitestgehend formalisierten Form vorliegen, so dass sie Grundlage eines Computerprogramms sein können. Das heißt, dass theoretische Konzepte der Kognition in ein nutzbares Modell zu transferieren sind. Andererseits werden in der psychologischen Forschung auch kognitive Architekturen genutzt, um zu überprüfen, ob bestimmte theoretische Modelle, die in ein Computerprogramm eingespeist werden, dieses auch lauffähig machen und somit gezeigt werden kann, dass diese Theorie in sich konsistent ist (Anderson 2002).

Die Entwicklung und Bedeutung kognitiver Architekturen zeigt sich bei interaktiven Computersystemen in der virtuellen Realität (siehe ▶ Kap. 6) und letztendlich auch in der Robotik, also immer dann, wenn es um die aktive Auseinandersetzung eines biologischen oder technischen Systems mit der sich ständig veränderten Umwelt geht.

> Kognitive Architektur verfolgt das Ziel, die Erkenntnisse der kognitiven Psychologie in einem umfassenden Computermodell zusammenzufassen.

Für die systematische Verbesserung der kognitiven Kompetenz von Robotern müssen vier Bereiche berücksichtigt werden (Schack 2010):
- *Motion Intelligence* (Bewegungsintelligenz): Zusammenspiel von kognitiven Repräsentationen, Wahrnehmungsprozessen und motorischer Kontrolle sowie deren Aufbereitung für Roboter
- *Attentive Systems* (Systeme mit Aufmerksamkeit): Aufmerksamkeitssteuerung, wodurch nicht relevante Informationen unterdrückt werden und sich auf die wichtigen Informationen fokussiert werden kann
- *Situated Communication* (situationsbedingte Kommunikation): Kommunikation zwischen Mensch und technischem System
- *Memory and Learning* (Gedächtnis und Lernen): Speicherung von Situationen, Bewegungen und Handlungen und deren späterer Abruf

Eine besondere Herausforderung an kognitive Roboter stellt auf Grund der mit 20 Freiheitsgraden hohen Komplexität die Greifbewegung dar. Es bedarf umfänglicher Untersuchungen mit Personen, um bspw. herauszufinden, in welcher Situation welcher Griff bevorzugt wird (z. B.: Obergriff vs. Untergriff). So wird einerseits das Wissen über die menschliche Bewegung an den Roboter übergeben, andererseits kann der intelligente Roboter auch dafür genutzt werden, das Wissen über unsere Bewegungen zu vervollständigen.

8.3 Kognitive Robotik

8.3.1 Exoskelett

Exoskelette bilden eine äußere Stützstruktur und werden insbesondere in der Rehabilitation angewendet. Für die dafür notwendigen sehr engen Interaktionen werden kognitive und körperliche Schnittstellen unterschieden.

Exoskelette (oder auch wearable robotics) sind insbesondere aus der Rehabilitation bekannt. Sie sind dem menschlichen Körper nachempfunden und werden vom Nutzer „getragen", indem sie eine äußere Stützstruktur darstellen. Da sie sehr eng am Körper angebracht sind, können die Bewegungen zeitsynchron nachgeahmt werden. Durch kognitive Interaktionen steuert und kontrolliert der Mensch diesen Roboter, aber auch der Roboter beeinflusst die Bewegung des Menschen, indem er aufgabenspezifische sensorische Informationen aus der Umwelt liefert (Rocon und Pons 2011).

Als Antriebselemente können verschiedene physikalische Prinzipien genutzt werden. In der Robotik werden pneumatische, hydraulische, elektrische Aktoren, elektrisch aktive

Polymere (künstliche Muskeln) und weitere Aktoren verwendet. Einige von diesen können nicht als Antrieb eines Exoskeletts fungieren, da die geforderten Drehmomente bzw. Geschwindigkeiten nicht erreicht werden (Hong et al. 2013).

Es wird zwischen seriellen und parallelen Exoskeletten unterschieden. Bei den seriellen Exoskeletten wird das Binde- und Muskelgewebe künstlich nachempfunden, um bspw. den Aufprall von Stößen zu reduzieren bzw. Auftreffenergie zu speichern, um sie später wieder abzugeben. Nachteil dieses Systems ist die vergrößerte Instabilität. Bei den parallelen Exoskeletten erfolgt eine Gewichtsentlastung, indem ein Teil des Gewichts der einzelnen Segmente auf den Boden übertragen wird. Somit kann auch der Energieaufwand für das Gehen, Laufen und Springen verringert werden (Herr 2009).

Grundsätzlich werden zwei verschiedene Schnittstellen zwischen Mensch und Exoskelett unterschieden: die kognitive (cHRI: cognitive human robot interaction) und die körperliche (pHRI: physical human robot interaction) Schnittstelle. Für das cHRI liefern EEG- oder EMG-Signale die Informationen (Pons 2008) und beim pHRI werden Beschleunigungssensoren auch in Kombination mit Gyroskopen (bspw. für sportliche Bewegungen), Kraftsensoren (bspw. Dehnungsmessstreifen) und EMG-Sensoren (zur Ermittlung der Muskelaktivität) zur Aufnahme von Informationen verwendet (Hong et al. 2013). Besonders wichtig ist die Kraftkontrolle (Rocon und Pons 2011), bspw. beim Gang zur Kontrolle und Stabilisierung der Standphase. Ein unerwartetes Verhalten kann zum Sturz und damit zu Verletzungen führen. Diese Exoskelette werden ständig optimiert, indem die Sensortechnologie, Aktoren und Berechnungsalgorithmen kontinuierlich weiterentwickelt werden.

Die meisten Anwendungen beziehen sich jedoch auf das Gehen in der Rehabilitation. Gangroboter erlauben in der Klinik, die Spezifik und Intensität der Therapie zu erhöhen, so dass die Patienten schneller wieder in den Alltag zurückkehren können. Gangroboter werden auch oft in Verbindung mit dem Laufband zur Erhöhung der Sicherheit und oft auch der Gewichtskompensation des Patienten verwendet (Callegaro et al. 2014).

Eine erfolgreiche Anwendung von Exoskeletten stellt die Tremorunterdrückung (z. B. bei Parkinson-Patienten) bei Arm- und Greifbewegungen dar (Rocon und Pos 2011). Die besondere Anforderung bestand insbesondere darin, dass durch das Exoskelett die eigentliche Bewegung nicht beeinflusst werden darf.

8.3.2 Humanoide Roboter

Für humanoide Roboter ist die Gleichgewichtskontrolle von besonderer Bedeutung. Die Berechnung der Kräfte und Momente in den Gelenken stellt besondere Anforderungen an die Körperbaumodelle.

Bei humanoiden, also menschenähnlichen, Robotern ist die Gleichgewichtskontrolle von besonderer Bedeutung. So existieren Ansätze zur simultanen Regulierung der Position des COM (Center of Mass oder auch Körperschwerpunkt) und der Rumpforientierung eines zweibeinigen Roboters (Roa und Ott 2013). Nach einer äußeren Störung weicht der Roboter von seiner vorherigen Haltung ab, es werden die auftretenden Kräfte und Drehmomente zur Wiederherstellung der ursprünglichen Position und Haltung berechnet und an die entsprechenden Aktoren weitergeleitet. Dabei werden die vier Kontaktpunkte an jedem Fuß besonders genutzt.

Ein bekannter humanoider Gangroboter ist Lola (Buschmann et al. 2013). Das Sensor-Aktor-Netzwerk von Lola besteht aus neun Controllern. Von der Steuerung aus werden in der „Finiten State Machine" die Gangparameter definiert, anschließend die einzelnen Schrittsequenzen geplant und an den Gangmuster-Generator weitergeleitet. Nach erfolgter Stabilisierungskontrolle werden die Signale an den Positions-Kraft-Controller überführt, wonach dann die Position beider Beine zueinander koordiniert wird. Detaillierte Ausführungen sind bei Buschmann et al. (2013) zu finden. Eine Echtzeit-Bewegungssteuerung und Stabilisierungskontrolle erlauben dem Roboter schnell auf veränderte Umweltbedingungen zu reagieren. So kann er seine Schritte bei Störungen (z. B. unebenes Gelände) anpassen, die Geschwindigkeit gegebenenfalls ändern und stabil gehen.

Eine weitere Anwendung humanoider Roboter besteht in der Evaluation künstlicher Gelenke. Da Instabilitäten von künstlichen Gelenken zu größeren Komplikationen führen können, werden diese zuvor an Robotern getestet (Herrmann et al. 2013).

Die für die humanoiden Roboter benötigten Berechnungen werden meist mit einer Mehrkörperdynamik durchgeführt. Hierfür sind Körperbaumodelle mit allen relevanten anatomischen Segmenten und der Darstellung des Muskel-Skelett-Systems notwendig. Insbesondere sollte die Berechnung der Muskelkräfte möglichst genau sein, da durch sie die Bewegung in den Gelenken erfolgt (Ambrosio 2013).

8.3.3 Neurorobotik

Neurorobotik ist ein interdisziplinäres Gebiet, an dem Neurowissenschaften, Informatik und Robotik beteiligt sind. Gegenstand sind sowohl technische Systeme, die die Funktionsweise von Neuronen bzw. Netzwerken von Neuronen nutzen, als auch technische Systeme, die mit dem Nervensystem interagieren.

Ein solches technisches System kann eine Prothese sein. Dabei spielen insbesondere intrinsische und extrinsische Kontrollstrategien und speziell ihre Kombination eine wesentliche Rolle (Grimmer und Seyfarth 2014). Für die volle Funktionalität von Prothesen gehört nicht nur das reibungslose Funktionieren der mechanischen Elemente, sondern auch die Aufnahme und Verarbeitung der sensorischen Informationen. Dabei kann zwischen rechentechnisch intrinsischer und interaktiver extrinsischen Kontrolle unterschieden werden (siehe ◘ Abb. 8.2). Beide Kontrollprozesse sollten in Prothesen kombiniert werden (Grimmer und Seyfarth 2014).

Auch für eine möglichst optimale Rehabilitation können Roboter oder Assistenzsysteme mit entsprechender Intelligenz eingesetzt werden. Für die sensorischen Informationen spielt das haptische Feedback eine besondere Rolle (Masia et al. 2014). Insbesondere für die komplexe Greifbewegung wurde hierfür eine kapazitive Sensorhaut entwickelt (Watts und Lekakou 2017).

> In der interdisziplinären Neurorobotik entwickeln Neurowissenschaften, Robotik und Informatik gemeinsam Robotersysteme, die die Funktionsweise von Neuronen und neuronalen Netzwerken nutzen bzw. mit diesen interagieren.

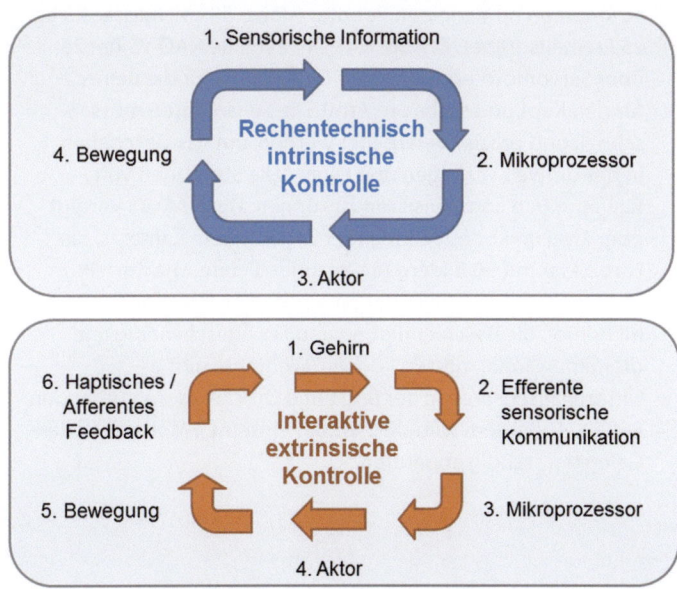

◘ **Abb. 8.2** Komponenten der rechentechnisch intrinsischen Kontrolle und der interaktiven extrinsischen Kontrolle. (Mod. nach Grimmer und Seyfarth 2014)

Für die Steuerung des technischen Systems ist es weiterhin wichtig, schon vor der realen Ausführung der Bewegung die Absicht zu erkennen, um die entsprechende Bewegungsunterstützung geben zu können. Die ◘ Abb. 8.3 fasst diese Mechanismen in einem Schaubild zusammen.

8.3.4 Sportrobotik

Gerade sportliche Bewegungen und die Interaktionen zwischen den Spielern stellt eine besondere Herausforderung auf Grund der ständigen und möglichst sofortigen Anpassung an die unterschiedlichen Reize aus der Umwelt für humanoide Roboter dar.

Auf Grund der Komplexität sportlicher Bewegungen ist es eine besondere Herausforderung, die Roboter bestimmte Sportarten betreiben zu lassen. Ein bekanntes Beispiel ist das Fußballspielen von Robotern (RoboCup). Dabei kommt es darauf an, dass die Roboter die verschiedensten Sensorsignale in Echtzeit verarbeiten können (Laue 2016). Das ist auch der Grund dafür, dass das Fußballspielen von Robotern heute noch weit entfernt vom menschlichen Fußballspielen ist. Doch Teilaufgaben können mit intelligenten Algorithmen bereits schnell und präzise gelöst werden, wie bspw. das Verfolgen eines fliegenden Balls. Das Spielen bei natürlichem Licht und die Kontrasterkennung des Balls in Bezug zu anderen Robotern sind dabei besonders schwierig.

> **RoboCup Standard Platform League (SPL) (Laue 2016)**
> In der Standard Platform League (SPL) nutzen alle teilnehmenden Teams dieselbe Roboter-Plattform NAO, einen autonomen humanoiden Roboter (Höhe: 58 cm, Masse: 4,3 kg, 25 Freiheitsgrade) (◘ Abb. 8.4). Der aktuelle NAO V5 hat 25 über Servomotoren steuerbare Gelenke (11 für die Beine, 2 für den Kopf und sechs pro Arm). Die Sensordaten müssen schnell und präzise verarbeitet werden, um das Geschehen in der Umwelt verfolgen und eventuelle Störungen von Bewegungen kompensieren zu können. Der NAO V5 verfügt über zwei im Kopf übereinander angeordnete Kameras, die Farbbilder mit 30 Bildern pro Sekunde liefern. Die Korrektur der dynamischen Bewegungen erfolgt über Inertialsensoren im Rumpf, die Beschleunigung und Drehgeschwindigkeit dreidimensional messen können. Weiterhin gibt es Ultraschallsensoren in der Brust und Drucksensoren unter den Füßen. Außerdem wird die Last der einzelnen Motoren in den Gelenken ständig abgerufen.

8.4 · Themen für Referate

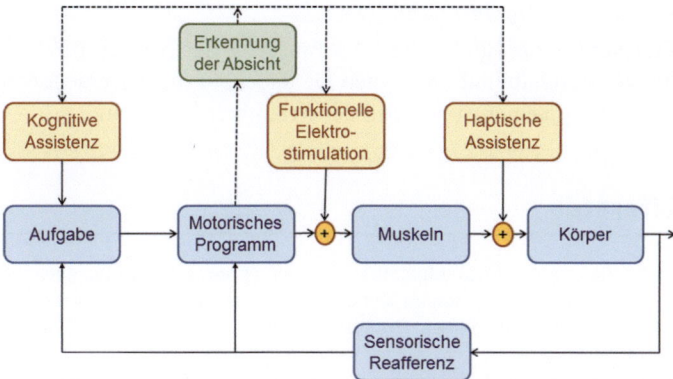

Abb. 8.3 Hilfestellungen bzw. Assistenzen bei intelligenten Robotersystemen in der Rehabilitation. (Mod. nach Masia et al. 2014)

Abb. 8.4 RoboCup 2017 in Nagoya, Japan. Team B-Human, Universität Bremen und Deutsches Forschungszentrum für Künstliche Intelligenz. (Foto: Alexis Tsogias)

8.4 Themen für Referate

- **Thema 1: Konstruktion und Bau eines Lego-Roboters**

Bauen Sie einen Roboter auf Lego-Basis mit Steuerung und Sensorik. Nutzen Sie bspw. hierfür die Anleitung von Rollins (2013).

Legen Sie in Ihrer Konzeption fest, welche Module der Steuerung und des Feedbacks Sie verwenden wollen.

- **Thema 2: Neurorehabilitation**

Erläutern Sie Möglichkeiten des Einsatzes der Neurorobotik in der Neurorehabilitation! Gehen Sie dabei auf die verschiedenen Anforderungen entsprechend der Krankheitsbilder ein.

Literatur

Ambrosio, J. A. C. (2013). Multibody Dynamics Approaches to Biomechanical Applications to Human Motion Tasks. In H. Gattringer & J. Gerstmayr (Eds.), *Multibody System Dynamics, Robotics and Control* (S. 259–289). Wien: Springer.

Anderson, J. R. (2002). Spanning seven orders of magnitude: A challenge for cognitive modeling. *Cognitive Science, 26*, 85–112.

Buschmann, Th, Favot, V., Schwienbacher, M., Ewald, A., & Ulbrich, H. (2013). Dynamics and Control of the Biped Robot Lola. In H. Gattringer & J. Gerstmayr (Hrsg.), *Multibody System Dynamics, Robotics and Control* (S. 161–173). Wien: Springer.

Callegaro, A. M., Unluhisarcikli, O., Pietrusinski, M., & Mavroidis, C. (2014). Robotic systems for gait rehabilitation. In P. Artemiadis (Hrsg.), *Neuro-Robotics. From Brain Machine Interfaces to Rehabilitation Robotics* (S. 265–283). Dordrecht: Springer Science + Business Media.

Grimmer, M., & Seyfarth, A. (2014). Mimicking Human-Like Leg Function in Prosthetic Limbs. In P. Artemiadis (Hrsg.), *Neuro-Robotics. From Brain Machine Interfaces to Rehabilitation Robotics* (S. 105–155). Dordrecht: Springer Science + Business Media.

Haun, M. (2013). *Handbuch Robotik. Programmieren und Einsatz intelligenter Roboter* (Kap. 1, 2. Aufl., S. 1–31) Berlin: Springer.

Herr, H. (2009). Exoskeletons and orthoses: classification, design challenges and future directions. *Journal of NeuroEngineering and Rehabilitation, 6*(21), ▶ https://doi.org/10.1186/1743-0003-6-21.

Herrmann, S., Souffrant, R., Kluess, D., & Bader, R. (2013). Robot-Based Testing of Total Joint Replacements. In H. Gattringer & J. Gerstmayr (Hrsg.), *Multibody System Dynamics, Robotics and Control* (S. 145–160). Wien: Springer.

Hong, Y. W., King, Y., Yeo, W., Ting, C., Chuah, Y., Lee, J., et al. (2013). Lower Extremity Exoskeleton: Review and Challenges Surrounding the Technology and its Role in Rehabilitation of Lower Limbs. *Australian Journal of Basic and Applied Sciences, 7*(7), 520–524.

Laue, T. (2016). Sportrobotik als Benchmark multisensorischer Systeme. In K. Witte, N. Bandow, & J. Edelmann-Nusser (Hrsg.), *Sportinformatik XI* (S. 1–11). Jahrestagung der dvs-Sektion Sportinformatik 2016 in Magdeburg.

Masia, L., Casadio, M., Squeri, V., Cappello, L., Santis, D., Zenzeri, J., et al. (2014). Enhancing Recovery of Sensorimotor Functions: The Role of Robot enerated Haptic Feedback in the Re-learning Process. In P. Artemiadis (Hrsg.), *Neuro-Robotics. From Brain Machine Interfaces to Rehabilitation Robotics* (S. 285–316). Dordrecht: Springer Science + Business Media.

Pons, J. L. (2008). *Wearable Robots: Biomechatronic Exoskeletons*. Chichester: Wiley.

Roa, M. A., & Ott, C. (2013). Balance and Posture Control for Biped Robots. In H. Gattringer & J. Gerstmayr (Hrsg.), *Multibody System Dynamics, Robotics and Control* (S. 129–143). Wien: Springer.

Rocon, E., & Pons, J. L. (2011). *Exoskeletons in Rehabilitation Robotics. Tremor Suppression*. Berlin: Springer.
Rollins, M. (2013). *LEGO Technic Robotics*. New York: Springer Science + Business Media.
Schack, T. (2010). *Die Kognitive Architektur menschlicher Bewegungen*. Schriftenreihe Sportforum. Aachen: Meyer und Meyer. Kap. 8: Kognitive Architekturen in der Robotik, S. 254–268.
Watts, A. E., & Lekakou, C. (2017). A Robot Gripper with Sensor Skin. In Y. Gao, S. Fallah, Y. Jin, & C. Lekakou (Eds.), *Towards Autonomous Robotic Systems*. 18th Annual Conference, TAROS 2017, Guildford, UK, Proceedings, S. 570–575.
Xie, S. (S. Q.) (2016). *Advanced Robotics for Medical Rehabilitation. Current State of the Art and Recent Advances*. Springer Tracts in Advanced Robotics 108. Switzerland: Springer International Publishing. ► https://doi.org/10.1007/978-3-319-19896-5_1.

Serviceteil

Sachverzeichnis – 166

© Springer-Verlag GmbH Deutschland, ein Teil von Springer Nature 2018
K. Witte, *Ausgewählte Themen der Sportmotorik für das weiterführende Studium (Band 2)*,
https://doi.org/10.1007/978-3-662-57876-6

Sachverzeichnis

A

Action Approach 42–44
Aktivität, körperliche 83, 92
Alter
- körperliche Aktivität 83, 85, 87, 88, 90, 92
- motorisches Lernen 87
- physiologische Veränderungen 84

Antizipation V, 111, 132, 134, 139, 141–143, 145
- Bewegungsmerkmale 135, 138
- Definition 132
- Training 147

Antizipationsfähigkeit 135, 139, 140, 143, 145, 147
Architektur, kognitive 155
Attraktor 45, 62, 63
- chaotischer 63
- Dimensionsmaße 63

Augmented Reality 104, 105
Avatar 116, 117

B

Beobachtungskriterien nach Klein-Vogelbach 21, 22
Beweglichkeit 19, 22, 30, 83, 86, 88
Bewegungskoordination 29, 45, 48, 56, 67, 69, 70, 73, 134
Bewegungsvariabilität 38, 39, 42, 43, 50, 61
- absolute 40
- Aspekte 39

Blickbewegungserfassung 140
- in Spielsportarten 142

Blickverhalten 119, 143, 146

C

Cave Automatic Virtual Environment (CAVE) 104, 105
Center of Gravity (COG) 5
Center of Mass (COM) 5, 158
Center of Pressure (COP) 5, 7, 9, 46, 47
- Parameter 5
- Trajektorien 5

Chaos, deterministisches 58
Chaostheorie 38, 43, 44, 56–58, 64
COG s. Center of Gravity
Cognitive Computing 154
COM s. Center of Mass
COP s. Center of Pressure
Cues 134, 138, 141, 145, 146, 149
Cybersickness 103, 112, 115, 120

D

Dimension, fraktale 48, 63
Dimensionsmaß 48
Dual Task 10, 26, 30, 92
- Bestimmung 32
- kognitiver Anteil 26
- Kostenrechnung 26
- Leistungen 33
- Training 90, 93

Dynamik, nichtlineare 57
Dynamogramm 48

E

Exoskelett 156, 157
Eyetracking 106, 108, 109, 135, 140–142, 146

F

Feigenbaumszenario 59
Finger-Experiment 69
Fitnesstraining 83, 90

G

Gang
- Analyse 18, 20, 21, 25, 46
   - instrumentierte 21, 25, 31
   - Untersuchungsverfahren 23
- Parameter 21, 25, 26, 32, 33, 87, 158
   - dynamische 23
   - elektromyographische 23
   - räumliche 22
   - zeitliche 22
- pathologischer 27

Gangbild 18, 28, 88
- normales 18
- pathologisches 27
- Schuhkonzepte 30
- symmetrisches 24
- unauffälliges 30

Gangroboter 157
Gehen 9, 18, 19, 25, 26, 29, 30, 32, 71, 72, 74, 82, 157
- ältere Menschen 18
- auf einem Laufband 24
- in der Rehabilitation 157
- langsames 22
- Schrittdauer 50
- unscharfes Sehen 29
- Zyklogramm 46

Gesundheitssport 107
GGT s. Gleichgewichtstest
Gleichgewicht 2, 3, 8, 28, 47, 65, 88, 93, 107, 111
- thermodynamisches 65

Gleichgewichtsfähigkeit V, 2, 11, 22, 30, 86, 88, 93, 94
- Bestimmung 5, 8
- dynamische 2, 7, 8, 13, 18
- Einfluss des Alters 5
- objektbezogene 2
- statische 2, 8, 66, 94

Gleichgewichtstest (GGT) 11, 12
Gleichung, logistische 59

H

Head Mounted Display (HMD) 25, 104
- Brille 105, 106, 108

Head-mounted Smartphone 107
Hochaltrigkeit 82

I

Inertialsensor 25, 113, 160
Instabilität im Phasenraum 61
Instabilitäts-Theorie, posturale 116

K

Karatetraining, altersgerechtes 90, 91
Koch-Kurve 60–62, 64
Kognition 26, 90, 132, 155
Kostenrechnung für Dual-Task 26, 33
Kraft 83, 86, 88, 158
Kraftmessplatte 5, 6, 8, 10, 23, 24, 32, 33, 47, 48, 51, 75

L

Laufen 18, 25, 30, 71–74, 157
- auf einem Laufband 38
- Schrittdauer 50

Lernen, differenzielles 49

Sachverzeichnis

Lorenz-Attraktor 45, 46
Loss-of-Complexity-Hypothese 48
Lyapunov-Exponent 48, 63

M

Motion Capturing 25, 32, 113, 121
Motor Approach 42, 44
Motorik im Alter V, 86
Multidirektionalität 86, 88

N

Neurorobotik 159, 162

O

Okklusion 135, 140, 145
– Methoden 135
– räumliche 135–137, 150
– zeitliche 135–137, 149
Ordnungsparameter 45, 68–74

P

Phasenporträt 72, 73
Phasenraum 62, 63, 72
Plastizität 88, 90
Powerwall 104
Principal Component Analysis (PCA) 68, 71

R

Reaktionsfähigkeit 86, 88
Realität, virtuelle V, 25, 100, 101, 107, 135, 136
– Aktionsradius 116
– Anforderungen 114
– Aspekte der Wahrnehmung 102
– Avatar 117
– Blickverhalten 119
– Brille 105
– Cybersickness 103
– Datenausgabemedien 105
– Definition 100
– Desktop-VR 104
– Distanzeinschätzung 119
– Einsatz in der Rehabilitation 111, 112, 121
– Einsatzmöglichkeiten im Sport 107, 112
– Evaluation 113, 119, 120
– Feedback 119
– für das Antizipationstraining 147
– Immersion 115
– motorisches Lernen 119
– natürliches Handeln 115
– Powerwall 104
– sportwissenschaftliche Forschung 109
– stereoskopisches Sehen 102
– struktureller Aufbau 104
– technologische Grundlagen 103
– Training 119
– Umgebung 104, 110, 114, 116, 117
– VR-Engine 103
Rehabilitation 8, 11, 25, 70, 74, 107, 110, 111, 119, 121, 154
– Exoskelette 156
– Neurorobotik 159
RoboCup 160, 161
Roboter, humanoider 158
Robotik 25, 154, 155
– kognitive V, 156

S

Schuhkonzepte 30
Selbstorganisation 44, 64, 65, 67
Sportrobotik 160
Stabilität V, 38, 41, 44, 45, 49, 56, 65, 70, 116
– im Alter 86
– im Phasenraum 61
– motorische Theorieansätze 42
– periodische 63
– systemtheoretischer Ansatz 43
– von Ökosystemen 65
Stabilogramm 9
Stimuluspräsentation 143
Struktur, fraktale 60
Sturzprävention 107
Sturzprophylaxe 3, 30, 82, 92, 93, 111
– Trainieren der Gleichgewichtsfähigkeit 94
Suchstrategie, visuelle 142
Synergetik 44, 65, 67, 73
System, nichtlineares dynamisches 58
Systemtheorie 43, 56, 57, 66
– nichtlineare V, 56

V

Variabilität V, 26, 28, 38, 41, 44–46, 49, 56, 60, 66, 70, 87–89
– absolute 40, 41
– als Anpassung 39
– als Fehler 39
– als Kompensationsmechanismus 39
– als Prinzip der Bewegungssteuerung 39
– der Bewegungskoordination 73
– der Schrittdauer 50
– funktionelle 40
– motorische Theorieansätze 42
– nichtlineare Zeitreihenanalyse 47
– Parametrisierung 51
– relative 40, 41
– systemtheoretischer Ansatz 43
Virtual Reality s. Realität, virtuelle
VR s. Realität, virtuelle

W

Wahrnehmung, visuelle 132

Z

Zeitreihenanalyse, nichtlineare 47, 51
Zyklogramm 24, 42, 46

MIX
Papier aus verantwortungsvollen Quellen
Paper from responsible sources
FSC® C105338

If you have any concerns about our products,
you can contact us on
ProductSafety@springernature.com

In case Publisher is established outside the EU,
the EU authorized representative is:
**Springer Nature Customer Service Center GmbH
Europaplatz 3, 69115 Heidelberg, Germany**

Printed by Libri Plureos GmbH
in Hamburg, Germany